世界哲學家叢書

馬克斯·謝勒

江日新 著

1990

東大圖書公司印行

國立中央圖書館出版品預行編目資料

馬克斯・謝勒／江日新著--初版--
臺北市：東大出版：三民總經銷，
民79
面；　公分--(世界哲學家叢書)
參考書目：面283-308
含索引
ISBN 957-19-0092-3（精裝）
ISBN 957-19-0093-1（平裝）

1.謝勒(Scheler, Max, 1874-1928)
147.79

 馬克斯・謝勒

著　者　江日新
發行人　劉仲文
出版者　東大圖書股份有限公司
總經銷　三民書局股份有限公司
印刷所　東大圖書股份有限公司
地址／臺北市重慶南路一段六十一號二樓
郵撥／〇一〇七一七五一〇號
初　版　中華民國七十九年四月
編　號　E 14036①
基本定價　陸　元
行政院新聞局登記證局版臺業字第〇一九七號

ISBN 957-19-0092-3

《世界哲學家叢書》總序

本叢書的出版計畫原先出於三民書局董事長劉振強先生多年來的構想，曾先向政通提出，並希望我們兩人共同負責主編工作。一九八四年二月底，偉勳應邀訪問香港中文大學哲學系，三月中旬順道來臺，即與政通拜訪劉先生，在三民書局二樓辦公室商談有關叢書出版的初步計畫。我們十分贊同劉先生的構想，認爲此套叢書（預計百册以上）如能順利完成，當是學術文化出版事業的一大創舉與突破，也就當場答應劉先生的誠懇邀請，共同擔任叢書主編。兩人私下也爲叢書的計畫討論多次，擬定了「撰稿細則」，以求各書可循的統一規格，尤其在內容上特別要求各書必須包括 (1) 原哲學思想家的生平；(2) 時代背景與社會環境；(3) 思想傳承與改造；(4) 思想特徵及其獨創性；(5) 歷史地位；(6) 對後世的影響（包括歷代對他的評價），以及(7) 思想的現代意義。

作爲叢書主編，我們都了解到，以目前極有限的財源、人力與時間，要去完成多達三、四百册的大規模而齊全的叢書，根本是不可能的事。光就人力一點來說，少數教授學者由於個人的某些困難（如筆債太多之類），不克參加；因此我們曾對較有餘力的簽約作者，暗示過繼續邀請他們多撰一兩本書的可能性。遺憾的是，此刻在政治上整個中國仍然處於「一分爲二」的艱苦狀態，加上馬列教條的種種限制，我們不可能邀請大陸學者參與撰寫工作。不過到目前爲止，我們已經獲得八十位以上海內外的學者精英全力支持，包括臺灣、香港、新加坡、澳洲、美國、西德與加拿大七個地區；難得的是，更包括了日本與大韓民國好多位名流學者加入叢書作者的陣容，增加不少叢書的國際光彩。韓國的國際退溪學會也在定期月刊《退溪學界消息》鄭重推薦叢書兩次，我們藉此機會表示謝意。

原則上，本叢書應該包括古今中外所有著名的哲學思想家，但是除了財源問題之外也有人才不足的實際困難。就西方哲學來說，一大半作者的專長與興趣都集中在現代哲學部門，反映著我們在近代哲學的專門人才不太充足。再就東方哲學而言，印度哲學部門很難找到適當的專家與作者；至於貫穿整個亞洲思想文化的佛教部門，在中、韓兩國的佛教思想家方面雖有十位左右的作者參加，日本佛教與印度佛教方面卻仍近乎空白。人才與作者最多的是在儒家思想家這個部門，包括中、韓、日三國的儒學發展在內，最能令人滿意。總之，我們尋找叢書作者所遭遇到的這些困難，對於我們有一學術研究的重要啟示（或不如說是警號）：我們在印度思想、日本佛敎以及西方哲學方面至今仍無高度的研究成果，我們必須早日設法彌補這些方面的人才缺失，以便提高我們的學術水平。相比之下，鄰邦日本一百多年來已造就了東西方哲學幾乎每一部門的專家學者，足資借鏡，有待我們迎頭趕上。

以儒、道、佛三家爲主的中國哲學，可以說是傳統中國思想與文化的本有根基，有待我們經過一番批判的繼承與創造的發展，重新提高它在世界哲學應有的地位，爲了解決此一時代課題，我們實有必要重新比較中國哲學與（包括西方與日、韓、印等東方國家在內的）外國哲學的優劣長短，從中設法開闢一條合乎未來中國所需求的哲學理路。我們衷心盼望，本叢書將有助於讀者對此時代課題的深切關注與反思，且有助於中外哲學之間更進一步的交流與會通。

最後，我們應該強調，中國目前雖仍處於「一分爲二」的政治局面，但是海峽兩岸的每一知識份子都應具有「文化中國」的共識共認，爲了祖國傳統思想與文化的繼往開來承擔一份責任，這也是我們主編《世界哲學家叢書》的一大旨趣。

傅偉勳　韋政通

一九八六年五月四日

自　序

馬克斯・謝勒 (Max Scheler) 是當代德國哲學的一位傳奇人物。他雖然沒有像康德、黑格爾或胡賽爾那樣建立一個新的王國，但卻在涉足過的一路上，從荊棘中開闢出一片片的田地，留下給我們繼續去經營和收成，他眞的是一位「實質的」哲學家。

此外，由於他的思想帶有明顯反歐洲傳統形式理性建構及抽象的先驗論證色彩，並在同時力圖擺脫神秘主義冥契簡化，因此在許多論題和論證態度上，他展現出許多可以與東方傳統相交談的可能接榫；並且從這一情況出發，我們東方人似乎可以比西方人更能懂得晚期的謝勒何以那麼傾心於東方（特別是佛敎）。事實上，作者個人甚至認爲，謝勒思想所獨特表現出的特質，即偏離西方正統哲學思考方式——特別是以先驗論—經驗論爲根柢的唯理主義，但他並不卽此而偏陷入神秘主義的舊窠中，它更是如我們中國傳統中以更具包容的心態去「接受」（至少是在未證實其爲誤之前容忍它的存在）具在的非感知經驗或唯理的形式演繹的「存在」，並從而論證其所以可能有的「價值」。這是一種軟心腸的哲學，它能以更寬容、更廣泛的考慮來認取世界的奧祕——因爲它並沒有以經濟的手段一刀切地把問題簡單化，故而它使我們至少在廣面上更能觸及和抵入世界認識的繁複性中去。不過另一方面,也由於這種多開門戶的考察態度,更多地增加了受敵的危險,更多地增加了其系統的矛盾——因爲世界本身就不是一個齊一的全體。關於此點,我們很感謝謝勒生前的摯友尼可拉・哈特曼 (Nicolai Hartmann) 在其所寫的悼文中所指出的謝勒思想的眞正精神,卽哲學家不應懼怕矛盾,因爲世界中本身就充滿矛盾,故而其在面對世界複雜且彼此矛盾的現象時,其所當採取的態度正是「不預做格式而順適地在自己的生活和思想中作證」(參見本書第一章第二節)。而這亦正是嘎達姆 (Hans-Georg Gadamer) 所以取笑胡賽爾大談直觀卻乏直觀,而許謝勒爲現象學運動最富直觀能力之人的原因。是故作者願意在此指出,謝勒這種無懼矛盾地直接浸潤入世界本身中,也許是哲學(特別是今日被「想」成爲普世意義的西方「哲學」)擺脫西方傳統以「化約」爲其方便根據的唯理主智和感官證驗主義的一條可能新路,以及架通東西方在思考方式和所採行態度上之差異的一個可能機會。

不過很可惜的,在中文文獻中一直都缺少有關介紹謝勒的文字,故而謝勒的思想對於國人來說,至今仍然非常陌生。這實是作者敢不自揣翦陋承乏寫作本書的初衷。作者在本書中嘗試依謝勒本人思想的發展進程,分別說明其想法的大概和其間的發生延續關係。通常學者將謝勒思想的發展分成三期,卽前現象學階段,特別是在倭伊鏗新唯心主義及新康德主義(主要是 Otto Liebmann 及 Georg Simmel)影響下的一段時間,時間大致上可以斷自1907年以前(卽離開耶那,返回慕尼黑任教以前);其次是1907年至1923年,這是謝勒以現象學第二號人物、天主教哲學的代表性思想家活躍於哲學史上的重要階段，他的許多重要著作都是於這一段時間中寫成的；最後的第三階段則是他另一創新的工作階段，本世紀中兩個重要哲學論題：哲學人類學及知識社會學，它們都是謝勒在這一階段中提出來並勾畫出了其大概的墾植方式。不過這一期的謝勒也是最受誤解並遭到強烈指責的時候，謝勒由於不能忍受天主教中極爲繁瑣的經院教條的束縛，以及因更加深刻反省了形而上學（特別是後設人類學）的問題，他逐漸地愈來愈與堅持人格神的天主教哲學遠離，故而嚴重地遭致天主教會的攻擊；此外在現象學陣營中，胡賽爾也從他的本質現象學過渡到他的先驗現象學，由此更加明顯的加深了胡賽爾和謝勒間的思想差距，最後胡賽爾甚至除了公開攻擊謝勒（同時亦包括攻擊海德格）的現象學不純粹，另外在寫給其學生 Roman Ingarden 的信中還要否認他作爲一現象學家的身分，並稱他爲他的「對跖者」(Antipode)。當然，這些歷史上的爭端我們是沒有需要把它們拿進到我們的討論中再吵一遍，我們更重要的工作無寧是把謝勒的思想當作爲一個整體，從其本身以及從其開向於外在世界的總體結構重新加以檢討、瞭解和接續到我們現在和未來的世界。

至於我們所以用來進行分析謝勒思想整體的寫作結構，於本書中分作爲七章。由於國人對謝勒這個人並不熟悉，因此作者在第一章中簡略地介紹了這位哲學家的生平、人格及著作。另外作者願意在此提供讀者的一點是，依據許多謝勒的友人、研究者的共同意見，謝勒的人格特性在塑造他的思想特色上，具有非常重要的意義，這是謝勒極不同於其他典型西洋哲學家之處。第二章我們則簡略地描繪其思想的預備階段以及當時的思想氛圍，其中由於倭伊鏗思想在謝勒的思想形成上具有一定的重要性以及倭伊鏗思想已在歷史潮流中淡褪下去而不爲人所知了，故我們花了稍多的篇幅加以敍述，作者希望此舉能不單只是增加本書的篇幅，而是眞能實益於讀者去瞭解謝勒思想的形成背景。

關於謝勒思想的成熟期——卽1907年參與現象學運動以至於1924年轉向晚期思想建構之間——我們以三章分別敍述其中的三個主要論題：卽現象學、實質的價值倫理學—人格理論及宗教哲學。在第三章論現象學這一章中，我們除了就主題論述謝勒本人有關現象學的理念，並且亦介紹了胡賽爾的現象學（主要是以哥丁根期及影響及慕尼黑學圈的本質現象學爲限）以供比較。至於第四章則主要是依據謝勒成名鉅著《倫理學中的形式主義及實質的價值倫理學》來論述他的基本思想，事實上在第四章中所論述的謝勒思想，它一方面是他整個前期思想發展的一個總整理，並且也是其日後思想發展的一個根據。不過我們因篇幅的限制，在此只能掛一漏萬極其簡略的稍加介紹其間的幾個核心觀念，至於其詳細內容，或只有俟之日後機會再加詳論了。第五章所討論的謝勒的宗教哲學，它同第四章的倫理學論題和人格理論一樣都是他的現象學建設的具體嘗試，也正是他所直觀到的實質的現象學本質，而不是只純爲思辨概念的建構。

謝勒自1923年以後，他在思想和辯護態度上逐漸地與教會加大距離，並且在另一方面也與日漸走入先驗主義（尤其是先驗唯心主義）的胡賽爾現象學及其追隨者加大思想差距。但他並沒有因此固執在前一階段中的創獲，相反地他更加積極地開拓新的田地，特別是他在一再預告要出版的幾本書如《形而上學》、《人類學》，以及在 1924 年首揭的論文〈知識社會學之問題〉

(Probleme einer Soziologie des Wissens) 等努力中，爲我們這時代預備了一片新的耕地。不過由於他的早逝，以及他因繼承有猶太血統，故而其思想和著作在納粹政權下受到抑制，又再加上能承其學的入室弟子藍得斯貝格(Paul Ludwig Landsberg)亦因猶太血統而遭受納粹殺害，致使他這最後一段思想發展的重要性，不能得到發揚光大，並因而受到學者的忽視。但由於它們在當今人類反省其自身處況上具有極重要的意義，因此得以以涓涓細流的方式，逐漸匯成今日在考察人類存在及其精神生活創造這些「實質性」問題上極具重要性的新學門：「知識社會學」、「哲學人類學」等。我們在第六、七兩章中卽針對這兩個論題做了撮要的介紹。

作者在寫作本書中深深地感到：以一本書的篇幅是絕無辦法眞正深入介紹謝勒思想的全部重要論題。事實上我們需要有更多的篇幅，也許最好是七本書的篇幅——亦卽每一個大論題一本，或乃甚至是更多。不過從另一方面來講，這種篇幅的擴大，也許只是更增加讀者的無聊，我們更需要的應該是有更多的學者參與研究，更多的翻譯專家能從事謝勒著作的中譯，只有這樣的努力，中文世界才能眞正深入認取謝勒的思想的價値。

另外作者在此願意再辭費說明，這本書依出版社的規定，本來當該還得再加一段總結性評價及對當代之意義的說明。不過我們一方面因篇幅已超出規定，另一方面對於有關謝勒思想的評價和對於現時代及我們自己的「知識社會」的意義的論斷，作者更願意由讀者們自行來決定。是故作者卽以本書中的七章內容交稿。

最後作者還要說明一點，由於作者這一本書是在身心兩疲的情況下寫於海外，有關運思、修辭都無法輕鬆從事，因此本書的表達呈現出相當的徼繞，對此希望讀者能爲寬諒之。另外有關謝勒本人思想的敍述，鑑於作者本人的學養不足，其中必有許多錯謬和疏漏，讀者高明，更懇請大方之家能不吝爲教正之。

1990年4月30日序於西德 Trier

馬克斯·謝勒

——一個「開荒」的天才哲學家——

目　次

第一章　謝勒的生平、人格及著作

大部份研究謝勒（Max Scheler）的學者都有一個共同的見解，亦即認爲，要瞭解謝勒的哲學，首先必須要注意謝勒的人格特性❶。本來西洋哲學由於其在系統建構上強調主知一面，思想與人格的關係，不像我們中國哲學那般強調知識與人格的一致，特別是與道德人格的一致，以爲如此才是學問的極致圓滿。但謝勒在哲學史上的獨特表現以及其思考的成果，卻密切地與他的人格性相關連。我們甚至可以說，我們若撇開謝勒的人格特性不

❶ 關於謝勒的人格性對於塑造其哲學特色的最正確報告之一，請參見他的入室弟子——著名的藝術史家 Heinrich Lützeler 所撰“Eine Genie—Max Scheler”，收於其著作 *Persönlichkeiten*, Freiburg, i. B. 1978. 頁 82-128。此外其親近友人如 Nicolai Hartmann, Dietrich von Hildebrand 所作紀念文字，皆極具參考價值。（Nicolai Hartmann, Max Scheler †，刋於 *Kant-Studien*, Band XXXIII (1928), Heft 1/2）此文後收入其 *Kleine Schriften*, Band III, Berlin 1958；又 Dietrich von Hildebrand, *Die Menschheit am Scheideweg. Gesammelte Abhandlungen und Vorträge* (Regensburg, 1955) 中所收文章“Max Scheler als Personlichkeit”等均是。另外與謝勒有個人接觸的人，其中如 Edith Stein, Viktor von Weizsäcker, Hans-Georg Gadamer 等人在其各自的回憶文字中也都有極精采和具價值的報導，參見底下❷所列有關謝勒人格性報導的選目。

論，而只專就其文字來探討其思想，我們雖不敢說將完全不能把握他的思想，但至少亦將是眞的無法得到的解。對於這一點我們只要稍爲檢視一下幾位著名研究謝勒的專家的經驗，以及其親炙弟子或深交的友人，如藍得斯貝格(Paul L. Landsberg)、呂策勒(Heinrich Lützeler)、希爾德布朗 (Dietrich von Hildebrand)、哈特曼 (Nicolai Hartmann) 等人的紀念文字或專論，便可見一斑❷。底下我們分三部分分別敍述謝勒的生平、人格及著作。其

---

❷ 作者刻正選輯一些曾親身與謝勒接觸過的當代著名哲學家的報導或紀念文字成一編， 並加以翻譯成中文。 其中擬選入篇目茲具列如下以供讀者瞭解謝勒人格特性之參考：

1. Heidegger, Martin: "Andenken an Max Scheler", 刋於 P. Good（編）: *Max Scheler im Gegenwartsgeschehen der Philosophie*, Bern & München: Francke 1975, 頁 9-10（此書簡稱作 P. Good）.
2. Plessner, Helmuth: "Erinnerungen an Max Scheler", P. Good, 頁19-27.
3. Gadamer, Hans-Georg: "Max Scheler—Der Verschwender", P. Good, 頁11-18.
4. Kuhn, Helmuth: "Max Scheler als Faust", P. Good, 頁 29-38.
5. Hartmann, Nicolai: "Max Scheler †" 刋於 *Kant-Studien*, Bd. XXXIII (1928).
6. Hildebrand, Dietrich von: "Max Scheler als Persönlichkeiten", 收入其著作 *Die Menschheit am Scheideweg. Gesammelte Abhandlungen und Vorträge*, Regensburg 1955, 頁622-639.
7. Rothacker, Erich: *Schelers Durchbruch in die Wirklichkeit*, Bonn 1949（此書是一小册）.
8. Lützeler, Heinrich; "Eine Genie—Max Scheler 1874-1928", 收入於其 *Persönlichkeiten*, Freiburg i. B. 1978, 頁 82-128.
9. Geiger, Moritz: "Zu Max Schelers Tode", 登於 *Vossische Zeitung 1928, Nr. 126. Unterhaltungsbeilage* 頁 2.
10. Landsberg, Paul Ludwig: "Zum Gedächtnis Max Schelers", 刋於*Rhein-Mainische Volkszeitung*, Kulturelle Beilage, Nr. 12, vom 26. Mai, 1928.

中生平與著作部分將會稍有重出之處，爲避免這種情況發生，我們在生平部分將只提及謝勒著作的篇名，至於該著作的重點及重要性則留在著作那部分再予以說明。

第一節　生　平

一般來說，哲學家的生活及生平給人的印象，若不是表現著一種莫測高深的崇高，便就是死鑽牛角尖的「呆板」。但是對於謝勒來說，他的一生卻是極爲多姿多彩，他受盡情感的煎熬，也充分享受到溫柔的關懷；在學術上，他如浮士德 (Faust)❸一般焦躁地尋求著眞理的眞相，但他也一片一片的開闢出了許多新的園圃——但不是新的王國。當代解釋學泰斗嘎達姆(Hans-Georg Gadamer) 稱他是一個「揮霍者」(Verschwender)——精神的揮

---

11. Ernst, René: "Erinnerungen an Max Scheler", 刋於 *Diskurs. Frankfurter Studentenzeitung* 3 (1953)期 5，頁 9。
12. Kroner, Richard: "Max Scheler †", 登於*Dresdener Neueste Nachrichten*, 36 (1928), Nr. 118, 頁 2.
13. Ortega y Gasset, José: "Max Scheler", 刋於 *Neue Schweizer Rundschau*, 21 (1928), 頁725-729.
14. Wust, Peter: "Zum Tode Max Schelers", 收入其書*Aufsätze und Briefe*, Münster 1966, 頁239-243.
15. Wiese, Leopold von: "Max Scheler. Einige persönliche Erinnerungen", 刋於 *Kölner vierteljahreshefte für Soziologie*, III (1928), 第 3 期, 頁360-363.
16. Muth, Carl: "Begegnungen. Max Scheler", 刋於 *Hochland* 46 (1953/54), 頁12-17.
17. Koyré, A.: "Max Scheler", 刋於 *Revue d'Allemagne*, 10 (1928), 頁 97-108.

此外另有一些片段的回憶資料 (如 Edith Stein, Viktor von Weizsäcker 等) 請參見本章提及各處所引用文獻，茲於此不贅述。

❸ 參見❷開列文獻第 4 項 Helmuth Kuhn 的文章。

霍者❹。此外，他更是一位善變（但不是輕薄的善變）的人，從新康德主義的陣營中出來，投向現象學陣營，卻又被胡賽爾(Husserl) 判爲是他的「對跖者」❺；從猶太教出來，積極認同天主教（甚至被稱爲「天主教的尼采」），卻不認同其正統的「經院哲學」傳統，反而承接於奧古斯丁(Augustin)、巴斯卡(Pascal) 的「心學」別傳❻，最後更是公開宣稱：「作者在某些形而上學和宗教哲學的最高問題上，其立場自本書（按指其鉅著《倫理學中的形式主義及實質的價值倫理學》）第二版刊行以來（按即自1921年以後）不祇有大幅進展，並且在像關於一種絕對存有之形而上學這樣本質的問題上也有極重大的變化，而不再能（以通常所瞭解的字義下）自稱爲一個『有神論者』」❼。此外如他的三次婚姻即是他善變人格性的結果（詳下）。不過謝勒到底是怎樣的一個人，是怎樣的一位哲學家呢？與他有一面之緣的解釋學系統奠基者噶達姆在他的回憶文中就這樣問著。當然我們是絕無辦法完全確定的以一個框架拿來限制他，以作爲其全體人

❹ 參見❷第3項。

❺ 胡賽爾在給其學生，波蘭籍的現象學家兼美學家 Roman Ingarden 的信中便這樣地稱呼謝勒和海德格，見 E. Husserl: *Briefe an Roman Ingarden,* Den Haag 1968. 1931. 4. 19 信。

❻ 奧古斯丁和巴斯卡兩人都曾分別強調「Cor」及「Coeur」，若我們不急於把這拉丁文及法文的「心」字與我們中國「心學」派的「心」劃上簡單的等號，那麼我們半帶嚴肅（以後經過詳細的研究後也許可以嚴肅）地稱它爲「心學」，應該是不會造成太大的誤解吧！巴斯卡在他的《沈思錄》(*Pensées*) 第 277 條便使用了「心有其理性，其乃理性所不認識」。(Le coeur a ses raisons, que la raison ne connaît point——依 Léon Brunschvicg 的編碼。）至於奧古斯丁的「心學」思想請參見 Anton Maxsein: *Philosophia Cordis. Das Wesen der Personalität bei Augustinus,* Salzburg 1966。

❼ 《形式主義》，全集第2册，頁17，第二版序（1926)。

格的必然，我們於此只希望能透過對他生平的描述，爲讀者們提供有關他更廣面的背景知識罷了，至於謝勒到底是怎樣一個人、怎樣的一位哲學家，就由讀者們自己下判斷吧!

馬克斯・謝勒的全名叫做 Max Ferdinand Scheler，生於西元1874年8月22日，出生地是德國的慕尼黑市(München)。他的父親叫Gottlieb Scheler，1831年4月13日生於庫堡(Coburg，位於德國佛朗肯〔Franken〕今靠近東德邊界地方)，死於1900年12月7日。母親叫 Sophie，娘家姓 Fürther，生於1844年4月26日，死於1915年。此外他有一位妹妹叫 Hermine。

馬克斯・謝勒的父親任職諸侯領地管理員，宗教信仰上屬於路德派的新教。起初他在靠拜洛伊特(Bayreuth)附近工作，後來因與 Sophie 結婚而遷居慕尼黑。他的母親 Sophie Fürther 則出身於一個富有的猶太家庭。依據馬克斯・謝勒的表妹——著名女作家克列・郭勒(Claire Goll)的描述，她的姑媽——卽馬克斯・謝勒的母親——:「她是一位很漂亮的女人，但教條得足够去當反猶太人的拉比。」[8] 由於母親在宗教上的熱衷，他的父親由新教而改信猶太教，並且他自小就被母親帶到猶太教禮拜堂接受猶太教的薰陶。

由於他的父親一直嚮往著田園生活，卻偏得忍受其精明挑剔的妻子的數落；再加上他爲順從其妻子的意思，放棄其原有工作遷居慕尼黑，但他在慕尼黑卻找不到新的工作，所以一直都是抑鬱寡歡。再另一方面，馬克斯・謝勒的母親是一個講究、挑剔且好揮霍的婦女，她出身富家，富家的傲氣經常使她拿她富有的哥

---

[8] Goll, Claire: *Ich verzeihe keinem*, Bern-München, 1978, 頁92. 「拉比」(Rabbiner) 是猶太教的經師。

哥赫爾曼・弗爾特（Hermann Fürther）來與其丈夫作比較。一位馬克斯・謝勒的傳記作者史陶德（John Raphael Staude），他甚至指出馬克斯・謝勒在談咄咄逼人的憤懣氣態（oppressing mood of ressentiment），正是他自其母親處所得的印象❾。而這種雙親間的緊張關係，在塑造他日後的人格特性上似乎是扮演著相當重要的角色❿。

馬克斯・謝勒的母親對待丈夫雖然不體貼，並且對待她的女兒赫密那（Hermine）——她卻是極受馬克斯及其父親兩人的鍾愛——也不疼惜，但是她對馬克斯卻是極溺愛，他是她寵縱的「小王子」。

以上大略描述了馬克斯・謝勒的雙親及其家庭，在他的童年中，教條的宗教（猶太教）氣息、父親的抑鬱和母親咄咄逼人的憤懣氣態，都是構成他成長的生活氛圍，也是塑造其特殊人格的部分因素。

至於他的早年求學經過，我們知道他是在1894年在慕尼黑的路德維希文科中學（Ludwigsgymnasium）通過畢業考（Abitur）。在此之前，他曾經在慕尼黑的呂特伯特文科中學（Luitpold-gymnasium）就讀過三年（從1887年到1891年）。可能是由於家庭的不和諧，小馬克斯・謝勒在學校的成績並不佳，操行上也被

---

❾ John Raphael Staude: *Max Scheler 1874-1928. An Intellectual Portrait,* New York-London, 1967, 頁3.

❿ 此點可以參見謝勒兩封信中的自白，其一是他在1919年1月14日致友人 Carl Muth 的信，此信發表於 Paul Good 編：*Max Scheler im Gegenwartgeschehen der Philosophie,* Bern, 1975, 頁52。另一封信是他在1906年新年寄給其舅舅 Hermann Fürther 的信，此信及上一封信均被 Wilhelm Mader 節引在其所撰傳記 *Max Scheler in Selbstzeugnissen und Bilddokumenten,* Rein-bek bei Hamburg, 1980, 頁16。

注上「在最後一年年初發生『出入禁止涉足的酒館』」(Im Anfang des letzten Jahres kam auch ein 'verbot ener Wirthausbesuch' vor.)。不過這一所中學的校長最後還寫道:「然而在最後一年極佳地表現出了天份;但只對德文有極深刻的興趣。」⓫由於成績不理想,他在1892年3月轉學到一家私人學校「勒摩博士學院」(Das Institut Dr. Römer),這家學校的負責人勒摩博士(Dr. Römer)後來寫道:「馬克斯·謝勒是從1892年3月2日到1893年10月1日——亦即大約一年半多爲我的寄宿學生。在他來我的學院時,他是文科中學六年級生,在文科中學裏他必須擔心不要被退學,因爲有許多科目他的成績非常差(當時是4)。但他的父親卻認爲他的兒子並不會整年迷失,這是確實的,因爲這個好馬克斯是一位極有天份的年青人,只不過是他漫無節制的閒蕩。學校中所採行的,他心裏很少有興趣,相反地他對文學很精熟,特別他可能是有些早熟地去成爲一位哲學家⓬。」

事實上,在這時期他受到另一位舅舅的啟發⓭,開始研讀尼采(Nietzsche)的著作,尼采的思想在謝勒思想的形成和發展上,影響非常之大,他甚至在後來被特勒曲(E. Troeltsch)稱

⓫ 資料出自於保存在拜揚邦國立圖書館(Bayerische Staatsbibliothek)中的 Leyendecker 遺物。轉引自前注所引用 Wilhelm Mader 書,頁18。

⓬ 同上,頁17。

⓭ 同上,頁17-18。Wilhelm Mader 書中未提及謝勒這位舅舅的姓名;在 Staude 的書中,他則記作 Ernst Fürther,他並指出是 Claire Goll 的祖父,不過 Goll 與謝勒是表兄妹,所以 Staude 的說法可能有錯,茲僅保留地在註中記存,以供讀者參考。(又按:Staude 的書雖然很有趣,但其記載錯誤非常多,並且許多事任意誇大,極不可靠。)

作「天主教的尼采」。

馬克斯・謝勒在勒摩博士學院就讀一年半以後，重返文科中學，就讀於路德維希文科中學，並在1894年⑭取得他的畢業考資格 (Abitur)，準備開始他一生多姿多采的學術生涯。

在開始其大學的生活之前，謝勒因通過中學畢業考資格，得到其父親的獎賞，前往義大利旅行。在旅途上謝勒於第洛地區的布魯內克 (Bruneck/Tirol) 認識了一位長他七歲的女士阿媚利・馮・德維慈—克列伯斯 (Amélie von Dewitz-Krebs)，兩人一見鍾情，結果爲謝勒帶來一個充滿苦果的婚姻。這位女士結過婚，並有一位六歲大的女兒，由於她的丈夫是個鴉片煙癮者，當時已離婚。但阿媚利是一位極其漂亮的女士，使得謝勒傾倒之至，終不克自拔，以至造成以後一段事故。

謝勒的大學生活是始自於1894年秋天。他首先在慕尼黑大學註册，主修哲學和心理學。1895年夏季學期仍在慕尼黑大學，但主修改爲醫學。謝勒改讀醫學的原因，據其傳記作者威廉・馬德 (Wilhelm Mader) 的猜測，以爲可能是受阿媚利認爲「不能當飯吃」的哲學沒有前途的影響之故⑮。1895年他轉學柏林，目的主要是爲能就近與阿媚利在一起，學業上仍在醫學院註册，但上課方面則主要是聽哲學家狄爾泰 (Wilhelm Dilthey) 和辛謨爾 (Georg Simmel) 的講課。

在柏林讀了兩個學期以後，他在1896年轉學耶那大學 (Universität Jena) 追隨魯道夫・倭伊鏗 (Rudolf Eucken) 研讀哲

---

⑭ 謝勒的傳記作者 Wilhelm Mader 說謝勒是在1894年才完成他的畢業考資格，並指出謝勒在其博士論文所附自傳記載的 1893 年是錯誤，茲姑記之如上，以供讀者參考。

⑮ 同上，頁18。

學，同一年他對社會問題也發生了興趣。此外他與攸利烏斯·高德史坦 (Julius Goldstein) 共同在耶那組織哲學會。 在耶那期間，哲學課程方面他主要是受教於倭伊鏗及新康德主義奠立的里程人物歐圖·李普曼 (Otto Liebmann)。 謝勒在耶那就讀共兩年， 在1897年 12月他以論文《論邏輯與倫理原理間之關係的確立》(Beiträge zur Feststellung der Beziehungen zwischen den Logischen und ethischen Prinzipien) 通過博士學位論文部分，此外口試部分則分別由倭伊鏗（哲學）、皮爾斯多夫 (Pierstoff, 國民經濟學) 及瑞戈爾 (Regel，地理學) 主持。

在 1897 年通過博士學位以後， 他前往海德堡大學進修一年 (1898年)，然後於1899年重回耶那，並仍在倭伊鏗指導下提出他的任教資格論文 (Habilitationsschrift): 《先驗的與心理學的方法》(Die transzendentale und die psychologische Methode)，通過任教資格論文後，他以二十五歲的稚齡開始他的大學講課生涯。

1899年這一年確實是謝勒一生重大的一年，除了上述通過任教資格外，首先他在 9 月20日於慕尼黑的聖安東教堂(St. Anton Kirche) 正式皈依天主教。對於天主教信仰，謝勒自述是從十四歲起便開始主動接觸⑯（他對此點很自傲，因爲他的家庭背景根本沒有天主教的傳統，所以是他個人有意識的抉擇），至此的正式領洗，亦卽意謂著謝勒事業上在宗教一方面的開始。接著在10月 2 日， 他與阿媚利 (Amalie Ottilie, 卽 Amélie, 娘家姓 Wollmann, 冠前夫姓 von Dewitz-Krebs, 1867年10月24日生

⑯ 見⑨所引 Staude 的傳記報導說謝勒在幼年曾由其舅父的女佣人帶往參加慕尼黑的天主教徒節慶，見頁 4 。

於布拉格〔Prag〕）在柏林正式結婚，並領養阿媚利的女兒爲繼女。但這次婚姻卻爲他帶來未來十多年的苦難。

1900 年這一個新的世紀謝勒也隨著開始以「私人講師」(Privatdozent) 名義在耶那大學講授哲學。在哲學的傾向上，一直到此時爲止，謝勒都是屬於倭伊鏗派的新唯心主義，但他逐漸地愈來愈不滿意這一種思想。這時胡賽爾如晴天劈雷般發表了他的《邏輯研究》(*Logische Untersuchungen*)的第一卷，正式擺脫他爲數學找尋「心理主義」基礎的挫敗困境，而揭掀一場蓬勃的哲學改造之序幕。緊接著在 1901年藉著新康德派「宛如哲學」(Als ob Philosophie)兼德國著名哲學期刊《康德研究》(*Kant-Studien*) 創始人懷欣格 (Hans Vaihinger) 召開哲學會議之便，謝勒首次與胡賽爾見面結識，此後一直到謝勒離開耶那轉回慕尼黑重新取得任教資格爲止，是他思想從新唯心主義轉到現象學陣營的徹底醞釀期。這一醞釀逐漸改變其思想的結果是他大約在 1905-1906年間把一本已發排的書稿抽回止印[17]。

這些年間的家庭生活對謝勒來說並不是很和諧，首先他的父親在1900年亡故，接著在1903年他所鍾愛的妹妹赫密那也夭折，而最嚴重的事情，乃是他的妻子阿媚利善妬又喜歡鬧事，最後逼得謝勒只好離開耶那。謝勒離開耶那的原因，除了思想上愈來愈

[17] 此書書名卽爲 *Logik*，本來準備交予來比錫 (Leipzig) 的出版商 Metzger und Wittig 出版；所遺留下的校樣殘稿，現由荷蘭阿姆斯特丹 (Amsterdam) 的出版社 Rodopi 影印出版於1975年。至於謝勒對此事的說明及其與胡賽爾見面的經過，請參見其所撰 “Die deutsche Philosophie der Gegenwart”，《全集》，第7册，頁 308。

遠離倭伊鏗的陣營外，據其傳記的作者馬德的報導⑱，其妻子阿媚利鬧事亦是主要原因之一。由於妻子是位神經過敏且又極富意志力的人，她曾因歇斯底里的心身症狀而多次就醫診療，此外與他們生活在一起的岳母則是天主教信仰上的教條者，這些不和諧的因素一直都困擾著謝勒，使他無法得到安寧。但阿媚利之依賴於其母親一如謝勒之依賴於其猶太教條的母親一樣，更使得他在這困擾中倍感困難。最後其妻子則在耶那公開指責一家出版社老板的妻子與謝勒有染，並在一次當謝勒前往柏林之時以手槍威脅倭伊鏗夫人而將事情鬧得不可收拾。

由於此諸事件迫使謝勒只好放棄耶那的職位，尋求在慕尼黑重新開始的可能性。他經由胡賽爾的推薦，於1906年在慕尼黑於心理學家兼哲學家帖歐多・李普斯（Theodor Lipps）審核下重新取得任教資格，並開始以「私人講師」身份開始講課。

總結他在返回慕尼黑重新取得任教資格之前的思想，基本上是在倭伊鏗影響下逐漸地接近他自己要走的道路，事實上他在耶那所提出的「任教資格論文」，其中的思想已經很大幅的偏離於倭伊鏗的思想⑲，特別是在1901年與胡賽爾接觸後，更是做了大幅的轉變。不過我們也不能抹殺他在倭伊鏗圈子中所確立出的基本論題和態度，特別是在有關人的問題及以完整人格（含精神生活價值）來考慮社會問題等，比比皆可見有與倭伊鏗的「精神

⑱ 參見前引 Wilhelm Mader 書，頁 20-21，報導謝勒妻子及岳母的異常精神狀態，頁 30 則報導了其妻子鬧事致使謝勒離開耶那的經過。此外頁20的報導中還提及謝勒在婚前二周接受天主教洗禮的原因可能是因爲：「阿媚利懷了孕，她受其母親沃勒曼女士（Frau Wollmann）影響強逼謝勒結婚和領洗。」

⑲ 其任教資格論文之思想與其走往現象學陣營的血脈關係，可參其本人在該書第二版（1921）的序言，《全集》第一册，頁201-203。

特性」合轍之處，即使晚如他在二十年代中葉所發展出的知識社會學的實用主義批判，我們在倭伊鏗的著作中亦可找到兩人思想上的近似特徵[20]。

1906年謝勒轉回到慕尼黑任教以後，1907年開始積極加入慕尼黑以蓋格（Moritz Geiger）、道伯特（Johannes Daubert）、芬德（Alexander Pfänder）等李普斯學生爲主體的所謂「慕尼黑現象學圈」（Münchener Phänomenologie）。慕尼黑現象學圈成員基本上都是李普斯的學生，他們本來都是屬於李普斯所組織「心理學學術會」（Akademischer Verein für Psychologie）的成員。當胡賽爾出版了他的《邏輯研究》並在書中批評了李普斯的心理主義，於是李普斯試圖在他的學生面前辯護他的立場，但是沒有成功，他的這一批學生以道伯特和芬德爲首，更加深入地去探討胡賽爾書所帶來的新世界，同時他們並與胡賽爾密切接觸，以直接從他獲取指導。當1907年謝勒正式加入這一團體，他們更是熱烈地相互激盪；而謝勒亦自此開始大步邁開其現象學研究的步伐，而在1913年正式繁盛地綻放出其花朵。

這段期間是謝勒在學術研究上最有進展的時期之一，但是也是他人生最潦倒、最艱苦的時候，起初主要是其妻子阿媚利給他的折磨，他曾在1907年 2 月提出離婚訴訟，不過後來因醫生說阿媚利將不久人世，以及她鬧要自殺，因而撤回。自1908年起他們兩人實行分居，但是不幸在 1908-1909 年間卻因一個緋聞事件鬧得滿城風雨，最後並使得謝勒丟掉教職。

這件緋聞事件是這樣的：謝勒與一位女士安娜・波勒（Anna

---

[20] 此點可參較謝勒的〈知識與勞動〉(Erkenntnis und Arbeit)，收入於《全集》，第 8 册，倭伊鏗著作則可參見《認知與生活》（*Erkennen und Leben*, Leipzig, 1921）。

Bohl）在出遊中因避雨在一家旅館共租一個房間二個小時，結果這件事情被波勒的一位異性友人知悉，大為光火，並將此事告訴謝勒已分居的妻子阿媚利，阿媚利因此醋勁大發，她在其母親的影響下將此事告知一位在柏林的友人，並經由他轉告知《慕尼黑郵報》編輯，於是一件鬧得滿城風雨的緋聞事件便鬧開了。謝勒對這件事情百口莫辯，最後在調查委員會的裁決下，他因「有玷為人師表」而被取消「教授恩准狀」（venia legendi），自此而後至1919年他獲聘為科隆大學（Universität Köln）教授為止，過的一直是顛沛、窘迫的生活。另外在謝勒情感生活上該當提出的是：一位漂亮而體貼的淑女又出現在他1908年的講課課堂上，她後來並且成了他的第二任妻子與他共渡最艱辛的一段歲月。她的名字叫美莉特·弗特勉格勒（Märit Furtwängler），是考古學家阿道夫·弗特勉格勒（Adolf Furtwängler）的女兒，她當時並且與謝勒的好友狄特里希·馮·希爾德布朗（Dietrich von Hildebrand）訂婚。但自認識了謝勒以後，他們兩人又重墮入情網當中，這時適又在謝勒身上發生鬧得滿城風雨的緋聞事件，美莉特的母親反對她與謝勒交往，但據美莉特的自述，在1909年夏天，她與謝勒共同覺到相愛已深，已到要共締良緣的地步了㉑。

這時的謝勒在感情上雖然有美好的這一面，但是緋聞事件，失去教職，再加上1909年其舅父赫爾曼·弗爾特去世，其表兄弟為爭遺產繼承權而訴諸法庭，以精神耗弱及揮霍為理由請求判決禁止謝勒母親動用遺產。

謝勒在這樣一種艱苦的處境下，於1910年在失去慕尼黑大學

㉑　美莉特的自述，見於前引 Mader 書中的節錄，載於該書之頁42。

職位後前往到哥丁根 (Göttingen)，參與當地另一批圍著胡賽爾而積極活動的現象學新銳的學術活動。謝勒在哥丁根並且還利用酒館的空間爲這些學生講課（這種作風並且還曾引起胡賽爾的不滿）。謝勒在哥丁根現象學圈所組成的「哥丁根哲學會」(Philosophische Gesellschaft Göttingen)㉒中所結識的現象學家，除由慕尼黑轉往哥丁根參加活動的賴那赫 (Adolf Reinach)、孔拉德(Theodor Conrad)、蓋格 (Moritz Geiger) 外，還有日後極富盛名的現象學家如：羅曼・英加頓 (Roman Ingarden)、亞歷山大・郭亦列(Alexandre Koyré)、讓・黑林(Jean Héring)、漢斯・李普斯 (Hans Lipps)、耶蒂特・史坦 (Edith Stein)、赫第薇・孔拉德—馬丢斯 (Hedwig Conrad-Martius) 等人。在哥丁根參與哥丁根現象學圈活動的同時，他亦積極尋求到國外任教的可能性。

不過謝勒的哲學思想在經過胡賽爾的現象學激盪下，並經過十年來的醞釀發展，已經逐漸成熟了。首先他在1911年發表了一篇以現象學爲基礎的論文〈論自欺〉("Über Selbsttäuschungen"，刊於 *Zeitschrift für Pathopsychologie* I/1 中，後收入於文集《價值的翻轉》(*Vom Umsturz der Werle*) 中。) 接著在 1913 年參與胡賽爾主編的《哲學及現象學研究年報》(*Jahrbuch für Philosophie und Phänomenologische Forschung*) 的編輯工作，同時列名編輯的還有芬德、蓋格、賴那赫諸人。隨著這一分《年報》的正式登場，同時亦象徵著現象學是

㉒ 參見本書第三章有關部分。亦可參考 Herbert Spiegelberg: *The Phenomenological Movement*, The Hague, 1982（第三版），頁166以下。

一股學術洪流，將在二十世紀的學術界掀起一番大浪潮。而謝勒本人卽在這幾年當中，接連地出版了他的許多重要著作，首先在 1913 年他出版了他的現象學研究專著《論同情感及關於愛和恨的現象學及理論》(*Zur Phänomenologie und Theorie der Sympathiegefühle und von Liebe und Haß*, Halle 1913)；此書第二版時改名爲《同情的本質及形式》(*Wesen und Formen der Sympathie*, Bonn 1923)。另外他的鉅著《倫理學中的形式主義及實質的價值倫理學》(*Der Formalismus in der Ethik und die materiale Wertethik*)亦分兩次分別在《年報》第一卷(1913)及第二卷(1916)年刊出。

現在我再回到1910年到1914年第一次世界大戰爆發期間謝勒的人間生活。由於緋聞事件使得他失去教職，他與其妻子阿媚利情斷義絕，因此積極訴請與她離婚，但阿媚利要求不菲的贍養費，謝勒此刻的處境根本無法支付，結果虧得美莉特將其父親遺留給她的六萬金馬克付給阿媚利，如此謝勒在1912年才得順利與她離婚。謝勒與阿媚利離婚後，他與美莉特就在同年12月結婚。婚後兩人便遷往柏林，但因經濟上的羞澀，他們在柏林是住在杜塞道夫街的一個小房子中，生活所需便賴謝勒的寫作和演講糊口㉓。

接著便是1914年的第一次世界大戰，謝勒本來登記爲科隆飛船後備隊 (Luftschiff-Ersatzbataillon Köln) 的志願兵，但因眼睛散光症狀遭拒絕，改服野戰炮兵，後來在1916年徵召入伍赴

㉓ 在柏林期間，經濟學家宋巴特 (Werner Sombart) 及其他友人曾在經濟上、精神上大力支持他，並爲他找到一分雖不是很穩定，但仍有相當幫助的撰稿工作。

許威靈 (Schwerin)，結果仍以眼疾之故免役。

在戰爭期間，謝勒寫作了許多鼓舞士氣，爲戰爭辯護的所謂「戰爭書」(Kriegsbuch)㉔，謝勒把戰爭看成是一種火浴更生的機緣，因藉以鼓勵人們激揚起奮鬪精神。謝勒的這些「戰爭書」——包括 1915 年的《戰爭之精靈及德意志戰爭》(*Der Genius des Krieges und der Deutsche Krieg*, Leipzig)、1916年的《戰爭與建設》(*Krieg und Aufbau*, Leipzig)，乃至於 1917 年的《德意志人之恨的原因》(*Die Ursachen des Deutschenhasses*, Leipzig)——在當時影響極大，以是在1917年夏天，德國外交部便借重他從事在國外的文化宣傳工作，首先是被派往瑞士的伯恩 (Bern) 工作，後在1918年又繼續在荷蘭海牙從事文宣工作。

此外在1916年復活節時，他在波易隆 (Beuron) 地方，並重返天主教教會及積極參與著名天主教的文化雜誌《高地》(*Hochland*) 的編務，這份天主教的文化性雜誌是由卡爾·穆特 (Carl Muth) 所創辦的，謝勒在天主教界中的各項活動，一直都與《高地》雜誌及卡爾·穆特有密切的關係，除文化活動外，謝勒在這段時間中並試圖發展「基督教社會主義作爲反資本主義」(Christlicher Sozialismus als Antikapitalismus) 的想法。

隨著大戰的結束，謝勒終於在1918年夏天重回到學術界的崗位來了。首先他受聘爲科隆社會科學研究所 (Institut für Sozialwissenschaften in Köln) 所長職位，接著他又被聘爲重新復

㉔ 這些「戰爭書」在謝勒思想上所占的地位，及扮演的角色，仍存在著許多爭論。有些學者強調指出謝勒好戰、鼓吹、販賣戰爭；有些比較中肯的學者，則強調謝勒所理想在戰爭中重獲取精神洗滌、淨練的火浴更生的機會。

校——因拿破崙 (Napoleon) 攻入德國而被關閉——的科隆大學哲學及社會學教授。

自從任教於科隆大學以後，約自1922、1923年起，謝勒的思想又開始有了新的轉變，其間並且還纏雜著感情問題和宗教信仰的問題。不過這一段期間的學術成就，似乎比前期還更具原創性，更具有劃時代性。我們於此且先依年代次序介紹他在這幾年裏的重要著作，首先在1921年，他總結他「天主教時期」的寫作，出版了《論人的永恒性》(*Vom Ewigen im Menschen*, Leipzig, 1921) 一書，這本書一直都是代表著謝勒宗教哲學的核心見解。接著在 1922 年他發表了一篇評述當時德國哲學界的長文〈當代德國哲學〉("Die Deutsche Philosophie der Gegenwart", 刊於 *Deutsches Leben der Gegenwart* (Berlin 1922)一書中。) 接著在 1923-24 年間，他陸續出版了四册總題爲《社會學及世界觀學文集》(*Schriften zur Soziologie und Weltanschauungslehre*, Leipzig, 1923/24) 的著作，在這四本分册中，他深入地探討了基督教信仰與社會的互動關係，而更進一步地發展了他「反資本主義的基督教社會主義」，並且在某種程度指出其「知識社會學」(Die Soziologie des Wissens) 的完成。關於謝勒在創立「知識社會學」這一研究領域，其最具里程碑的一刻是他在1924年編輯出版了《知識社會學探討》(*Versuche zu einer Soziologie des Wissens*, München-Leipzig, 1924) 這一本書。這本書中，除了他自己一篇長達一百四十六頁的知識社會學奠基之作〈知識社會學的問題〉(Probleme einer Soziologie des Wissens)。此外這本書還收進十八篇他科隆大學同道及學生的論文，這本書的結構在我們要想弄清楚知識社會學的原本構想上，很值得我們深加考慮。至1926年謝勒出版了《知識形式及社會》(*Die Wissensformen und die Gesellschaft*, Leipzig, 1926)一書，這本書除了收入上述那篇文章外，並且還收入〈知識與勞動〉(Erkenntnis und Arbeit) 和〈大學與民衆高等學校〉(Universität und Volkshochschule)，藉著這些文章謝勒系統地表述了他的「知識社會學」的想法。

但謝勒思想的進展並不就此而止，在1923-1924年間，他在思想以及情感又面臨到一個大轉折。首先我們先談一下他第二次婚姻的危機，首先是1919年初就任科隆職位後，他在一次座談的機會中，於科隆富有的猶太女子路易絲·寇培 (Luise Koppel) 家中邂逅了一位明媚動人的年青女學生瑪麗亞·舒 (Maria Scheu)，他們很快地就墮入情網。在邂逅之後，瑪麗亞·舒開始去聽謝勒的講課，到了1920年，謝勒替瑪麗亞·舒在「社會科學研究所」安排了一個助理的職位，於是兩個人更得朝夕相處。但是在美莉特一方，由於她深愛著謝勒，處在這種三角關係上因而倍感難受，結果她爲了成全謝勒和瑪麗亞·舒，委曲自己離開謝勒，由此謝勒得以在1924年4月16日與瑪麗亞結婚。由於這一次婚變，謝勒又重違犯了天主教教會的規定，再加上科隆是德國著名的天主教城市，因此導致了教會當局與謝勒的衝突，甚至規定神學院學生不准去上謝勒的課。

謝勒卽在這樣的情勢下，以及日益轉傾向於「泛神論」的精神，突進地總結了他的新的努力，也就是自1924年違犯天主教會婚姻法至他1928年心臟病突發致死的思想新階段。這些新的努力以及成就，除了上述「知識社會學」的建樹外，他開始深入反省形而上學、歷史哲學，以及總結的嘗試系統的奠立其（包括他認爲一切人）思想的總匯「哲學人類學」，特別是在哲學人類學，他在1927年4月應著名哲學作家赫爾曼・凱薩林公爵(Graf Hermann Keyserling) 之邀，到但姆斯達市 (Darmstadt) 爲他的「智慧學校」(Die Schule der Weisheit)所舉辦的「人與地」(Mensch und Erde) 會議做系列演講，題目卽爲「人的獨特地位」(Die Sonderstellung des Menschen)。他共講了四個小時，其講稿經修改後於1928年出版，卽是著名的哲學人類學奠基小册《人在宇宙中的地位》(*Die Stellung des Menschen im Kosmos*, Darmstadt, 1928)。這本小册雖然粗略，但大體上已經表達了謝勒關於人的哲學反省的主要論點，同年他的「學生」㉕普列斯那(Helmuth Plessner)也出版了《機體的層次及人》(*Die Stufen des Organischen und der Mensch*, Berlin, 1928)，這本書與謝勒的上述著作及蓋倫 (Arnold Gehlen) 的《人：其本性及其在世界中的地位》(*Der Meusch. Seine Natur und Seine Stellung in der Welt*, Berlin, 1940) 共爲建立哲學人類學的三本經典之作。

另外在 1927-1928 年之間，謝勒在《哲學報》上刊出了〈唯

㉕ 普列斯那是杜里舒 (Hans Driesch) 的學生，並曾在哥丁根受教於胡賽爾，他並且由謝勒之助而到科隆大學任教。依作者推測，他與謝勒之間當該有相當的意見交換，但由於謝勒在《人在宇宙中的地位》及其他有關人類學等的論述中，很少或甚至沒有提及普列斯那，以至於普列斯那數度的公開表示不滿。這些不滿請參見 Helmuth Plessner: *Die Stufen des Organischen und der Mensch* (*Gesammelte Schriften*, Bd IV, Frankfurt a. M. 1981)第二版序，頁18以下，又見其自傳"Selbstdarstellung" (收入於 *Gesammelte Schriften*, Bd. X, Frankfurt a. M. 1985)，頁 316-332。普列斯那本人並不很願意被稱爲謝勒的「學生」，我們因他在科隆與謝勒的親近（非友誼，而是同事及思想發展上），違犯一下他的意願，使用這個字眼。

心論——實在論〉(Idealismus-Realismus) 一文的部分，試圖就當時哲學的知識論基礎及開出形而上學做一些努力，但不幸因病逝而未能續作完成。1927年以後，謝勒重新考慮形而上學這一舉動，對於了解他最後要做但沒有辦法完成的工作是很重要的一項標識。他在死前不久還曾與海德格做過長談，深入地交換了許多意見[26]，可惜這些新衝刺的準備，在當謝勒於1928年應聘轉任法蘭克福大學，於即將展開他的一番新事業里程時，突然在該年5月19日因心臟病嚴重發作而去逝，一顆哲學界的巨星戛然消逝。

謝勒死後當年12月28日，遺腹子馬克斯・G.・謝勒 (Max G. Scheler) 出世。其遺孀瑪麗亞則在節哀、生子以後，於1929年3月開始整理謝勒遺稿，陸續出版了許多謝勒生前未發表的重要著作，其中最重要的是1933年出版了《遺集第一册》(*Schriften aus dem Nachlaß*, Berlin)，但緊接著希特勒 (Hitler) 政權的法西斯主義及反猶太主義的強烈執行，整理出版工作只有停頓。但瑪麗亞・謝勒在此艱困的情勢下，仍然竭力孤自地維護這些謝勒的遺稿，她在1928年曾寫信給謝勒及她的友人——哥丁根現象學圈的成員萊恩疊克 (Herbert Leyendecker)——說她要如「母獅對她的小獅」[27] (wie eine Löwenmutter vor ihr Junges) 一樣守護這些遺稿。二次世界大戰後，自1954年開始，瑪麗亞・謝勒重又開始主持謝勒全集的整理出版工作。

---

[26] 關於謝勒晚期發展及與海德格的交換意見，可參見謝勒全集現今負責人 Manfred S. Frings 的專著 *Person und Dasein* (Den Haag 1969)。

[27] 該信是寫於1928年8月10日，現藏於慕尼黑的國立圖書館的「慕尼黑現象學」收藏中。作者是轉引自前引 Mader 的傳記，見頁10。

從 1954 年起至今共由瑞士伯恩市 (Bern) 的 Francke Verlag (1987 以後改由西德波昂〔Bonn〕的 Bouvier 書店負責印行) 出版了十二册，將來預告要再出版的還有兩册，總共將爲十四册。

謝勒全集的出版工作並不像其他人的全集那般大費人事，但是其精細的工作，卻是其他各種全集本（除了是累積了上百年的編輯工作者如康德、黑格爾等之外）所難望其項背的。卽就索引一部分，更是令人感謝瑪麗亞・謝勒的辛勞，她雖不得與馬克斯・謝勒廝守終生，但謝勒遺稿的整理、編輯卻眞的是她終身委身的艱巨命運，謝勒有知，當該在九泉之下亦爲之一嘆吧！瑪麗亞・謝勒於1969年底在慕尼黑去逝，遺物交歸在慕尼黑的巴伐利亞國立圖書館(Bayerische Staatsbibliothek in München)庋藏，全集編輯工作則交由著名研究謝勒的專家，美國芝加哥市 De Paul 大學哲學教授 Manfred S. Frings 繼續負責。

以上我們大略地描述了謝勒一生的活動，在這些活動的背後，有些事件扮演著塑造他的人格特性的因素，另外一些則是由他特有的人格性而引起，我們底下就藉著他幾位熟識的友人的報導，略爲轉述一下，提供爲讀者了解謝勒獨特的創造性的一些參考。

第二節　人　　格

許多與謝勒有直接接觸的友人，他們在憶想紀念的文章中，總是不期而然的要述說到謝勒令人著魔般的感受㉘。而這種人格特性，事實上正是他哲學創造的根源，根據與他關係非常密切的尼可拉·哈特曼 (Nicolai Hartmann) 的了解，哲學家面對世界複雜而且彼此矛盾的現象所以採取以了解世界或從事哲學思索的方式，在如諸種偉大哲學家所採取的否定辯證、批判等等外，謝勒所採取的正是「不預做格式而順適地在自己的生活和思想中作證」㉙，這亦卽意味著他令人著魔般的感受，其實乃就是他以生活和思想爲眞理作證的具體表現，或者更清楚地說，亦卽他是以他的人格來展現哲學眞理。但正因謝勒這種以人格而表現出來的思想不能被軌置入一個定式中，因此他在批評者的眼中，便因而有各式各樣的描述，例如有人稱他是「出自於激情的哲學家」㉚，也有人認爲他是「哲學的變色龍」㉛，與他友善的人所體驗到的他是: 揮霍著天賦的偉大天才精神㉜，是「獨眼巨人般的思想

㉘ 最具代表性的描寫請參見②，特別是 1, 3, 5, 6, 8, 9, 13各文，另外片段的極佳報導有 Edith Stein: *Aus dem Leben einer jüdischen Familie*, Freiburg 1965, 頁181-183; Viktor von Weizsäcker: *Natur und Geist*, München 1977, 頁21-25。至於著魔般的感受，可參見②3. 及6. 兩文。

㉙ 參見②5. 哈特曼文，頁 357。此外㉘ Viktor von Weizsäcker 書中頁24中論心身統一問題時說「他不需要對此做實驗，他自己就是對此的一個實驗，……」，亦可以作爲我們把握哈特曼的說法的注腳。

㉚ "Philosoph aus Leidenschaft", 見 W. Hartmann; "Max Scheler—ein Denker unserer Zeit", 刋於 *Heidelberger Tageblatt* 1949年 8 月23日.

㉛ "Chamäleon der Philosophie" 見 H. Berl: "Max Scheler oder das Chamäleon in der Philosophie", 刋於 *Menorah* (Berlin) 10 (1932), 頁321.

㉜ 參見② 3. Gadamer 文，又見同② 6. Hildebrand 文，頁622。

家」㉝、「最具生產活力的精靈」㉞、「完美的生命哲學家」㉟、「哲學思想的偉大即興詩人」㊱；而對他不表同情的人則認爲他是「精神的浪蕩子」、「不是哲學家，而是一個從精神的半上流社會出來的極老練的冒牌哲學家」㊲等等，眞是不一而足。當然這些概括實際上只是各表明謝勒人格上的一個個別特徵，至於要正確把握其人格特性，作者認爲我們可以通過底下三方面來綜攝。

一、作爲揮霍者的謝勒

看出謝勒在精神上的揮霍，首先是他的好友希爾德布朗(Dietrich von Hildebrand)，後來噶達姆(Hans-Georg Gadamer)更拿來當作他回憶謝勒的文章的標題。謝勒在某種意義上確實是揮霍者，而他的精神天賦也多得可以任意揮霍，從倭伊鏗的新唯心主義到現象學，從價值的建構到情緒的分析，乃至於知識社會學、哲學人類學，他一片片的開發出新田地，但他沒有據爲己

㉝ "zyklopischer Denker"，見 Schwerte, H 及 Spengler, W.: *Forscher und Wissenschaftler im heutigen Europa*, Hamburg 1955, Bd. 2.，頁7.

㉞ "Lebensphilosoph par Excellence" 見 Alois Dempf: "Der vergessene Max Scheler"，刊於 *Die Neue Zeitung*, 1952年2月20日，第43號，頁4.

㉟ "als großer Improvisator des philosophischen Gedankens"，見 Helmuth Kuhn: "Max Scheler im Rückblick"，刊於 *Hochland* 51 (1959)，頁325。

㊱ "geistiger Wüstling"，見 Theodor Lessing: *Einmal und nie wieder*, Gütersloh, 1959，頁344.

㊲ "kein Philosoph, sondern ein sehr gewiegter Philosophaster, aus der Halbwelt des Geistes"，見K. Hiller: "Scheler spukt"，刊於 *Die Weltbühne*, Berlin, 1931，頁 20.（以上自㉚條起至本條均轉錄自 Mader 所著傳記中所集者。）

有，而是將之交給別人經營、收成，他自己在交出新田地後，接著又去探尋可以開發出沃田的荊棘之地。這種情況就如噶達姆所描寫的：「謝勒是一位精神的大老饕。他收取一切他能接近的東西，他並占有可以到處穿透本質事物的穿透力。」「馬克斯・謝勒是一位揮霍者。他拿來又給去，他是無限的富有——但卻不保留任何東西㊳。」

正由於謝勒的揮霍個性，所以他成了現象學家、天主教哲學家、實質的價值倫理學者、知識社會學者、哲學人類學者，但同時他什麼也不是，而只是一個一直在變動中的尋探者，事實上不管稱他是什麼的「家」，或是把他看成隨時隨處改變顏色的「變色龍」，謝勒最重要的每日功課是在起床以後「以顫抖的手扣上衣鈕或結上領帶，喃喃不停地對自己說：找尋、丟掉、冒險、追究到最後的結果地來面對思想的各種可能性㊴。」謝勒這種不休止地探尋哲學，正是他作為一位揮霍者——精神的揮霍者——的本錢。

二、直觀的天賦

噶達姆在其〈謝勒——揮霍者〉一文中特別強調謝勒的「直觀」能力，他在文中寫道：「在現象學圈中，人們是這麼了解這種洞見：它們不能從經驗上得到，也不能被檢證；而是只能在形相抽象（ideierende Abstraktion）中達致，對此不明白的人喜歡

㊳ 見❷所列第 3 項，頁16及17。

㊴ 同上，頁 16。又其好友 D. von Hildebrand 也報導說：「他經常告訴我：『我希望我的生命每天早上都是個新開始，而不要有任何由早先體驗到的而來的限制。』見❷所列第 6 項文章，頁 632。噶達姆的報導是得自 Karl Reinhardt 轉述瑪麗亞・謝勒的報導。

把它神秘化或嘲笑爲『本質直觀』(Wesensschau)。方法來，方法去，但在直觀的天賦上，謝勒超越過所有所謂現象學家；並且對大師胡賽爾來說，他孜孜不倦地服從於對哲學工作的細微描繪技藝做自我辯明，但在直觀能力上他卻幾乎沒有……[40]。」謝勒這種對本質的迅速、直觀把握的獨特能力[41]，使得他在各個他涉足的領域中慧眼獨具地從荒蕪榛莽看出可以開墾的沃土。希爾德布朗德甚至宣稱說他不是「研究者」(Forscher)、不是「科學家」(Wissenschaftler，或爲避免歧義，可以稱爲「學者」)，而是「詩人」，他是以「他的精神的眼睛 (geistiges Auge) 比其他的更多且更有意義地在其直接的體驗中來把握[42]。」

對於謝勒這種直觀的天賦，我們在他的哲學思索中看到了他以極敏銳的洞察力、準確而正中要害地攫住其獵物，世界的實在，他不是籠籠統統地概括入一個框架中而將之擠壓成同樣的標準單元項，而是如其所是地讓世界的實在經由他而展現出來，他的學生呂策勒就正確地了解到謝勒的這一個特點：「如同歷史學家根據格列果羅味烏斯 (Gregorovius) 的說法那樣地來劃分曾在一起過和不曾在一起過的，或就像存在有不談某一個作品，而是讓作品從他們那裏出來講話的藝術解釋者一樣；故而也有那種存有本身自己渴望在其身上變現出來的哲學家——他（按：卽指謝勒）卽是屬於這一類哲學家：一種學不到的看的強大力量正是他所特有的 (eine unlernbare Mächtigkeit des Sehens war ihm zu eigen.)[43]。」故而謝勒的哲學思索「不是把哲學弄成哲學

---

[40] 同前引噶達姆文，頁13。
[41] 見[2] 5 一文。頁351。
[42] 見[2] 6，頁623。
[43] 見[2] 8，頁85。

史」，而是「首先抓住問題，然後環顧歷史並開始一個精神的對話㊹。」並且亦是因此謝勒不懼怕在他的思考當中有矛盾，因為「人並不能勝任實在的世界，世界不是沒有矛盾的，它能被把握並不就是說它的本質已在沒有矛盾的命題中構作出來了㊺。」這也就是說，謝勒的哲學就是他在直觀中看來的，所以也因此他的哲學特具有一種活生生的生命力。

三、茫然及無力感

無力感 (Ohnmacht) 這是謝勒哲學中的一個主要命題， 特別是在晚期對人的成熟看法中， 更是構成其 「精神——衝動」 (Geist-Drang)㊻ 二極性的主導線索。而這種「無力感」，筆者認為其實就是一種主體將自己委置出去的一種神迷 (Ekstase) 或「茫然」 (ratlos)㊼。 這種 茫然 正如同耶蒂特·史坦 (Edith Stein) 所描寫的: 「在實際生活上謝勒像一個小孩子一樣無助，有一次我在一家咖啡館的衣帽間見到他茫然 地站 在一 排衣 帽架前; 他不知道那一件是他自己的。我笑著說: 『是不是現在您丢了太太？』 他點頭同意㊽。……」 這種 「茫然」 嘎達姆則稱為「神迷」 (Ekstase)， 嘎達姆並深刻地看出「當他宣說衝動與精神的二元論及『純粹』精神的無力時，他乃是在掐他所有所謂混

㊹ 同上，頁84。

㊺ 見❷ 5，頁356。

㊻ 詳見本書第六章。

㊼ 這裏應該解釋的是: 這裏稱謝勒的「茫然」是一種主體將自己委置出去的說法，並不是一種哲學理論，而只是說明謝勒人格特徵的一種描述說法而已。

㊽ 見 Edith Stein; *Aus dem Leben einer jüdischen Familien*, Freiburg 1965, 頁183。

亂——不可平衡的特性㊾。」甚至謝勒傳記作者喜歡報導的一件不尋常舉動，即他在與美莉特離婚後，一直到他死爲止，每個禮拜寫一封充滿愛意的情書給她，我們亦可以他這一人格表徵來了解。

以上三點是作者認爲可以深入了解謝勒思想特點的人格因素。當然一個整體的人是應不可分割地予以了解，我們之獨舉出此三點，只是想爲在茫無頭緒以了解謝勒的出發點處，做一點所謂「運作性的」指標而已罷了。

第三節　著　作

關於謝勒的著作，我們不想於此一一舉列，其細目請參見書後參考書目部分。至於其各重要著作的寫作和出版時間，我們在生平部分也有標舉。我們在此想做的是就其內容範疇，依類稍加指陳其重要的相關著作。

謝勒最早的學術活動是屬於所謂「新唯心主義」(Neu-Idealismus)，屬於這一時期的重要著作除博士論文〈論邏輯與倫理原理間之關係的確立〉及任教資格論文〈先驗的與心理學的方法〉外，1899年的〈勞動與倫理〉(Arbeit und Ethik) 也是一篇重要著作，另外〈康德與現代文化〉(I. Kant und moderne Kultur, 1904) 一文也很重要。這些謝勒早期的思想記錄，現在都編入他的全集第一册《早期文錄》(*Frühe Schriften*) 中。

其次代表謝勒現象學研究的成果的著作有編入全集第二册的《倫理學中的形式主義及實質的價値倫理學》，這本書也是當代

㊾　見上引 Gadamer 文，頁15以下。

價值哲學研究的經典和謝勒個人的「名山之作」(Opus Magnum)。另外全集第七册的《同情的本質及形式》(*Wesen und Formen der Sympathie*) 則是情緒現象學的奠基之作，謝勒的現象學方法運用特別在這本書中表現無遺。另外作爲《遺集第一册》出版的各篇也都是屬於謝勒大力致力於現象學研究年代所作的文章，其中有幾篇文章更是系統的陳述了他本人關於現象學的見解，此書現列入爲全集第十册。另外《價值的翻轉》(*Vom Umsturz der Werte*)，卽全集第三册亦同屬他的「實質的」現象學分析之著作。

謝勒在因緋聞而被撤除教職至重被聘爲科隆大學教授期間，除了在一次世界大戰中所寫的所謂「戰爭書」(Kriegesbücher)，併同其他當時所撰寫有關政治、社會的文章，現在編成了全集第四册的《政治——教育文錄》(*Politisch-pädagogische Schriften*)，這本書中的各篇文章是研究謝勒的政治思想的重要文獻來源。另外在他死後由其遺孀整理出版的小書《和平的觀念與和平主義》(*Die Idee des Friedens und der Pazifismus*, 1931) 則是代表他晚期的政治想法。

至於謝勒的宗教哲學思想及「基督教的社會主義思想，則有全集第五册《論人的永恒性》(*Vom Ewigen im Menschen*) 及第六册《社會學與世界觀學文錄》(*Schriften zur Soziologie und Weltanschauungslehre*) 可依據。

最後謝勒晚期的發展，關於知識社會學可參考全集第八册《知識形式與社會》(*Die Wissensformen und die Gesellschaft*)，特別是其中所收〈知識社會學的問題〉(Probleme einer Soziologie des Wissens) 一文更是這一研究領域的奠基之作。另外謝勒在 1924 年主編出版的《知識社會學的試探》(*Versuche zu einer Soziologie des Wissens*) 中的編輯態度及所收文章的內容傾向，亦可作爲了解謝勒的知識社會學的理念的參考。

謝勒晚期的另一大建樹——哲學人類學的思想，其早期的概念可在收入於《論價值的翻轉》一書中的〈論人之理念〉(Zur Idee des Menschen) 一文中發現到，而成熟的思想則見於全集第九册《晚期文錄》，特別是其中所收《人在宇宙中的地位》及《哲學的世界觀》(*Philosophische Weltanschauung*) 兩篇，最後，最近出版的《遺集第三册》(即全集第十二册)，其所收的資料則是謝勒未能完成的《哲學人類學》一書的殘篇。

最後，《晚期文錄》中一部分及全集第十一册《遺集第二册》則是謝勒對形而上學及知識論所做最後的反省，其中並收入了許多他與海德格早期思想上之關係的文獻。

第二章　謝勒的早期思想

由於在倭伊鏗 (1846-1926) 指導下完成博士論文及任教資格論文❶，因此不可避免地，謝勒的早期思想也沾染了很濃厚的倭伊鏗精神生活哲學色彩。此外，謝勒在慕尼黑就學時期，同其同學帖歐多・列辛 (Theodor Lessing, 1872-1933) 一樣也受到當時另一顯學——心理主義大師帖歐多・李普斯 (Theodor Lipps) 的影響，特別是在「人格主義」(Personalismus)❷方面。因此我

---

❶ 見第一章論謝勒著作一段。

❷ 更正確地說，在十九世紀末、二十世紀初，心理主義乃是當時的哲學主流，其中除少數唯物、實證主義傾向的思想家外，都不能免於沾染心理主義潮流的色彩，Theodor Lipps 本人卽是這一心理主義潮流的代表者，其思想尤是在美學及倫理學上表現出來，於美學上，他的「移情說」(Theorie der Einfühlung) 便是大家耳熟能詳的著名理論（有關於此點的中文資料，詳細請參考朱光潛的《文藝心理學》有關章節，此書有許多版本）；至於在倫理學上卽是「人格主義」(Personalismus)，這一人格主義思想，曾強烈影響到日本近代容受西方哲學初期的著名哲學家阿部次郎，並經由阿部次郎再轉而影響民國初年一輩的我國哲學工作者，許多早年編譯自日本哲學書的著作，便強烈具有這「人格主義」的思想傾向，而倭伊鏗本人亦在某種差異(特別是在反心理主義)下強調著「人格主義」，這一「人格主義」傳統甚至一直到謝勒的第一個創作巔峰，卽《倫理學中的形式主義及實質的價值倫理學》一書完成時仍扮演著主導作用，謝勒卽在其著作加上 "Neuer Versuch der Grundlegung eines ethischen Personalismus"（一種倫理的人格主義之基礎的新探討）。「人格主義」只有在謝勒愈來愈明白其對於人的考驗的新間架——卽哲學人類學——的全幅圖像更具體化後，才過渡到他後期具有更富意義的哲學人類學奠立中。

們要論述謝勒的早期思想，我們需要稍略說明一下，什麼是倭伊鏗的「精神生活」(Geistesleben)，以及當時占有主宰地位的「人格主義」理論。另一方面，這一思想背景，我們在往後謝勒的思想發展中，仍可以清楚看出，它正是謝勒哲學的核心問題，或亦可稱爲他的思想發展的基調：以下我們卽先稍略簡介一下倭伊鏗的哲學及有關「人格主義」的幾個重要論點，然後再進而說明謝勒早期的思想。

第一節　倭伊鏗的精神生活哲學及人格主義

一、倭伊鏗的精神生活哲學

首先談倭伊鏗的哲學。在本世紀初，倭伊鏗的著作是最得到德國讀者閱讀的，他並由於當時極巨大的影響力而榮獲諾貝爾文學獎。在我國民國肇建初年，由於張君勱等人的引介，他的哲學思想亦曾相當程度地予我國知識界一個大衝擊，特別是在民國12年（西元1923年）所爆發的「人生觀論戰」❸。但時過境遷，倭伊鏗的名字不僅在世界哲學舞臺上消聲匿迹，卽使在德國哲學界中，亦絕少有人道及。由於倭伊鏗的哲學本身之價值和意義不是本文的論題，我們並不準備對之加以詳細論述。不過爲要瞭解

---

❸ 關於民國12年發生的「人生觀論戰」，首先是由張君勱在淸華大學的一篇演講稿引發（演講後發表於當時由張東蓀主編的北平《晨報》副刊〈學燈〉上）。當時由於中國積弱不振，許多知識分子因憂心國勢，因而在面對現代科技文明的態度上，逐漸強化而爲一種「科學主義」(Scientism) 態度，特別是丁文江（丁氏與張氏俱是與梁啟超極親近的熟友）首先發難批評張君勱，因而引發所謂「人生觀論戰」的大筆仗，對此問題國內已有許多論述文字，玆於此不詳舉。

謝勒思想的根基，我們現在即分：一、精神生活與人生觀，二、行動主義及三、精神學方法三項說明如下：

（一）精神生活與人生觀

「精神生活」(Geistesleben) 一詞可以說是倭伊鏗哲學的鑰匙字，而「人生觀」(Lebensanschauung) 則是倭伊鏗籲求的標幟，倭伊鏗的許多著作即是環繞著這兩個概念來討論的，其中最重要的著作如《大思想家的人生觀》(*Die Lebensanschauungen der großen Denker*, 1890)，《人類意識及行動中的精神生活統一》(*Die Einheit des Geisteslebens in Bewußtsein und Tat der Menschheit*, 1888) 都是在闡發此旨，至於其他各本通俗性著作，更是反復宣明這兩個概念。

那麼，什麼是「精神生活」呢？「人生觀」在倭伊鏗的用法中又有什麼特殊意義呢？

要談倭伊鏗的「精神生活」或「人生觀」哲學，我們不得不先談一下他對於他所稱「理智主義」(Intellektualismus) 及「自然主義」(Naturalismus) 的批判。事實上倭伊鏗的哲學乃是針對這兩種學派而發的。關於「自然主義」，倭伊鏗指的是把整個生命體系化約成一種自然科學的機械存在方式，而「理智主義」則是一種乾枯的「建構思辨」，這兩種思想方式在人類思想史上固然是源遠流長，但是在現代文明以排山倒海之勢突入於我們人類十九世紀末、二十世紀初的整個生活領域時，更是如無法回挽的狂瀾，對此倭伊鏗於其《一種精神生活的哲學的導論及後記》一書 (*Prolegomena und Epilog zu einer Philosophie des Geisteslebens*) 的「後記」第一段對其1888年所著《精神生活的統一》一書內容做撮要時說：

> 自然主義在現代科學的機械思考方式中達到了其頂峰；而理智主義則在建構性的思辨中，亦卽如黑格爾所做的那般中達到其頂峰❹。

這點淸楚表明了倭伊鏗對於人處在極端貶人化的現代文明中感到擔心。因此相對於這種貶人化的片面生活體系（Lebenssystem），倭伊鏗揭出了「精神生活」這一主題。「精神生活」的生活體系無非是以整個人格存在作爲考慮核心的一種生活體系。用倭伊鏗本人的術語來說，亦卽要從「自然主義的生活體系」（Lebenssystem des Naturalismus 或稱 Das Syntagma des Naturalismus）及「理智主義的生活體系」（Lebenssystem des Intellektualismus 或稱 Das Syntagma des Intellektualismus）的限制中掙脫出來，而歸向於「人格世界的生活體系」（Lebenssystem der Personalwelt）。因爲自然主義的生活體系的片面化，使得人類的自由、道德、宗教、藝術等精神價值成爲不可能；而另一個則極端地變成玄虛的想像力甚或至是幻想❺。只有第三種的「人格世界的生活體系」才不片面地貶謫人不可剝奪的尊嚴和價值的眞正合理生活方式。在這種生活體系中，人類的精神創造都得到了其

❹ Rudolf Eucken, *Prolegomena und Epilog zu einer Philosophie des Geisteslebens*, Berlin/Leipzig: Walter de Gruyter, 1922, 頁117. 按此書第一版刋行於1885年，此書的寫作是作爲其最重要奠基之作的 *Die Einheit des Geisteslebens in Bewußtsein und Tat der Menschheit*, Leipzig, 1888的「導言」（Prolegomena）而刋行的，此書在1922重印時，倭伊鏗沒有加以改動（倭伊鏗各著作的版數極多，且常常在每一新刋版上加以改動內文），只在書末增附一篇〈後記〉（Prolog），撮要敍其各重要著作的主要內容，故而成爲上引書題。

❺ 參見 G. Wunderle, *Die Religionsphilosophie Rudolf Euckens*, Paderborn, 1912, 頁34-35.

自己的位置。亦即屬於人類精神創造的倫理、宗教、藝術及至於科學等都能在「人格世界的生活體系」中找到其位置和得到其價值❻。但是，如此並不意謂精神生活純只是「各種現存著的生活的附加物」❼，也不僅是「自然歷程的侍僕或隨從」❽，而是澈澈底底地爲一種本源之物❾。故而倭伊鏗所籲求的精神生活，實乃是一種統一的精神生活，亦即是一種「生活的整體」，是「精神生活的總括」，是「總體生活」❿。

當然，我們還可根據倭伊鏗對世界的瞭解來進一步說明精神生活的眞正內涵。正如倭伊鏗諄諄而談的無非是要警誡現代之逐物而不返的毛病，是故他所提出的「內在世界」(Innenwelt) 正是要對治人徇於物而追逐「外在世界」(Außenwelt) 或自然 (Natur) 這種病根的出發點。正如倭伊鏗在其《一種精神生活內容的奮鬪》開頭所說的，現代人的處境正陷淖於一個世界史上的狂瀾中，在這狂瀾裏，人完完全全被看成是屬於自然，亦即人不但在外在受到物質世界的暴力的支配，甚至在內在生活裏也受到這種自然暴力的逼迫，委屈地順從它所指示的唯一道路尋向眞理

❻ 參較上書，頁43中的一段文字: Dieses "Gewebe von Tatsächlichkeit" umschließt zunächst die ethische und religiöse Bestätigung, dann das künstlerische Schaffen und die wissenschaftliche Arbeit." 並請參見 R. Eucken, *Die Einheit des Geisteslebens* (1888)，頁124以下及同一作者的*Der Sinn und Wert des Lebens* (Leipzig 1910，第二版，頁116) 的論述。

❼ 參見 R. Eucken, *Die Einheit des Geiteslebens*, 頁121.

❽ 同上。

❾ 參見上引 Wunderle 書（❺），頁43。

❿ 參見上引 Wunderle 書中的總括: Sie（指各種行動）müssen "in die Einheit des Geisteslebens" gefaßt werden. Erst dann verkörpern sie das "Ganze des Lebens", den "Inbegriff des Geisteslebens", das "Gesamtlebens".（見該書頁44）

和幸福⑪。但是這種徇物不返，委順於自然暴力，亦卽意謂著人的自我取消；另外理智主義則把人的存在吊空而談抽象的絕對思考過程，結果如同在自然世界中逐物不返一樣，這種在虛懸的精神世界中的努力，終究仍是一種「玄虛」，單只是形式的「精神性」，這種孤懸架空的精神性與現代人所特別成就的物質的感官自然界，倭伊鏗認爲：「現代生活現狀中雖提供給感官自然材料，給思想形式，但形式與材料並不相互連結在一起，以支持現代人在非精神的自然和玄虛的，單只是形式的精神性中奮鬪，人們在這一土地上找不到所要求的統一⑫。」

但是絕不可否認的，這一世界是我們人所認識到、所把握到的世界，並且不管是自然世界或精神世界，它們都是「人的世界」，或更確切地說是「人格世界」（Personalwelt）⑬。因此世

---

⑪ 參見R. Eucken, *Der Kampf um einen geistigen Lebensinhalt*, Leipzig, 1921（第四版），頁 3．

⑫ R. Eucken, *Prolegomena und Epilog zu einer Philosophie des Geisteslebens*, 1922, 頁118.

⑬ 倭伊鏗的那本賁基之作 *Die Einheit des Geisteslebens*（1888）卽在敍述並批判前述的自然主義及理智主義之後，揭出了這一種侷於他自己立場的「人格的世界」，他把這種人格的存在看成是一種新秩序的擔負者，是眞實的本質，而且也是世界的本質（das Personalsein als Träger einer neuen Ordnung, als Realwesen, als Weltwesen, 參見該書頁 346-357）。我們於此要特別強調的是，Eucken 的這一人格主義思想對於謝勒的影響很大，不過由於篇幅及討論重點的關係，這點我們留待以後的機會再另撰文詳細討論，不過筆者於此願意舉出 Reinhold J. Haskamp 對此問題的探討以供讀者參考。Haskamp 氏書是就主體的行動一點來貫串非希特（J. G. Fichte）、倭伊鏗及謝勒三人在人格主義上的承繼影響關係，亦卽他就非希特的Person-Tathandlung、倭伊鏗的 Person-Tatwelt（或 Aktivismus）及謝勒的 Person-Aktzentrum 來貫串其間的流衍，詳見該氏著書 *Spekulativer und phänomenologischer Personalismus. Einflüsse J. G. Fichtes und Rudolf Euckens auf Max Schelers Philosophie der Person*, Freiburg & München: Karl Alber Verlag, 1966.

界的意義並不能孤立於人，當然這種密切與人連在一起的世界概念並不是一種「人中心論的」(anthropozentrisch) 的世界觀，而是因爲人的世界必須是要爲對人的整個世界 (Welt als Ganze für Menschen)⑭，如此倭伊鏗的精神生活統一的哲學實即意謂著一種外在世界與內在世界各得其所而交融在一起的人的世界，如此我們便可以了解倭伊鏗的學生弗朗茨·沙維茨基 (Franz Sawicki) 在論述倭伊鏗的「內在世界和外在世界」時，突然歸結說:「精神生活的最高項 (die höchste Güter)，如同它的突現，根本不是在於外在世界，而是在超越於人之存在的永恒和神性領域中⑮。」沙維茨基的這一歸結雖然沒有錯，但是下得太快了。在倭伊鏗的體系中，我們從他對自然主義者因循於外在世界的批評中，同時亦聽到他呼籲人要認取一種「內在性」(Innerlichkeit)，要把人在自然世界中的行動清楚認取是一種「行爲世界」(Tatwelt)，亦卽:

> 就像新生活（按指精神生活）不是一種只用來加工的現存有，而是一切由實踐 (Tätigkeit) 做出來的實在一樣，它

⑭ 關於這種以人爲核心，但不是「人中心主義」的考慮，確實是一種很吊詭的難題。因爲任何對世界作解釋的試圖，均不可必避免地要涉及「人」這一視角，亦卽不管我們是否採取相對於人的其他視角來考慮其認知間架，從而避免我們的「主觀」評斷，結果在最後仍要回溯到我們這一認知者，仍要讓那一個「客觀」或「相對的」參考間架回涉到設定該間架的認知主體。是故，我們在此願意直截地肯定，只要我們能確認由我們這裏出發的視角是爲一相對參考間架，那麼它與其他間架便有相互確定的可能，因而由我而發的視角便不再是偏執的「人中心論」主張，而是具有謝勒解決相對主義的「相對視角」(relativer Perspektiv，詳見後) 之有效始點了。

⑮ 參見 Franz Sawicki, *Lebensanschauungen moderner Denker*, Paderborn 1921（第三及四版），頁210.

充滿信心地把握到事物的全幅深度，並達到一個絕對的眞理⑯。

在這段話中，「由實踐做出來的實在」事實上倭伊鏗指的是人們精神性在「自立的生活中」(selbständiges Leben) 依藉其所得的明確意義而確立起來的「行爲世界」(Tatwelt)⑰。因爲精神性在這種「自立的生活」中，它得以藉其內在的力量超越自然世界的束縛，而達到一個更高的世界 (höhere Welt) 或更高的生活 (höheres Leben)，也就是精神性經由人的內在化能力而舉揚自己，使自己成爲一種「依其自己之存有」(Beisichselbstsein)，如此精神生活乃爲一種完全且自足之實在的生活⑱。並由於這種精神生活的世界乃是建立在這種實在的生活上，故它也不會如理智主義那般陷於逐字索名而流蕩不返。以上卽是倭伊鏗「精神生活」的要義，最後我們願意再引一段倭伊鏗本人的說法來結束關於其「精神生活」意義的討論:

這點（按指一種能照顧到各個方面的總體概念）乃存在於精神世界的把握上，也就是存在生活的「依其自己之存

⑯ 見Eucken, *Der Kampf um einen geistigen Lebensinhalt*, 1921, 頁51.

⑰ 參見 R. Eucken，上引書，頁24。爲便於讀者參考，玆謹將原文引錄如下: "Nur bei solcher Emanzipation（按指從一切外在的、虛幻的、不眞的障礙中解放出來）hängt das Bestehen geistigen Lebens und die Geltung geistiger Werte nicht mehr an den Grad der Verwirklichung unter den Menschen; erst damit, nur als selbständiges Leben gewinnt Geistigkeit einen deutlichen Sinn und wird ihre Welt eine Tatwelt".

⑱ 參見上引書，頁271。

> 有」，和實在的核心之把握上主體的 (subjektiv) 和實體的 (substantiell) 自我保存因此似乎是尖銳地相互分離著；於此，世界與存在其外頭的主體發生關係並不爲了要將它作爲其財富和享受，而是因爲實在本身乃存在於運動中，它在精神生活中尋找其自己的圓成，和其所創造的深度⑲。

另外我們願意直截指出，倭伊鏗這種「精神生活」全幅大度的展開，亦即是他的「人生觀」(Lebensanschauung) 這一標籤字眼的意義所在。並且由於倭伊鏗強調「行爲」(Tat) 在造就精神生活世界上扮演的重要角色，亦即經由精神的「勞動」(geistige Arbeit)——也就是在生活上的體現——我們創造了文化，對此倭伊鏗本人在其《一種精神生活內容的奮鬪》中曾這麼說：

> 然而對於文化的概念，我們無法不在其間認取一種內在的生活轉向而正確地把握住它⑳。

---

⑲ 見 R. Eucken 上引書，頁 273。原文如下 "Dies fand sich in der Erfassung des Geisteswelt alr des Beisichselbstseins des Lebens, als der Kerns des Wirklichkeit. Subjektive und substantielle Selbsterhaltung schieden sich damit scharf voneinander; die Welt wird hier auf ein außer ihr stehendes Subjekt bezogen, um sein Besitz und Genuß zu werden, sondern die Wirklichkeit selbst steht in Bewegung, sie sucht im Geistesleben ihre eigene Vollendung, ihre schaffende Tiefe."

⑳ 同上書，頁 8："Aber den Begriff der Kultur können wir nicht genauer fassen, ohne in ihr eine innere Wendung des Lebens anzuerkennen."

這也就是說倭伊鏗的「人生觀」乃是一種人在其自由中經由其行動(Tat)而在內在生活的自立性(Selbständigkeit des Innenlebens)把握其世界及提升自己向於更高的世界㉑，如此，我們同時在倭伊鏗哲學中見到了他的「行動主義」(Aktivismus)的重要性，以下我們準備要對他的「行動主義」作些解釋。

（二）行動主義

如上所述，倭伊鏗的精神生活哲學亦即是要在生活中經由精神行動的自我提升，克服「自然主義」及「理智主義」的錯誤，也就是要把「自然主義」和「理智主義」所約化而成的「純僅是人的」生活（"bloßmenschliches" Leben)轉化成充實光輝的「依其自己的存有」(Beisichselbstsein)的生活，也就是生命要在道德、藝術、科學、宗教等這種精神性創造中提升自己，完成自己㉒。於是，倭伊鏗的精神生活哲學經由在這些行爲世界（Tatwelt)中勞動，表現出了一種奮進的行動主義(Aktivismus)，這種奮鬪的行動主義，不但標示出了他的哲學體系的特點，並且預示了以後謝勒的「行動現象學」(Aktphänomenologie)㉓。

㉑ 參見上書，頁 28 一段有關內在生活的論述。並請參考 Ueberweg 原著，Oesterreich 重編的 Grundriß der Geschichte der Philosophie, Bd. IV Berlin 1916（十一版），頁458的評論。

㉒ 參見 R. Eucken, "Erkennen und Leben" Leipzig, 1912, 頁50, 評論請參見Georg Weingärtner, *Rudolf Euckens Stellung zum Wahrheitsproblem*, Mainz 1914, 頁34-35. 另外 Georg Weingärtner 對 Eucken 有關「純僅是人的」與「精神生活」的分辨，曾做了一個淸楚的說明，茲具引如下："Eucken nennt diese naturgebundenen Vorgänge, alles Sinnliche und auf das Individuum als solches gerichtete Vorstellen und streben das 'Bloßmenschliche', das geistige Leben aber mehr-als-menschlich"。參前段引書，頁59，註 2。

㉓ 參見Scheler, *Formalismus*, 頁90，有關謝勒這一理論的詳細說明，在本書第四章再做詳細論述。

關於倭伊鏗的「行動主義」的理論結構，我們在此不憚辭費要再稍略做進一步解析。

由於倭伊鏗認識到人的精神之無力 (Ohnmacht) 和無能 (Unvermögen)㉔，因此我們在談他的行動主義時，對於他這一認識，絕不能輕易放過，現在我們就稍略先說明一下他有關這一精神軟弱性的看法。在《生活的意義及價值》一書中，他從人在面對於自然及人自己內在心靈這兩角度來看精神的無力。

首先，倭伊鏗說明了精神生活能力在面對整體實在時所受到的不安全感而產生的震撼和懷疑㉕，事實上我們精神所面對的世界充滿著謎，我們在這個自然世界中所把握的是微乎其微，特別是在與自然世界的爭勝鬪爭中，我們總是失招，我們的這種脆弱性就如巴斯卡 (B. Pascal) 所描寫那般地像是一根會思考的蘆葦，只要一滴水滴就可能置它於死地㉖。因此，人的這種渺小性時時刻刻都在侵蝕著人，使人軟弱和自覺無能而將自己委棄給自然，因此更進而使我們的內在靈魂繳械，人不再有武裝自己以對

㉔ 參見 R. Eucken, *Der Wahrheitsgehalt der Religion*, Leipzig 1912(第三版)，頁 64-72. 兩段文字的標題分別為: "Die Ohnmacht der geistigen Triebkräfte" 及 "Das geistige Unvermögen des Menschen" 又請參閱其另一書 *Der Sinn und Wert des Lebens*, 頁 109-113。關於精神的軟弱性在謝勒的哲學，特別是晚年的哲學人類學及形而上學看法上具有極重要的地位，我們由此可以看出，即使是晚期的謝勒，其思想中的許多成素仍可追溯到倭伊鏗的精神生活哲學中去。關於謝勒的部分我們準備在本書以後章節中詳論。

㉕ 參見 R. Eucken, *Der Sinn und Wert des Lebens*, Leipzig 1914（第四版），頁110.

㉖ 參見 B. Pascal, *Pensées et Opuscules* (Léon Brunschvicg 編) Paris: Hachette 1953) Frag. 347. "L'homme n'est qu'un roseau, le plus faible de la nature; mais c'est un roseau pensant. Il ne faut pas que l'univers entier s'arme pour l'écraser: une vapeur, une goutte d'eau, suffit pour le tuer……".

抗自然的勢力，也就是說人不但抗拒不了自然的勢力，他並且完完全全地相信他已不再有任何能力去對抗外在世界，他是完全地癱瘓了㉗。

這種癱瘓了的人，他不但沒有辦法抗拒他命定的現實存在，亦即他完全委順地將自己交給自然、歷史命令、及人羣，因爲如此他可以不用自己去承擔什麼，他可以將一切責任負重推諉出去，他的精神喚不起他的「依其自己的存有」(Beisichselbstsein)，他是「沒有自我的」(selbstlos)。道德亦因此而解體了，因爲要把行爲從自我保存的自然衝動，和要從共同現實的目的中獲取自由割離開以作爲其本質的精神生活㉘，現在已經無效了，喚不起軟弱的人強立起來。並且在另一方面，由於人思辨地吊空玩弄概念，傳統以主客體合一 (adaequatio rei et intellectus) 爲依據的眞理也變得不再可能了㉙。於是思辨的精神界亦不再與行爲的世界發生聯係，而爲流蕩不歸，甚至它要在人類行爲與道德的關係上使得善逾越於人的力量之外，並使人的內在與自然割裂對決㉚。對此倭伊鏗不禁要說:

> 很確切地，這種冒充爲眞正圓滿德行的社會威望，在所有時代中，它都從更深的本性上被當作一種詐欺和虛假而受

㉗ 參見 R. Eucken, *Der Sinn und Wert des Lebens*, Leipzig, 1914 頁114及以下.

㉘ 參見 R. Eucken, *Der Wahrheitsgehalt der Religion*, Leipzig 1912, 頁64.

㉙ 參見上引書，頁68。

㉚ 參見上引書，頁73, Eucken說: "Wird das Ziel des Guten scharf gefaßt, so entwächct es der menschlichen Kraft; eine Anpassung an unsere Natur aber ist eine innere Zerstörung."

到猛烈的攻擊以及被譴責爲一種僞善㉛。

但是很淸楚的，人的精神雖然有其無力、無能的一面，但是只要精神的奮進能在行爲主體身上激發開來，那麼人的生命之意義及價値便能朗然呈現出來。至於推動這一可能性的實卽是倭伊鏗精神生活哲學的核心概念：行動主義(Aktivismus)，行動主義意謂著人之「成爲自我獨立」(Selbständigwerden)㉜，這種人之「成爲自我獨立」亦卽是倭伊鏗所說：

> ……精神一類的行動不必再辛苦爲一種呆板且無關緊要的存有奪取一種衝動力量；相反地，它能夠作爲一種人類深入其本質的努力而獲取一種自我肯定的威力和烈焰，於是主體和客體符合情況（Zuständigkeit)與對象性(Gegenständigkeit) 的對列可以在生活歷程(Lebensprozeß)本身中被採納，或是也許在這裏被克服，……㉝。

由於「成爲自我獨立」的精神的活動克服了主客的分裂，於是我們同時也看到了「行動主義」的眞正涵義，行動主義實卽是一種精神生活的奮鬪，是在我們的生活世界中，通過我們行爲勞動(Tat, Arbeit) 而將頑冥及吊空的世界轉化成一活生生富有意義的精神生活世界。在本段最後我想引用一段張君勱對於倭伊鏗精神生活哲學作爲一種行動主義的簡明扼要歸結㉞：

㉛ 同上引書，頁73。
㉜ 參見上引書頁81以下。
㉝ 同上書頁82。
㉞ 張君勱，〈倭伊鏗精神生活哲學大槪〉見於其文集《中西印哲學文集》（程文熙編）第二册，臺北學生書局1981，頁1113。

倭氏之精神生活奮鬪說，絕非宗教家言㉟，乃針對人生日用而發者，其立論雖若人間以上，另有一精神世界，而其所側重者，實在人身，故其言曰：「精神生活可以用人自由占領之證據，在乎精神生活之發達，係乎吾人之勞作，人類勞作之大本，必置之於超人羣以上之精神生活中，然其形體如何？則由人之奮鬪而定。以重心置之於人類生活中，卽所以使宇宙之構造，必賴乎人之協力。……

苟無人之參與與決心，則此大地之活動，至於人身一級上而不復能前進㊱。」

在這段文字中，我們可以極淸楚把握到倭伊鏗哲學的行動(勞作或勞動)優先性，這種行動主義的強調，正就我們在前文所曾略提過的，與謝勒日後在《倫理學中的形式主義與實質的價值倫理學》所提出的「行動現象學」(Aktphänomenologie) 確有其發生上的關係。因此我們不憚辭費做了這樣一大段的敍述，希望有助於讀者理解謝勒「行動現象學」以及其轉變到後期「哲學

㉟ 張氏說倭伊鏗的精神生活奮鬪說不是宗教家言，這點我們需要稍作解釋，事實上倭伊鏗的精神生活哲學是代表當時德國宗教的新唯心主義（religiöser Neu-Idealismus）的主流，他本人的許多論述，最終亦都歸屬於「宗教生活」，不過他的這種宗教取向並不是單純宗教信仰出發，而是將宗教視爲一種精神生活的內容並以其爲「絕對無限」的關懷而出發論述，故張氏於此說倭伊鏗的精神生活奮鬪說不是宗教家言。

㊱ 這段引文後，張君勱記有：「以上摘生活價值及意義中語」幾字，但不注頁碼，生活價值及意義卽指 *Der Sinn und Werte des Lebens*（應作「生活的意義及價值」）至於以上因張氏沒有注出頁碼，作者曾翻查過原書，未能尋得文意全相等的段落，這可能是張氏不拘嚴格寫作範式的摘譯（或摘述），不過這段摘述文字，筆者認爲極符倭伊鏗的想法，因此具引出以供讀者參考。

人類學」上的脈絡和意義㊲。

（三）精神學方法（noologische Methode）

在前面的論述中，我們大致把倭伊鏗哲學的核心鈎劃了出來，不過關於其所以把握「精神生活」這樣不可捉摸的實在，我們必須再進一步探討一下他的方法論。倭伊鏗的方法論就是他所稱的「精神學方法」（noologische Methode）。關於這一「精神學方法」的概念，倭伊鏗乃是取自希臘文「nous」一字變造而成的，而他所以採取這一字眼的原因，乃是因爲他一方面不滿意「心理學方法」之把精神生活看成是純僅是紛紜之心靈生活產品㊳；另一方面也不滿意於「思辨——形而上的」方法，因爲這種「思辨——形而上的」方法乃是想通過世界概念而虛懸地說明現象，也就是說，它乃是藉抽象概念之助來獲取一種極其主觀的理論，因此這種方法往往傷害到實在的活生生內涵和圓滿㊴。進一步說，「精神學方法」和「心理學方法」的分別乃是：

> 精神學的解釋亦卽是對於精神生活之整體所賦予的獨特的精神認可，在其中（指精神生活的整體）查明其地位和任務，它藉由這種接合而透見整體並在自己的能力中強化起來；相反地，心理學的解釋，卽研究人如何達到理解和掌

㊲ 倭伊鏗甚至在一封致張君勱的信說：「……使予之躬行主義（Aktivismus）而有俾於中國之大民族於萬一，予之榮幸何如哉！」見上引張君勱書，頁1122。至於「行動主義」對於張君勱治陽明學的初衷，其影響線索亦歷歷可循，拙撰〈張君勱與陽明學〉一文有較詳細論述（待刊）。

㊳ 參見Eucken, *Der Wahrheitsgehalt der Religion*, Leipzig, 1912, 頁122.

㊴ 同㊳，頁124。

> 握精神的內容以及特別是精神生活，又人藉何種心靈的幫助而做出這種內容，乃至於人的衝動如何會爲此而被喚醒以及他的力量何以會爲此而被獲得㊵。

這段話的意思亦即是說，精神學的方法乃是以一種綜合的整體把握來面對其研究對象的深刻意義和因之而自我建立，相反地，心理學的方法則是在分析，將整體析解成一個一個的部分以求其各別層面的「理解」。是故倭伊鏗稱心理學的方法乃是要查明(ermitteln)一步步向上的路徑，因此亦即是一種「心理發生」(psychogenetische)的方法。但精神的內容(die geistige Inhalten)對於倭伊鏗來說乃是一種占有自立性(Selbständigkeit)和自我價值(Selbstwert)的整體，決不能完全受制於心理學這種經由分解而再重構的機制之解釋㊶。

倭伊鏗除了分辨「精神學方法」和「心理學方法」的不同，另外他認爲「精神學方法」與「思辨——形而上的方法」也不相同，他說：

> 它（指精神學方法）是完全地不同於以前的存有論的形而上學方法。亦卽形而上學乃是試圖藉由玄虛，故而亦是極爲主觀的理論所得到的世界概念(Weltbegriff)來說明現象，過去藉抽象概念之助而做的解釋，大部分都傷害到了活生生的內容和實在的圓滿性。相反地，精神學方法則是從一種廣包和有充分理由的生活整體來了解這種特殊的東西；解釋的原則並不是由外頭拿進來。而是內在地當下的

㊵ 同㊳，頁123。
㊶ 同上引書，頁123、124。

> (innerlich gegenwärtig)或者是被拿到內在的當下(innere Gegenwart)，在所有通過自由的媒介中，它根本上就是一種事實 (eine Tatsache) 和一種經驗 (eine Erfahrung) ㊷。

這也就是說，思辨的形而上學方法由於礙於抽象且玄虛的概念活動，它是絕無辦法把握住活生生的生活內容，因爲生活內容中的精神性乃是一種「內在的當下」，它無法在抽象概念的剖解下還能保留住其活生生的活性，這就是一個活生生的人若被一片片、一塊塊剖解開以後，那一個活著的活人便不再有了一樣，因此難怪倭伊鏗要指責概念解析「傷害到了活生生的內容和實在的圓滿性」。當然，我們若要把握精神生活的精髓且不傷到它的活性和圓滿，那只有訴之於精神學方法之整全性的把握原則。

由於本書主要並不是研究倭伊鏗，我們花費這麼多篇幅來介紹它的幾個主要論點，乃是因爲它們與謝勒思想發展有極密切的關係，並且在謝勒的各個思想發展階段中，我們隨時都可看到倭伊鏗思想的影子，當然在謝勒從倭伊鏗門下轉向現象學陣營以後，他們兩人之間的差距變得愈來愈大，這是個不可否認的事實，但倭伊鏗關懷的問題及所揭掀開的層面對謝勒的影響，卻也是我們所不可忽視而輕易放過的，例如謝勒認爲「人格」(Person)不可被理智化來認識，而只能由現象學的直觀來把握，與倭伊鏗的「精神生活」的整體性及藉由「精神學方法」來把握的說法，便有極密切的關係可循。最後我們願意稍略介紹一下謝勒本人對

㊷ 同上，頁124-125。

於倭伊鏗的評論㊸，由於倭伊鏗思想混雜著證道者、形而上學家和研究者的身份，因此一方面他有深刻的直觀洞見，但在另一方面他的思想也缺乏概念解析，因此無法接合哲學與科學，對此謝勒是同意這兩種看法者都是正確的話，則倭伊鏗在面對自然科學逼迫哲學成爲其一注腳時，倭伊鏗能够確立哲學要求一種形而上學和成就人的人生觀（eine den Menschen formende Lebensanschauung）一點上，謝勒認爲此即是他的重大貢獻，當然，謝勒思想中的倭伊鏗成分的指辨和其間轉化的眞正意義的探討，個人認爲是未來一個極爲有意義的工作。

二、人格主義

謝勒早年哲學發展的基礎，除了倭伊鏗的精神哲學外，當時屬於主要潮流的人格主義（Personalismus）亦是不可忽視的一環。關於謝勒思想中的人格主義成分，除了從倭伊鏗那裏所得的烙印（倭伊鏗的精神生活哲學基本上就是一種人格主義）㊹，此外

㊸ 參見 Scheler, "Die deutsche Philosophie der Gegenwart"《全集》，Ⅷ，頁274. 關於謝勒對倭伊鏗的批評，我們將此段文字具引如下，以供讀者參考："Mögen beide（按卽底下正文所提兩種批評）in gewissem Maße recht haben, so kommt Eucken vor allem das entschiedene Verdienst zu, in einer Zeit, da die Philosophie zu einer bloßen Anmerkung zu den positiven Fachwissenschaften zu werden drohte, ihre Ansprüche festgehalten zu haben, eine Metaphysik und gleichzeitig eine den Menschen formende Lebensanschauung zu geben".

㊹ 關於「人格主義」（Personalismus）一詞有極不同的用法，尤其在當標籤字指稱哲學家思想特色的歸屬上，更是如此。我們試翻一下樊炳清依據日本同文館明治四十五年出版之《哲學大辭書》（作者所見版本是大正十年，卽1912年第五版，頁1519）所編成的《哲學辭典》中（上海：商務印書館，1926；臺北：商務印書館有多次重印版，但去掉了作者名字），「人格主義」一條卽全據倭伊鏗的論

如帖歐多・李普斯 (Theodor Lipps) 亦是一個重要來源。現在我們卽在這一小節中簡略敍述一下有關十九世紀末到二十世紀初的「人格主義」思潮及其對謝勒的影響。

如所周知，「人格」(Person)這一概念是謝勒哲學的核心，而且他在其鉅著《倫理學中的形式主義及實質的價值倫理學》一書的標題附加了一個小標題「一種倫理的人格主義之基礎的新探討」(Neuer Versuch der Grundlegung eines ethischen Personalismus)。由此我們可以看到，對於謝勒當時的氛圍中的「人格主義」的瞭解，正是了解謝勒思想形成的一個重要根據。

不過「人格主義」究竟是什麼樣的東西呢？顧名思義，「人格主義」是一種與「人格」有關的主義；因此，對於「人格主義」的了解，同時也預測著對於「人格」的了解。「人格」(Person)一詞源自於拉丁文 persona，原意是指面具。首先使用這個字到哲學上來的人是波耶丟斯 (Boethius)，他把「人格」定義爲："Persona est naturae rationalis individua substantia"（人格是個別實體的理性本性）㊺，不過今天這個字因哲學家的不同了

點撰成，蓋當時乃是倭伊鏗名望鼎盛之時之故。相反地，若我們再翻閱其他哲學參考書如 Paul Edward 編的 *The Encyclopedia of the Philosophy* 中 Personalism 一條，除了稍略敍述法國人格主義哲學代表 Charles Renouvier 及德國心理學家 William Stern 之外，差不多是在談英美傳統。Eucken 的名字也付之闕如，德國1929年出版，由 Eisler 編輯的 *Wörterbuch der philosoplischen Begriffe* 則稍能顧及當時已走下坡的德國人格主義，於各潮流分別予以簡略述及。倭伊鏗被歸入實踐形態的精神生活之人格主義（參見該辭典，Berlin, 1929, Personalismus 一條）。但這些參考書中雖然對人格主義的敍述繁簡不一，但卻有一個共同點在，卽人格主義並不是一個單義的概念，而是極其分歧的概念，因此若要詳細討論的話，一本厚厚的專著是在所難免的。以下本文則僅只限於一般概念的了解，稍注意與謝勒有關的幾個人。

㊺ Boethius, *De duab. naturis et una persona christi*, c. 3.

解，其涵義亦有多種，我們依 Eisler[46] 所列舉的旨意有如下述:「我，理性的本質性，自我意識的個體，自我意識的，追求目標的，能自由行動的，和負有責任的自我。」這個定義亦卽是說能有其自己的個體卽就是「人格」，而這一「人格」的特質則稱爲「人格性」(Persönlichkeit)。

當然，「人格」及由「人格」這一概念衍生的其他相關概念，我們絕無法以一個小小的篇幅囊括無遺[47]。而且在事實上，我們於此亦無須無底地窮究其歷史上所展現的諸般樣相。在前一段的敍述中，我們知道「人格」是具有主動性，爲完整整體和擔負有道德責任的一個存有。這種存有我們可以在人身上見到，也可以在更高的存有（卽所謂的 Gesamtperson（總體人格），及如神的「人格」（或爲使 Person 亦能表示神的 Person，亦譯爲「位格」）但無論如何，在這個字的用法中對我們最重要，而且也是最與我們有關的，乃是指我們人的「人格」這一旨意，或

[46] 見 Eisler, *Wörterbuch der philosophischen Begriffe*, Berlin, 1929, Bd. II, Person 條.

[47] 讀者若想進一步認識這一概念在歷史上的發展，可以參閱底下各項資料:
Eisler 編，*Wörterbuch der philosophischen Begriffe*, Berlin, 1929, Bd II 中 Person 條。這是一個極精要的發展史綜述。另外 Eisler 這一辭典後來由 Joachim Ritter 及 Karlfried Gründer 兩人主持重編工作，他們結集一千名以上學者共同參與撰寫，預計要出十册，不過字母O以後各條（第七册以後）截至作者撰寫本書時仍未出版，但出版公司 (Basel/Stuttgart: Schwabe) 已預告第七册 (P—Q) 準備在1989年第二季出版，讀者可參考。
另外倭伊鏗的授業師，十九世紀末著名哲學家 A. Trendelenburg 曾撰有一短文論述「人格」一概念的發展，參見其所撰 “Zur Geschichte des Wortes Person”，刋於 *Kantstudien* Bd. XIII (1908)，頁1-17。其餘資料極夥，作者於此便不再多所列舉。

許這一指我們自己的「人格」概念乃是最爲先行的㊽，或乃是最基本的。因爲不管「人格」是指涉我們自己統一的、自由行動的意識中心，或是用來指我們依以爲根源的絕對存有的統一的行動中心，都是依待於我們的「自我意識」的生發，由我們的自我意識，我們乃能眞正的經由反思活動來區分一切差別，名言系統才能眞正樹立起來以定立世界，也就是「自我的統一」(Einheit des Ich) 乃要藉著自我意識所伴同而來的區別行動（主一客對立）才能成立。由這一「自我意識」的行動核心，於是我們見到了倭伊鏗的「人格主義」中

> 作爲天賦的人格性乃是……自然中之整體的法定存有 (Gesetzsein des Ganzen in der Natur)，作爲發展中的人格性乃是該種整體的眞正活化 (Belebung)，整體不能沒有一個自己的行動，自己的把握，和自己與該原理等同而爲可能㊾。

由此，倭伊鏗強調人格的優先性，而這種人格的優先性實亦卽是倭伊鏗精神生活哲學的出發點，但由於

> 如同人格性概念直接存在於意識中，因而似乎是不可分地與人類本性的狹小連在一起，亦卽與個體存在的偶然性和自私自利連在一起。因此它很清楚地對精神生活的實在不

㊽ 我們的意思不是指在時間發生上，而是指「人格」發現與我們的「自我意識」的關係。

㊾ R. Eucken, *Der Wahrheitsgehalt der Religion*, Leipzig, 1912, 頁125.

是適當的容器[50]。

是故，倭伊鏗在建立其精神生活哲學的努力上，首先必須要確立對人格的說明，人格存在，乃至人格世界的積極意義[51]，對此，倭伊鏗首先解除人們把人格看成是人類感官自我的個體存在 (die sinnliche selbstischen Individual-existenz des Menschen)[52]的疑慮，從而把人格存在看成是一種新秩序的擔負者 (das Personalsein als Träger einer neuen Ordnung)，一種實在的本質 (das Personalsein als Realwesen) 和世界的本質 (das Personalsein als Weltwesen)，如此，人格成了架通作爲內在世界的精神生活與外在世界的唯一且爲富有實質意義的中核，若沒有人格存在，也就沒有精神生活，一切都是要受制於大自然的機械規律，人的存在也沒有其自己的意義，因爲其生活只是爲了自然規律而生活，這種結論當然爲倭伊鏗所不許，而且只要稍能持平做評量的人，他至少也要對這種偏激否認人格存在的自然機械觀做些保留（至少在避免其本身完整論證體系的矛盾上）。

以上是倭伊鏗的人格主義的一個極簡略的說明，這個說明是極其不充分，掛一漏萬；不過限於討論重點及篇幅，我們只希望如此說明能喚起讀者們能注意到人格主義對謝勒思想所打上的烙印，以及後來謝勒對其所做改造的意義，當然它還包括謝勒由此人格主義再進而轉向「哲學人類學」開山上的意義。

---

[50] R. Eucken, *Die Einheit des Geisteslebens*, Leipzig, 1888, 頁 342.

[51] 同上引書，頁344；又頁 346至358 卽對此做了詳細的說明。其條目分別見下文有關「擔負者」、「實在本質」、「世界本質」三項。

[52] 同上引書，頁345。

不過代表人格主義的不僅是倭伊鏗一人，它是十九世紀末、二十世紀初的主流思潮，並且與當時蓬勃發展的心理學（包括心理主義）亦甚有關係，其中影響了謝勒早期思想發展，除了倭伊鏗外， 李普斯（Theodor Lipps）的名字我們也要提出來，其理由一方面是因爲謝勒在初入大學時（首先註册慕尼黑大學哲學系及心理系，第二學期改醫學系）曾在李普斯的氛圍下學習，並且在日後他與慕尼黑現象學圈的關係[53]，我們亦可多少做出他直接間接受李普斯的心理主義及倫理學上人格性觀念的啟廸，不過這一線索並不很充分，我們就將它付之懸疑亦爲足矣。

以上我們花了許多篇幅，目的是想爲讀者提供謝勒思想早期發展的背景，特別是這一段背景也時過境遷，少有人提及，甚至許多學者亦不清楚這段故實，因此在討論謝勒思想時，不是稍微一筆帶過， 便是無視其在謝勒思想發展的重要性。 我們有鑑於此，故不憚辭費，做了上述解釋，希望有萬一之益於讀者，以下我們要開始進入主題，討論謝勒第一階段的思想。

第二節　從倭伊鏗陣營到現象學陣營

首先必須要說明，這一節標題中的「倭伊鏗陣營」並不很恰

---

[53] 關於謝勒早年求學的描述， 參見 Wilhelm Mader, *Scheler*, Reinbek bei Hamburg: Rohwolt, 1980, 頁18； 至於他與慕尼黑現象學圈的成員如 Moritz Geiger, Th. Conrad, A. Pfänder, A. Reinach 等人原來都是李普斯的學生，後來接受胡賽爾學說而轉向現象學陣營，他們都與謝勒有密切的交往，參見 H. Spiegelberg, *The Phenomenological Movement*, The Hague, 1982（第三版），頁169以下，及 *Die Münchener Phänomenologie*(Kuhn, H. 等人編)，The Hague 1975 一書。

當，之所以使用這個字眼，我們只是指謝勒的所謂「前現象學期」的發展階段，因爲謝勒的博士論文及任教資格論文都是在倭伊鏗指導下完成通過，但無疑地，他不但在思想上與倭伊鏗有距離，而且在人際關係上也有距離[54]。

在「倭伊鏗陣營」中的謝勒，他在學術工作上的主要成果是他的博士論文、任教資格論文（Habilitationsschrift）及一篇發表在 *Zeitschrift für Philosophie und philosophische Kritik*（《哲學及哲學評論雜誌》）第114卷（1899）第二期題爲〈勞動與倫理〉（Arbeit und Ethik）的文章。而這一階段的結束則是跟隨著他一本已發排，但因思想改變而停止其著作《邏輯學》（*Logik I*）[55]繼續排印而作結，並走向他的現象學階段。

一、邏輯原理與倫理原理

謝勒的《論邏輯及倫理原理間之關係的確立》（*Beiträge zur Beziehungen zwischen den logischen und ethischen Prinzipien*）一書是他在1897年12月18日向耶那大學提交的博士論文，正式出版則在1899年。

謝勒這本處女作雖然是在倭伊鏗指導下完成的，但其中的思

[54] 關於謝勒與倭伊鏗在思想上的差距，可以參見 M. Dupuy, *La philosophie de Max Scheler: son évolution et son unité*, Paris, 1959（二册），第一册，頁9。他指出了謝勒在其博士論文中並不僅只是重複倭伊鏗的東西，而是有其自己的思想，至於與倭伊鏗的人際關係，其兩人的交惡，作者個人未見有任何明確的報導，但有一點可以確定的，即謝勒在寫作《當代德國哲學》（*Die deutsche Philosophie der Gegenwart*, 1922）時，對 Eucken 的評價仍非常正面，但相反地在倭伊鏗的回憶錄（Erinnerungen）中，卻無隻字提及謝勒。

[55] 關於這一著作的出版始末，詳請參見本書第三節。

想色彩並沒有強烈的倭伊鏗學圈的味道[56]。正如杜卑（Maurice Dupuy）所指出[57]，謝勒在這本書已經明顯地表現出與倭伊鏗在思想上的差距，這本書並不是單純地重述倭伊鏗的東西，而是很明顯地已預示了謝勒成熟期的思想。以下我們稍略介紹一下這本書。

謝勒這本書分爲三個部分，首先他說明其所從事的問題是什麼。依謝勒的看法，他對於這一篇論文中所探討的問題，卽情意與邏輯間是否可以建立起一個形式推衍的關係，抱持著懷疑的態度，他明確地指出，他這一篇論文主要的工作不是要去解決這個聚訟紛紜的問題，而只是想尋求對這種邏輯與倫理學間之關係做進一步的探討[58]。

在提出了問題之後，謝勒將他的論文再分爲兩個主要部分，首先他經由歷史的考察，一一檢討哲學史上對於這一問題的各種說法，他從古希臘哲學開始，特別是針對於蘇格拉底、柏拉圖、亞里士多德，並且也考察了唯物論者德謨克利圖斯(Demokritos)，再經由羅馬時代的斯多亞學派（die stoische Schule）以及中世紀的聖奧古斯丁（Augustin）、阿貝拉（Abelard）、聖多瑪斯（St. Thomas von Aquin）等人和文藝復興以下的格老秀斯（Grotius）、伊拉斯姆斯（Erasmus）和宗教改革的路德（Martin Luther），最後再分別詳細考察英國的經驗主義中的理智主義

[56] 由於倭伊鏗的思想在當時是顯學，因此依附的弟子或同道很多，他們甚至組織「倭伊鏗聯盟」(Euckenbund）並出版一系列叢書，稱爲《倭伊鏗學圈著作集》(*Schriften aus dem Euckenkreis*)，由 Langensalza 一家書店 Hermann Beyer & Söhne 出版。

[57] Maurice Dupuy, *La philosophie de Max Scheler, son évolution et son unité*, Paris, 1959，頁 9.

[58] 參見他的博士論文《問題》一節，《早期文錄》，頁14-15。

(Intellektualismus) 以及情感倫理學派 (Gefühlsmoral)，理性主義中的笛卡兒 (Descartes)、史賓諾莎 (Spinoza)、萊布尼茲 (Leibniz)，最後以康德做結。

在這個歷史考察的部分中，謝勒最後藉康德哲學中理性 (Vernunft) 及其踐履 (Tätigkeit) 上的緊張關係提出其可能解決之道說：此二者或者是(1)要由人類精神(menschlicher Geist) 來成就一個強有力的秩序，並部分壓制衝動生命 (Triebleben) 以及獲取一個完全關於實在的智識，但依康德的看法，理性沒有辦法做到這一點，因此只有別尋理性之外的其他精神創造 (geistiges Geschehen)，不然就得要找出另一種理性來，也就是說，要嘛就放棄唯理主義的倫理學，要嘛就假設有兩種不同的理性能力 (Vernunftsvermögen)；此外也可能 (2) 人類精神只成就澈底的理論理性知識(eine völlige theoretische Vernunfterkenntnis)，如此便可以保住一個統一的理性；或者是 (3) 人類只成就道德秩序並部分的壓抑住衝動生命，但如此一來，固然是存在有一種理性，但它與科學卻掛不上鈎。對於上述的三種可能性，謝勒認爲後二種不能持取，而第一種的兩個可能性中，承認有兩個不同的理性能力，其實也就是承認有兩套眞理，這也是行不通的，因此謝勒最後總結說唯只可能採取「放棄唯理主義倫理學」[59]。

在謝勒這段論述中，我們不但可以看到他在處理邏輯原理 (其實可以說就是理性主義原理) 及倫理學原理的基調，甚至在他這一「放棄唯理主義倫理學」的斷言中，也已經預示了他日後建立自己體系的基本線索，我們再深入他第三部分，即理論考察

---

[59] 詳參見同上引書，頁59-60。

部分時，從其所處理的具體實例，當便可深刻的體會到杜卑所論斷：謝勒的博士論文並不是簡單地陳述倭伊鏗的思想，而是預示著他自己的道路。

謝勒的博士論文第三部分標題爲「系統部分」，這一部分基本上是站在對西格華 (Chr. Sigwart, 1830-1904) 的二大册《邏輯學》(*Logik*) 的批評上[60]。西格華是當時心理主義的主要代表之一，他極力強調邏輯學與心理學的關係，並試圖爲個別學科提供有效穩當的方法學。對於他的《邏輯學》及《論文集》(*Kleine Schriften*)[61]，謝勒曾做過這樣的評價：「這部書中以獨特的方式包含了德國觀念論哲學（特別是菲希特和史來馬哈）傳統的最好部分，並與現代自然科學及歷史研究之冷靜的事實意義 (Tatsachensinn) 及精確方法結合在一起[62]。」

西格華在他的《邏輯學》第一册中把思想 (Denken) 看成是「內在的想像生命力」(innere Lebendigkeit des Vorstellens)，並將思想分爲非任意的思想 (unwillkürliches Denken) 及任意的思想 (ein willkürliches Denken)。任意的思想一項，西格華更再細分爲(1)追求愉悅而避免不愉悅，和(2)生命所必須的，並

---

[60] 西格華 (Christoph Sigwart) 是十九世紀末，二十世紀初心理主義的主要代表之一，他二册的《邏輯學》(*Logik*) 分別於1873及1878在 Tübingen 出版，這部書重印多次，在當時有相當大的影響。事實上當時反心理主義的邏輯研究者如胡賽爾，亦是從對此書的再檢討而出發的。關於胡賽爾對西格華的批評請參看他的 *Logische Untersuchungen*, erster Band: Prolegomena zur reinen Logik. Den Haag: Martinus Nijhoff (Husserliana, Bd. XVIII), 頁105-109及131-141。另外值得注意的是謝勒在他這本論文中所表現對心理主義的不滿及對西格華的批評，我們可以視爲他後來主動投向現象學陣營的一個先兆。

[61] Chr. Sigwart, *Kleine Schriften*, (兩册) Freiburg, 1881.

[62] 《早期文錄》，頁69。

將這些思想與「知識衝動」(Wissentrieb) 連結起來[63]。在西格華的《邏輯學》第一册中，他仍把這種「知識衝動」當作一種「科學認識的獨立基礎」(ein selbständiges Fundament des wissenschaftlichen Erkennens)；但在第二册中，他則在這種「知識衝動」中揭示一種意願 (Wollen) 加給思想的目的。從而富有意義地建立起一種「理論領域中的意願優先性」(Primat des Wollens auch auf dem theoretischen Gebiete)[64]。

對於西格華想把意願與思想的關係確立爲一個邏輯推衍關係，也就是說在邏輯上確立起一個意志先行論 (die Lehre vom Willensprimat in der Logik)[65]，但由於西格華的這種邏輯關係中邏輯推論要回溯到心理的意願，而又再將這從心理意願中所得到的思想成就（卽邏輯規範）施之於倫理學（卽意願）[66]中，如此，他不可避免地要墮落到一種循環論證中去；更而西格華企圖在心理的必然性中找尋邏輯的必然性，我們亦可以淸楚見到他的理論中的一個明顯的錯誤，卽他想在心理的因果性中確立出主觀必然性與客觀必然性的企圖，根本上是不可能的[67]。但爲了更進一步說明西格華這一邏輯體系爲不可能，謝勒還得再深入對邏輯的核心論題：「眞理概念」加以探討。

首先我們先舉出一段西格華的說法：「同樣地，如關於確定

---

[63] 此處對西格華思想的概括是根據於謝勒的撮要。參見《早期文錄》，頁70-71。於西格華原書，請參見他的 *Logik*, Bd. I, 頁2, 3, 4各段。

[64] 參見 Sigwart, *Logik*, Bd. II, 頁25, 並參見謝勒的敍述，《早期文錄》，頁71。

[65] 參見謝勒《早期文錄》，頁77。

[66] 參見謝勒《早期文錄》，頁75。

[67] 同上書，頁90。

性的感覺（das Gefühl der Gewißheit），也就是在邏輯領域上把客觀必然的思想與個別偶然的及經由多變的心理動機所確定出來的東西分別開來的那種感覺，它是最後的，在它之外沒有東西可以再返回了。是故，若眞的有一種倫理的知識，那麼對有關應然的信仰來說，其無條件的必然性的確定是最終極的了[68]。」但是謝勒認爲這是不可能的，因爲我們能够同時有確定性的感覺，也能有「應然」的感覺，這兩種感覺仍是分別的兩種感覺，謝勒並由此進而考察在判斷中的各種不同的眞的感覺，例如除了「確定性」之外，還有如在公設系統上爲可能的，也有單純符合於事物[69]。又如除演繹系統的非矛盾律外，對於或然性(Wahrscheinlichkeit) 事實上也有「作爲或然率完全適當地爲眞[70]」。由此而下，謝勒花了將近三分之一的篇幅詳細論述邏輯眞理的問題，特別是在關連著倫理學的內容下，將這些倫理學內容如快適、不快適等倫理價值判斷在概念上做了詳細分析。首先他認爲在幾個基本概念中，「立意」(Gesinnung) 只是一個輔助概念，基本概念是「倫理學」(Ethik)，「價值論」(Axiologie) 則是倫理學的上層概念，並依待於倫理學。由此設定出發，他並把人看成是這一全盤倫理價值活動的起動者。卽由「滿懷想法的意願」(gesinnungsvolles Wollen) 經由人這個「擔負者」(Träger) 而成立倫理價值的實

---

[68] Sigwart, *Logik*, Bd. II, 頁742.

[69] 參見謝勒《早期文錄》，頁92-93。

[70] 同上。在這個論斷之後，謝勒緊接著說：「一套邏輯，（如同我們對它所要的），預設著『存有』(das Sein)，在這種內涵裏故而也要承認有存有的等級（Grad des Seins)，也就是如同我們在如史賓諾莎及黑格爾那兒所見到的那樣。」這一段話，不禁讓筆者想起謝勒在晚期之推獎尼可拉・哈特曼的「知識形而上學」(Metaphysik der Erkenntnis) 以及他之構建其知識社會學的努力及動機（詳見第六章）。

現[71]。但由這一行爲整體牽連於普遍的價值概念，於是謝勒更進而探討「價值」(Wert) 這個概念，「價值」對十九世紀末，二十世紀初的心理主義學派如葉倫非斯 (Chr. v. Ehrenfels)、邁農 (A. Meinong) 來說，由於它存在於主體的行動中，因此價值概念中要確立其爲「客觀」，如說：價值是一種客觀化的(快適或不快適的) 感覺(der Wert ist ein objektiviertes Gefühl (Lust oder Unlust)) 亦是不成道理的。至於說「每一塊麵包都有這個或那個價值」[72]，則是更不成話，因爲倘若把價值看成是快適的感覺，那麼麵包根本沒有這種感覺。但是到底什麼是價值呢？謝勒認爲卽使用「價值是有價值的對象的本質」(Wert ist ein Eigenschaft des wertvollen Gegenstandes) 這種重言式的定義也不能解決問題。如此一來，謝勒放棄在定義上窮努力，不過他由這種在定義上的困難中發現到問題所在，卽：在什麼**是**(ist)價值中，這些提問它自始就是在存有的範疇下來看價值。但作爲繫詞的這個「是」字，卻不是在肯定價值是什麼。謝勒直截了當的聲稱，價值不像其他事物一樣有什麼內容，它就同「存有」一樣是不可定義的[73]。

但我們之體驗到價值是要透過感覺 (Gefühl) 的，不過價值感 (Wertgefühl) 是要同概念及判斷一起而間接或更經常是直接地與對象連起來，而不是以知覺 (Wahrnehmung)、感覺(Empfindung) 方式與對象連接。故而道德哲學與心理學是很不同的，它絕對不能化約到心理學上去，試圖將邏輯建立在心理學上

---

[71] 參見謝勒《早期文錄》，頁95。
[72] 同上，頁96。
[73] 同上，頁97。

的倫理奠基，自然是他斥拒的對象了。這是謝勒在面對心理主義盛況時的第一個自己在倫理學原理上的態度(74)。

相對於心理主義的解釋，謝勒將價值感與概念 (Begriff) 並提，它們雖然都可以被拿來而從心理學眼光來檢討，但是它們都仍無損於其所具的規範性(normativ)，是故價值感「只有在它們關連著客觀的適當價值時，它們就能如概念在某一時間中於意識上爲事實一樣亦獲得一種高於心理學的意義 (eine überpsychologische Bedeutung)」(75)。但這種價值感的邏輯性是一種實質性的 (material) 觀點(76)，因此它與「單純的在形式上正確的」邏輯系統，也更相互區別開來。於此謝勒順著洛采 (H. R. Lotze, 1817-81) 的理論而下，做了這樣的歸結:

> 我們可以自己構作一個從未發生的可耻行爲的概念，或是說，不帶任何主觀消極評價，而是客觀地說它們是爲惡(böse)。這個觀點很重要。它亦卽可以確定地說: 一個單純形式上正確的邏輯概念 (ein bloß logisch formal richtiger Begriff)，它沒有權利占據實質的 (der logisch material)——也就是與經驗有關的……(77)。

於此我們可以淸楚看出，謝勒把作爲概念思考的形式邏輯與作爲感覺（特別是價值感）的邏輯分別了開來，它們兩者是不可相互

(74) 同上，頁99-100。
(75) 同上，頁101。
(76) 作者願意在此鄭重指出，謝勒後來所發展出的重要概念: 實質的價值倫理學 (materiale Wertethik)，我們在此已可以見出其萌芽了，詳見同上書，頁101，以及本文以下的論述及所引據資料。
(77) 謝勒《早期文錄》，頁108，並請參閱同書，頁111-112的結論。

化約的。我們甚至可以說，謝勒卽在他的這一「價值感」的邏輯的萌芽中，繼續澆灌茁長，特別是在他接觸到了胡賽爾現象學這一養料以後，更是急速的猛然茁長成二十世紀初的一大哲學盛況，關於此的詳細解說我們將在下文再予以處理。於此我們還得再點出一個重要的有關謝勒成熟期思想的萌芽，卽在這篇博士論文中，他還個別處理許多他以後在成熟期所充分發揮，解釋的論題，特別是一些情緒內容如愛、恨等。這些主題的出現使我們可以很確切的肯定，謝勒從早期的倭伊鏗陣營轉到現象學陣營並不是一種跳躍，而是一脈絡極爲明顯的發展史。

二、心理學方法與先驗方法

謝勒在完成他的博士論文後隔兩年，卽 1889 年，又在倭伊鏗的指導下完成其爲任教資格而提出的論文（Habilitations-schrift）。該論文題目卽叫：《先驗的及心理的方法——對哲學方法學的一個基本原理的說明》(*Die transzendentale und die psychologische Methode—eine grundsätzliche Erörterung zur philosophischen Methodik*)。這本論文所針對的問題，如書名所示分爲兩方面，卽對新康德主義（特別是馬堡學派）的先驗哲學及當時流行的心理主義作系統的檢討和批評。

值得我們注意的是，謝勒此時雖然仍順著倭伊鏗的精神生活哲學來批判因形式主義而架空其內容的新康德主義，以及將一切化約爲心理現象的心理主義，但它較其博士論文已更明顯地開始了他通往其日後哲學發展的大門，對此，謝勒在該書的第二版序言 (1922) 中曾有這麼樣的自白:

> 此外，這一本書包含了許多作者後來繼續在其知識論、倫理學、宗教哲學，特別是歷史哲學著作中發展的「思想胚芽」(Gedankenkeim)，其中如「精神」(Geist) 概念之別於「心靈」(Seele) 或「理性」(Vernunft)，如已在本書中要求的「實質的先天主義」(materialer Apriorismus)，不同於康德的「形式的先天主義」(formaler Apriorismus)，它與那種在歷史上總僅只是相對的有關形式本身的先天形式知識不同，並且也與拒絕有關先天性的先天的和在某一歷史時刻所創造的知識不同；它並論及康德基於歐洲文化圈上的先天形式工具的限制，對倫理學的形式主義及遠程道德目標 (sittliches Fernziel) 的錯誤「無限性」的批判，以及對康德把具有內容的「精神個體性」排除掉的形式的人格概念的批判……[78]。

現在，我們暫時撇開謝勒思想的延續性的證明，先就他這本書的主要思想結構略加介紹。他這本書的結構非常清楚，在導論中說明他的工作目的以後，他再稍略地把近代哲學的方法要求做了一個鳥瞰式的說明。謝勒正面地點出，近代哲學的發展，實際上就是一部方法學史上的發展，哲學家們時時刻刻地在尋求一套更能表述、說明其觀念及對世界把握的方式。因此在作爲諸學之母的哲學中，卻反諷地一直站在原地，停留於所謂的「方法論爭」(Streit um die Methoden) 上，因此謝勒試圖在這本書中經由對當時執哲學界牛耳的兩個方法論：即先驗方法 (transzen-

---

[78] 謝勒《早期文錄》，頁202-203。

dentale Methode) 及心理學方法 (psychologische Methode) 的檢討、批評，從而爲哲學找出一個合適的方法。

謝勒在對近代哲學的方法論爭做了概述以後，他將全書分爲兩大部分：一部分處理先驗方法，另一部分則處理心理學方法，而其中每一部分又再分爲敍述部分及批評部分，最後加以總結並做出二十條論綱來。

對於先驗方法，謝勒的瞭解是這麼樣的：近代由於數學和自然科學的進步，因此人們一直試圖著在哲學中找出一個如同確立起數學和自然科學的不動磐石，以作爲哲學的基礎。其中特別是康德，他根據牛頓 (Newton) 力學所展現的「完美智識」，把人類的知識視做爲是一個不可辯駁的旣予事實，因此我們在探究知識上的工作，於是不是要去問他們爲什麼可能的形而上學根源問題，而是要去問它們如何可能這種理性批判的問題；也就是不是要去問一些超出我們理性能力的形而上學原理，而是去說明我們認識能力的規定性 (Bestimmung) 和限度 (Begrenzung)，或依康德自己的說法：「我把一切其本身不是針對於對象，而是針對於我們關於對象的知識——只要它能够是先天的——知識稱爲先驗的，一種這種概念的系統可以叫做先驗哲學(79)。」

對於這種遵循著康德的先驗哲學的近代先驗方法論——特別是新康德主義中的馬堡學派——謝勒認爲它同康德一樣片面地與數學的自然科學連結在一起(80)。謝勒不滿意這種方法論主張，但

---

(79) Kant, *Kritik der reinen Vernunft*, B25/A11.

(80) 此種說法自然是有爭論，但我們必須記住，馬堡學派——也是當時最重要的先驗主義者，他們是以標榜立基於數學——自然科學的嚴格性爲根據的新康德學派。對此批評請參見謝勒《早期文錄》，頁 226。另外謝勒對此問題在其任教資格論文的新版 (1922) 當中，

爲更深入探討先驗方法的特點何在，謝勒分別舉列了五項出來，此卽[81]：

1. 它的「化約」性 (reduktive Art)：卽它要爲既予事實找理由。
2. 它是「判斷」(Urteil)，卽不去問事物的原因，而是僅只根據形式邏輯的規則問限制判斷的理由。
3. 它卽是一種知識批判方法(erkenntniskritische Methode)，亦卽以相對應的科學的邏輯預設當作其認知努力上的限制。
4. 它是其所達致的原理的形式特徵。以及最後：
5. 它是科學自身中的原理的結算。亦卽它是本身爲科學的，爲求眞理而做的判斷的淸單。

此外，謝勒還指出，先驗方法的出發點是在於「與料」(das gegebene Datum)——也就是一種客觀、固定的「經驗」(Erfahrung)，這種經驗不同於純粹主觀感知 (die bloße subjektive Wahrnehmung)——我們由之而可以建立一種必然且普遍有效的知識。

對先驗方法的主張者，謝勒認爲不能贊同，首先他卽就康德所以用來論證其先驗哲學的各別論項：空間、時間、「自我」(das Ich) 及因果性等分別加以論述，並指出其所說是必然而普遍有效，其實都不能涉及到外在世界，只是一些知識論者的個人

(續)隱約似指卡西勒(Ernst Cassirer)之重新接著愛因斯坦的相對性理論論證先驗主義說："Heute suchen die Vertreter dieser Richtung mit derselben Einseitigkeit z. B. die "Voraussetzungen" zu A. Einsteins mathematischer Physik, mit der sie damals die "Voraussetzungen" zu Newtons Lehre suchten. S. 202.

[81] 參見謝勒《早期文錄》，頁227-229；並參見頁239。

意識上的概念而已，只是指涉到「超個體」(überindividuelle)或是「意識外」(außerbewußte Welt) 的世界，與其說是「先驗的」(transzendental)，倒不如說是「超越的」(transzendent)爲得[82]。

對於謝勒批評「先驗哲學」的論證以及評斷，我們必須要做相當的保留，先驗哲學是西洋哲學的一個主流，它並不是平白發生，也不能以一言兩語就可以摧毀，它正是人類理性活動上的一個極特殊的建構，也因爲如此，先驗哲學在西洋，特別是德國哲學史上，一再的以各種面目重新出場。但我們同時也願意在此明確指出，相對於西洋哲學史上的這一「先驗論建構」，同時亦潛伏著一個反抗的暗流，這一股暗流亦各猗輕猗重的表現出各種不同面貌出來，謝勒亦卽正是這一反抗潮流的一個皎皎者，他之抗拒康德主義，新康德主義，乃至於胡賽爾後來的先驗現象學，正是爲我們在追尋從事眞正哲學思考的路上，指出了另一種可能性。他對於先驗方法的批評，我們因篇幅的限制，不能再做更多的分析說明，但有一點必須指出的，謝勒在這一任教資格論文當中，他仍還順著倭伊鏗反理智主義的精神，指出超克這一乾枯、化約的先驗主義，必須回到「勞動世界」(Arbeitwelt)[83] 這一行

[82] 參見謝勒《早期文錄》，頁229-238。特別是頁237-238。

[83] 參見同上書，頁306。在1923年 Kant-Studien 的一篇書評中，評論者很確當的指出這一點："Ebenso meint Scheler mit dem Verfasser der 'Prolegomena zu einer Philosophie des Geisteslebens',（按：卽指倭伊鏗）daß die wahrhaften Grundlagen der Wissenschaft nicht eine Summe allgemeiner Urteile (synthetischer Urteile a priori) sind, sondern geistige Lebenspotenzen nicht intellektueller Art, in welchen jene Urteile vielleicht die Stelle als bloße, wenn auch wesentlich Teilpotenzen erhalten könnten. Es gibt,... aus der 'Arbeitwelt' im Euckenschen Sinne, nicht aber aus einem bloßen Ausschnitt dieser Arbeit die Grundfunktionen unseres Erkenntnisvermögens zu bestimmen." (J. Benrubi 評 Scheler, Die transzendentale und psychologische Methode. 第二版，*Kant-Studien*, Bd. 28 (1923)，頁466.

動的精神生活世界中來。

處理了先驗方法之後，謝勒接著以同樣的討論結構繼續論述心理學方法的錯誤，由於心理主義者試圖將心理學當作一切哲學的基礎，他首先在〈說明〉一段將心理學方法所提出的基本命題歸結爲：「不管是作爲對象之物（Gegenständliches），實在之物（Wirkliches），亦卽作爲軀體、傳統、個別的心靈歷程、科學、藝術、宗教等而給予我們的，這一切都是『意識事實』（Bewußtseinstatsachen），我們經由經驗而確信它們。一切哲學探討，卽知識論、邏輯學、倫理學、美學、形而上學，它們除了把它斷定、描寫和分屬爲某種確定的意識事實系列，以及依因果性地來解釋其衍生之外，哲學別無其他任務(84)。」但如此一來，一切哲學都成了心理意識的一個模式，都成了心理學的一個分支，這種把哲學化約到心理學上去，亦卽把心理學當作意識事實的科學（die Wissenschaft von den Tatsachen des Bewußtseins），又再把它與普遍的科學（Wissenschaft überhaupt）畫等號，並再進而訴諸於古希臘意義下作爲科學的「哲學」（φιλοσοφία），以遂成這種化約，其錯誤自是很明顯的(85)。因爲在這種以瞬息萬變的我此時此地的意識狀態爲根據的心理學把握，其純爲主觀的相對性存在自是無疑，它根本不能定立任何能滿足哲學反省上所要求的後設批評的要求，亦卽它根本無法把對當下的意識狀況轉化成一種哲學的解釋，沒有辦法去把握人在心理層面之上的精神存在的本質及價值，因此謝勒認爲「心理學方法」是無法爲哲學提供適當的方法，他並順著倭伊鏗的路子，要以「精神學方法」（noologische

(84) 參見謝勒《早期文錄》，頁308。
(85) 同上，頁317。

Methode) 來爲哲學提供一個適當的進路，也就是把哲學反省轉向於「勞動世界」和「精神的生活形式」這種人自己所創造的本義的存在上去[86]。

謝勒於批評了「先驗方法」和「心理方法」後，他在結論部分重申「精神學方法」的必要，並提出十二個命題作結。我們現在亦將此十二個命題以撮要方式簡述如下，以結束本節[87]：

1. 沒有絕對確定且自明的哲學與料。
2. 哲學是一種精神學 (die Lehre vom Geist)。
3. 先驗方法不適用於哲學問題。
4. 心理學方法也不適用。
5. 精神學方法試圖在原則上統一先驗哲學及先驗心理學的方法，這兩種方法於康德來說一方面不太被區分開，並且在另一方面相互陷入矛盾。
6. 精神學的方法的基本概念是: 勞動世界及精神的生活方式。
7. 每一個要與其存有不可分地連成一體的內容不是「心理事實」。
8. 一個不與實在物「合適」(Gelten) 的合適是不可想像的。

---

[86] 同上，頁332-333。

[87] 同上，頁334-335，又第十二點極費解，作者願意將原文抄附於下，以供讀者參考: "Das einzige Kennzeichen des für einen bestimmten Lebensstand der Menschheit rechtsgültigen Geistesbegriffes besteht darin, daß durch ihn die Arbeitswelt, durch deren kausale Reduktion er gefunden ward, zugleich abgeschlossen wird; anders ausgedrückt: daß das geistige Tun, das zur Auslese der Arbeitswelt aus allem bloß 'Gewesenen' führte, sich als mit jenem geistigen Tun identisch bewährt, durch welches die Arbeitswelt ihrerseits möglich gewesen ist."

9. 精神的生活形式不可理解成心理事實的發展產物。
10. 「勞動世界」是指共同承認的人類文化之工作關連 (werkzusammenhänge der menschlichen Kultur)。它不是本身自明的「與料」，而是一種「穩立的現象」(ein "wohlbegründes" Phänomen)。
11. 精神是使得勞動世界成爲可能的一個「X」。這個勞動世界在歷史的進程中豐富自己，故而不能在某一時刻圓滿成就其全部內容。
12. 因此合適於某一定的人類生活狀態的精神概念的唯一特徵乃是：精神藉著勞動世界的因果性還元而可被發現，同時勞動世界亦經由精神而被推導出。換言之：即那種在一切單純的「曾在」(Gewesenen) 揀選勞動世界的精神行動，它要維持勞動世界曾藉之而所以可能存在的那個精神行動相等同。

不過在經過二十二年後，謝勒於本書第二版序言上，一方面指出本書中潛隱著許多他日後思想的胚芽，並且也對其中一些觀點的變動做了扼要的說明，例如他聲明放棄第一條的堅持，因爲他認爲他接受自胡賽爾的「範疇直觀」(kategorische Anschauung) 乃是「作爲不可動搖的直觀與料而給予於我們一切的認識」(88)。至於如7、8、9項謝勒則自承在以後做了「相當實質的」探討 (sachlich beträchtlicher)，至於其中許多思想與後來謝勒自己的哲學發展上的關連，我們於此不再多贅述，就請讀者取原書一讀了。

(88) 同上書，頁201。

三、向現象學的轉向

謝勒在完成了任教資格論文後，很快地他便離開耶那到慕尼黑去，在這期間有一大轉折需要說明的是如在第一章生平與人格中所提到的事件：與胡賽爾的邂逅。依謝勒自己在〈當代德國哲學〉一文中的敍述，他是在1901年與胡賽爾首次會面。由於這次會面晤談，使得他急遽地擺脫康德主義的影響，連帶地使得他將一本已發排的書稿抽回——這本書稿卽是《邏輯學》(Logik)[89]。

關於這本止印的書稿的殘稿，現在已由荷蘭一家出版公司[90]依原校樣予以影印公開。由於謝勒在從康德主義轉向現象學而成爲現象學運動中第二號人物，其中間過程及思想痕跡並不很清楚，因此這一具有戲劇性的抽回原書稿停印，以及此《邏輯學》一書的內容分析，將可能爲我們提供一個比較的基礎，這是這本書重要的地方，不過我們由於篇幅所限，以下僅就該書中具有說明謝勒思想發展史意義的幾點略加說明。

首先據 Jörg Willer 爲該書所寫的後記中說，此書稿應該是在1904年以後成書的，因爲在該原校樣第 148頁上有這麼一句話：Die Frage, die ich eben stellen: Ist heute kalt? wie

---

[89] 〈當代德國哲學〉(Die deutsche Philosophie der Gegenwart)，在《全集》Ⅶ中，謝勒自述說："Er hat eben schon ein halbgedrucktes Werk über Logik aus diesem Grunde（指從康德主義轉向現象學）aus dem Druck zurückgezogen"，見頁308。又謝勒的康德主義這一用法需稍加說明，其所指是卽就康德本人及經由倭伊鏗、李普曼 (Otto Liebmann) 影響下的了解，而不是當時居主流地位的新康德主義各派。

[90] Max Scheler, *Logik I*, Amsterdam: Rodopi, 1975.

sähe sie aus; “Der M. S. genannte Mensch fühlt in sich Ungewißheit, ob es am 20. August 1904 kalt ist und zugleich des Verlangen, es zu wissen.” (我剛剛提出的問題: 今天冷嗎? 它如何看待呢: 「那個 M. S. 所提的人自己覺得不很確定, 1904年 8 月20日是否寒冷並同時要求去知道它」)[91]。而謝勒本人在〈當代德國哲學〉一文中則籠統說是在1901年與胡賽爾邂逅, 因而放棄其一本正在排印中的書[92]。因此《邏輯學》一書中的這一個時間指陳, 對我們便有相當重要的指示意義, 卽謝勒思想的轉向, 當如他所陳述, 1901年與胡賽爾見面是一個決定性的時刻, 但這一轉折必須要到1907年轉任教於慕尼黑大學, 參與所謂「慕尼黑現象學」(Münchener Phänomenologie) 以後才眞正明朗化, 而這本《邏輯學》則一直工作到 1904 年以後, 而在 1905-1906年之際才完全放棄。如此, 自1901到1906年, 事實上是謝勒思想搖擺的時期, 而這一思想搖擺, 基本上可能是因爲他開始有了自己從康德主義陣營中發展出一些屬於自己的思想「光景」, 故而不忍遽然棄置, 這本《邏輯學》亦卽就是這一「光景」的陳述。所以這本書中的論述表現出在面對康德主義及胡賽爾現象學邏輯上的偏倚抗拒。但終究胡賽爾的《邏輯研究》更能滿足他在從事哲學思考, 以及其諸般奠基工作上的方法需要, 因此他終於放棄這本《邏輯學》[93], 正式告別康德主義、倭伊鏗的新唯心主義, 而邁向使得他成就輝煌燦爛事業的現象學運動中去了。

---

[91] 參見該書, 頁148。Jörg Willer 的考據見頁276。

[92] Ⅶ, 頁308。

[93] 關於《邏輯學》一書殘卷的意義, Jörg Willer 在他爲重印此書所做後序中有一段文字詳細論述了謝勒在1901年到1907年間搖擺於康德主義及現象學邏輯的經過, 請參見上引書, 頁285-288。

sahe sie aus: "Der M. S. genannte Mensch fühlt in sich Ungewißheit, ob es am 20. August 1904 kalt ist und zugleich des Verlangen, es zu wissen." [illegible]

[illegible]

第三章　現象學與謝勒的現象學

如前文所述，謝勒由於長期蘊釀著對康德主義——特別是他在倭伊鏗門下，在歐圖·李普曼 (Otto Liebmann) 返回康德口號下——的不滿，終於在1901年因藉懷欣格 (Hans Vaihinger) 組織康德研究討論會的機會，與胡賽爾正式碰頭，在一番交談下，謝勒變得對現象學極爲傾心，後並得胡賽爾推薦，轉回到慕尼黑大學任教。當時在慕尼黑大學聚集有一批帖歐多·李普斯 (Theodor Lipps) 的學生，他們也都對心理主義開始感到不滿，於是謝勒與他們便打成一片，加入了所謂的「慕尼黑現象學」(Münchener Phänomenologie)❶。

---

❶ 所謂「慕尼黑現象學」(Münchener Phänomenologie) 基本上是由帖歐多·李普斯的學生羣團體「心理學學會」(Akademischer Verein für Psychologie) 發展而來的。李普斯是著名的心理主義者，在胡賽爾出版了他的《邏輯研究》(*Logische Untersuchungen*) 後，他試圖在其學生之前衞護心理主義的立場，但卻因此促成他的學生開始鑽研胡賽爾的現象學，結果諸多學生一一都轉到現象學運動中去，其中著名的人物有 Alexander Pfänder, Johannes Daubert, Adolf Reinach, Theodor Conrad, Moritz Geiger 等都是，謝勒是在1906年才加入他們的陣營。又這羣「慕尼黑現象學」的成員稍後都移師到哥丁根 (Göttingen) 從游胡賽爾，而成爲「哥丁根現象學」的主要人物，詳可參見 H. Spiegelberg, *The Phenomenological Movement*, The Hague/Boston/London: Martinus Nijhoff, ²1982, 頁169以下。

謝勒之做爲一位「現象學家」，甚至被推舉爲現象學運動中的第二號人物，學者之間似乎是沒有異議的。但是謝勒思想中，究竟在那些方面上是代表著現象學的基本成素，特別是在與胡賽爾的體系分析做比較時，卻是總是要令人感到莫名其妙。後來胡賽爾甚至在一封給英加頓 (R. Ingarden) 的信中，把謝勒與海德格兩人並提而叫他們是他的「對跖者」(Antipode)❷，否認他們是屬於「做爲嚴格科學」的現象學家。當然這只是胡賽爾本人的宗師心態在作祟，我們並不需要把現象學完全限在胡賽爾本人所意想那種意義上，事實上即使就胡賽爾本人來說，他的現象學也得分成前期與後期，並由於他的這個前後期之分，使得他的追隨者因而亦區分成兩大陣營——一部分人支持前期而反對後期的胡賽爾先驗唯心論的發展，另一部分人則支持後期的發展。由此事實，我們根本就不可能苛責謝勒之逸出胡賽爾的範圍。我們甚至要說，由於謝勒這一逸出胡賽爾的範圍，現象學才能多姿多彩的發

❷ E. Husserl, *Briefe an Roman Ingarden*, The Hague: Martinus Nijhoff, 1968, 見1931年4月19日信。

❸ 關於對謝勒的「現象學」的認定以及有關胡賽爾對謝勒的指責的報導，直接材料除可見於上揭 Roman Ingarden 所發表胡賽爾寄給他的書信外，Hans-Georg Gadamer 在他一篇回憶與謝勒接觸的經驗的文章中，也有很生動且持平的論述，見其所著：Max Scheler—der Verschwender（〈馬克斯・謝勒——揮霍者〉），此文刊於 Paul Good 主編的一本紀念謝勒百年冥誕的文集：*Max Scheler im Gegenwartsgeschehen der Philosophie*, Bern/München: Francke, 1975, 頁 11-18；又見 Gadamer 的哲學自傳：*Philosophische Lehrjahre*, Frankfurt a. M.: Klostermann, 1977。
其他如 Alfred Schütz 在他三篇論述謝勒的文章中，也間有片段文字爲謝勒做辯護，這三篇文章原題分別是 "Max Scheler's Philosophy"（在其 *Collected Papers* III, The Hague 1970, 頁 133-144）；"Max Scheler's Epistemology and Ethics"（*Collected Papers* III, The Hague 1970, 頁 145-178）；"Scheler's Theory of Intersubjectivity and the General Thesis of the Alter Ego"（*Collected Papers* I, The Hague 1971, 頁 150-179）。作者並已將此三篇文章編譯成一書《馬克斯・謝勒三論》（臺北：東大圖書公司，1990）。

展[3]，謝勒眞是如奧特嘉・伊・噶塞(Ortega y Gasset)所說：是胡賽爾新開闢伊甸園中的亞當——當然也就要繁衍自己的子孫[4]。

在說明了謝勒作爲一位現象學家的意義以後，我準備在這一章分爲三部分，首先談一談一般的現象學概念及課題，特別是與謝勒自己的現象學概念有關的胡賽爾前期概念。然後再進一步分析謝勒本人對現象學的概念和理解及舉出謝勒應用現象學分析的實例。

第一節　現象學的興起及胡賽爾的現象學

伴隨著十八、十九世紀的物質進步，經驗研究的自然科學成了知識體系建構的典範。對於人的情意的把握，或者更好說是對於人的「靈魂」(Seele) 的把握，逐漸由思辨而轉向量化的經驗內省，於是「心理學」似乎昭示著對人的科學性理解的可能進路，因此在溝通人、塵世的物質生活以及可能存在有人類本質性解答的精神生活世界，心理學的答問方式便似乎成了開啟其奧秘的唯一鑰匙，因此許許多多的哲學家一一地都齊集到「心理學」的旗幟下，浩浩蕩蕩地匯聚成一股時代洪流，到處泛濫，這卽是十九世紀思想界中的主流——心理主義 (Psychologismus)。

---

[4] 見 José Ortega y Gasset, Max Scheler, *Revista de Occidente* 20(1928)，頁398-405；德文翻譯見於*Neue Schweizer Rundschau* 21(1928)，頁 725-729 (Helene Weyl 翻譯）。原著者只指點出謝勒爲胡賽爾現象學這一新園地的天才亞當，但作者願在此順著強調謝勒自己的獨立發展（他不是胡賽爾的學生，而是因他需要胡賽爾所提供的進路可能性），以及他在初期現象學圈中所起的催化作用和影響，於此可以參見如 Moritz Geiger, Diet rich von Hildebrand, Edith Stein 等人的著作或回憶文字，茲不列舉。

但心理學對人的把握，除非把人化約到一種機器上去，否則它是一直無法以簡單的定律來把握人類存在的全般面貌。但事實上很清楚地——不管是從複雜、精妙的哲學論辯或是大多數的素樸思考——大部分的人都無法滿足於這種將人的全般表現化約成簡單的心理學規律，人正像不只是攝食、生長、繁衍以至死亡的生物，他也不只是單純地受心理機制性活動管制的存有，因此與此運動相對立的知性或精神性努力，便與之共相而起，其中如前面一章所述的倭伊鏗精神生活哲學、新康德的先驗哲學，甚至在某些方面實證主義等都是這一努力的表現。但對心理主義做致命一擊，而在哲學史上揭掀開新一頁的哲學思潮，當推胡賽爾的《邏輯研究》(*Logische Untersuchungen*)❺ 的出版。這時間正好是西元1900年及1901年，也許這一出版事件正象徵著一個哲學的新紀元同著新世紀開始了。

如大家所知道，胡賽爾本人是心理主義中一員健將布倫他諾 (Franz Brentano) 的學生，他在通過數學博士學位後❻，便愈來愈想解決數學的哲學基礎問題，於是他通過前後從布倫他諾所學到心理學傾向的哲學分析範疇，開始從事他的《算術的哲學》(*Philosophie der Arithmetik*) 研究工作。他在布倫他諾的介紹下，前往到哈勒 (Halle) 大學跟布倫他諾舊日學生卡爾・史

---

❺ Edmund Husserl, *Logische Untersuchungen* （第一版分訂成兩冊），Halle: Niemeyer, 1900/01。

❻ 胡賽爾求學時代曾在 Leipzig, Berlin, Wien 等地大學就讀，主修是數學，最後在 Berlin 大學跟著名數學家，即複變函數理論的數學家 Karl Weierstrass 研究，並在他的指導下完成博士論文，並曾任爲他的助理。

敦普夫 (Carl Stumpf) ❼ 撰寫他的任教資格論文〈論數的概念——心理學的分析〉(Über den Begriff der Zahl. Psychologische Analysen, 1887)，此後他在哈勒從1887年到1901年以「私人講師」(Privatdozent) 身份從事其教學、研究生涯。

胡賽爾在其任教資格論文中，正如副標題所示，意圖透過心理學的分析來說明數學的概念，但不幸地（事實上也是幸運地）在書甫出版之後，便遭受到弗列格 (Gottlob Frege)❽ 的猛烈攻擊，並從根本上動搖了胡賽爾想藉心理主義來建立數學基礎論的想法和信念。

在遭受到弗列格的書評攻擊後，胡賽爾發現心理主義這一條路是走不通的，於是他轉而向反心理主義，企圖經由對心理主義的批評以及新路徑的發掘以奠立科學的嚴格基礎。經過許多年的努力工作，他終於在 1900-1901 年分別出版了兩卷《邏輯研究》(*Logische Untersuchungen*) 的鉅著。他並因此而得到哥丁根大學 (Universität Göttingen) 的徵召，出任爲額外教授 (außerordentlicher Professor)，並在1906年出任正教授(ordentlicher Professor)。胡賽爾並由於這一《邏輯研究》的出版及在哥丁根出任爲教授，因而聚集了一批優秀的學生，形成了所謂「哥丁根現象學」圈 (Göttinger Phänomenologie)，其中著

❼ Carl Stumpf (1848-1936) 研究的問題包含心理學及哲學，他的心理學接近於「完形心理學」派的主張。依史必戈貝格 (H. Spiegelberg) 的說法，他不是「心理主義者」（見 Spiegelberg, *The Phenomenological Movement*, The Hague 1982, 頁53)，他最重要的著作是 *Tonpsychologie*, 二册，分別於1883年及1890年出版。

❽ Gottlob Frege (1848-1925)對胡賽爾 *Philosophie der Arithmetik* 所作的書評發表於 *Zeitschrift für Philosophie und philosophische Kritik*, N.F. 103 (1894)，頁 313-332。

名的學生或追隨者除如「慕尼黑現象學」中的謝勒、賴那赫(Adolf Reinach)、孔拉德(Theodor Conrad)、蓋格 (Moritz Geiger), 另外如日後極富盛名的現象學家如波蘭的英加頓(Roman Ingarden)、俄裔的亞歷山大·郭亦列 (Alexandre Koyré)、法國的讓·黑林 (Jean Héring) 以及如漢斯·李普斯 (Hans Lipps)、耶蒂特·史坦 (Edith Stein)、赫第薇·孔拉德—馬丟斯 (Hedwig Conrad-Martius) 等人都齊集在哥丁根胡賽爾門下, 蔚爲一代盛事。

哥丁根時代的胡賽爾及當時圍著他而形成的學術團體通常被視爲是現象學的前期活動, 但在 1916 年胡賽爾接受弗萊堡大學 (Universität Freiburg) 的徵召, 接替新康德主義西南德學派代表人物李卡特 (Heinrich Rickert) 所留下空缺, 而由哥丁根轉到弗萊堡任教以後, 他開始與他的舊日學生在思想上拉大了距離, 於是造成了所謂胡賽爾後期的轉向「先驗唯心論」(transzendentaler Idealismus)的德國思辨哲學傳統老路。這麼樣一來, 早日在哥丁根的胡賽爾學生紛紛表現出對老師的新轉向的不滿, 而胡賽爾則在弗萊堡重起爐灶, 培養訓練新一批的「弗萊堡現象學」(Freiburger Phänomenologie)❾學者。

不過我們若從胡賽爾思想內部的持續發展來看, 其實他在出

---

❾ 現象學運動中的分派 Gerhard Funke 在慕尼黑現象學(Münchener Phänomenologie)、哥丁根現象學 (Göttinger Phänomenologie) 及弗萊堡現象學 (Freiburger Phänomenologie) 之外, 再列出以謝勒爲領首的科隆現象學 (Kölner Phänomenologie), 以海德格爲主導的馬堡現象學 (Marburger Phänomenologie)——即謝勒的「價值現象學」(Wertphänomenologie) 及海德格「解釋學的現象學」(Hermeneutische Phänomenologie) ——兩個分派。參見 Gerhard Funke, *Phänomenologie—Metaphysik oder Methode?* Bonn 1972, 頁82-83。

版《邏輯研究》一書後，思想便開始更往前進地突入於其晚期發展的範疇中了。而1907年在哥丁根所做的五次系列演講《現象學的觀念》(*Die Idee der Phänomenologie*)⑩，即是其思想發展上的一個轉折點。不過胡賽爾晚期所發展的現象學理念跟謝勒關係不大，並且爲限制主題範圍及寫作篇幅，我們於此不準備討論。底下我們要從事的是對胡賽爾的現象學基本概念做一個簡略的介紹，以便能使我們在分析謝勒的現象學觀念時，不至於茫然不知其頭緒，以及對其與胡賽爾之間的分歧能有一合理的瞭解和解釋。

胡賽爾最初在創立現象學時所懷想的理想——並且也是自始自終所以推動其哲學工作的動力，亦即是要把哲學建立成一個「嚴格科學」(strenge Wissenschaft)⑪。在他看來，一切科學都有其預設，物理學預設著數學結構的存在，數學預設著空間、時間、量等基本概念範疇的存在，唯只哲學才去嘗試建立、探討「無預設性」(Voraussetzunglosigkeit) 的可能性。

由於「無預設性」的理想是現象學的基本努力以及工作動力。因此，如何尋找出一套分析方法以及如何把諸雜多的知識成素還元到其純粹性上，便成了現象學的基本入手處了。現象學這門學問胡賽爾自己曾稱之爲「描述的心理學」(deskriptive

---

⑩ Edmund Husserl, *Die Idee der Phänomenologie*, Den Haag 1973 (*Husserliana* II)，中譯見埃德蒙德・胡賽爾《現象學的觀念》(倪梁康譯)，上海：譯文出版社，1986。

⑪ 請參見胡賽爾著名的論文〈作爲嚴格科學的哲學〉(*Philosophie als strenge Wissenschaft*, 刋於 Logos, Bd. 1(1911)，頁 289-341)。

Psychologie)⑫，這個稱法雖曾在後來使得胡賽爾感到懊悔，因爲胡賽爾覺得這一稱法使得許多人從字面瞎猜，造成許多不利現象學這門作爲嚴格科學的哲學的建成之不必要的誤解。但筆者認爲這一稱法在某一方面也很能讓人把握現象學的出發點。由於胡賽爾想把哲學建立成一種「無預設」的「嚴格科學」，爲一種「一切科學的基礎科學」，或胡賽爾所說「一切原理的原理」⑬。但是作爲一種知識結構的現象學哲學，它的把握不在於單純的對象自身，也不能在純粹的形式結構，它是在認知者（cogito）與被認知物（cogitatum）的認知關係（cogitatio）中，也就是在能思（noesis）與所思（noema）的交互關係中。不過這種認知結構也不能像心理主義那般，一切都將之化約到心理過程和加以心理學化。胡賽爾在此不是順由心理的「實然」，相反地他要在這一實然的現象中尋找出其先天的根據，由是他順著他的老師布倫他諾所提出的術語「意向性」(Intentionalität) 出發，指出在

⑫ 參見 *Logische Untersuchungen*,（1900 年初版第一册），頁 18-19。胡賽爾對稱他的「現象學」爲「描述心理學」，立場曾動搖過，首先是在 1903 年他自己反對將他的現象學標榜爲「描述心理學」，以爲是一種誤導的標誌（irr führende Bezeichnung），但自1907年又重新把現象學視爲「描述心理學」，而至1913年則發展更而轉向區別先驗現象學和理性心理學之間的關係。詳參見胡賽爾全集編者 Ursula Panzer 爲其所整理出版的《邏輯研究》（*Logische Untersuchungen*）第二部所寫導論，"Husserliana" Bd. XIX/1, Den Haag 1984，頁 XXX-XXXI，又參見倪梁康，〈胡賽爾：通向先驗本質現象學之路〉，刋於《文化：中國與世界》，北京：三聯書店 1987，頁241-242。

⑬ 現象學作爲「一切原理的原理」（Prinzip aller Prinzipien）的想法，主要請參見胡賽爾的 *Ideen zu einer reinen Phänomenologie und phänomenologischen Philosophie*, Halle 1913, §24, 頁43；又此書在胡賽爾全集版見 *Husserliana*, Bd. III (Den Haag, 1950), §24，頁52。

思想主體與對象間的認知關係存在有一個先天的必然性，即「意向」(Intention) 總是意向於某一個對象，即使該對象是虛構的，其意向性活動亦是確切無疑，例如我在黑暗中觸到一條繩子而嚇了一跳，以爲是一條蛇，其間認爲是一條蛇固然是錯的，但是其亦確確實實有一個對象在我的意向中呈現，所以胡賽爾卽由此意向性的分析中確立主體與客體，或更推廣地說，卽我與世界的基本關係。

但是這種關係仍不是嚴格的科學的建立，而是只是其出發點。爲要全幅展現現象學哲學的理論架構，我們必須再進一步把胡賽爾理論中有關意識、直觀、及還元方法的精細分析稍加說明。

一、意識理論

如前文所述，胡賽爾現象學乃是從布倫他諾心理學出發而得的。胡賽爾首先試圖藉布倫他諾的心理主義立場建立嚴格的數學基礎，後來遭受到弗列格的猛烈批評，再加上他自己本人亦不盡滿意於其原來的心理主義立場，於是隨著他的《邏輯研究》出版同時亦揭示出了他新的路子——現象學。

但現象學的基本理念則是想在認知活動的全般規定中找出一個根本的，無所預設的絕對起點。我們不管「無預設」這一理念究竟是否爲一空洞的理想⓮，抑或它確確實實是可得而用之的，重要的是這一切有關「認知者」與「被認知物」之間的意向關係，實卽就是一「意識」(Bewußtsein) 的問題；換言之，現象學的

⓮ 對於胡賽爾「無預設性」(Voraussetzunglosigkeit) 的批評可參見 Takiyettin Temuralp, *Über die Grenzen der Erkennbarkeit bei Husserl und Scheler*, Berlin, 1930，特別是頁27-33。

操作領域就是針對於全般的意識存在。因爲意向性的結構，它必須是在我們的意識中予以把握和推繹。

在認知活動中事實上其最基本的結構乃是「我」（卽認知主體）與「世界」（卽被認知物的全體）的交涉關係。但是規定「我」與「世界」之關係的規定性並不是單一的，在哲學史上，對此問題的知識論分派，正就是其非單一性的具體表現。其中或有以我來規定世界，或甚至否認世界的可認知性而純以我來規定我的認知；反之亦有以世界來規定我，或乃甚至如光學反射一般地來解釋我所認知的實乃只是世界的一個物理反射而已。當然這些都是在建立所謂知識論「體系」上的偏黨私派，是可以有爭論的。但這些知識論系統在構作出它們的體系上，其間所針對的「主體」（認知者）及「客體」（被認知物）的交涉關係，必然要被設定爲論究知識結構的起點，而這起點的一個可把握的焦點卽就在「我的意識」上，因爲只有認知者才能意識到其在認知被認知物。結果，卽使被認知物能認知認知者，也是要在被認知物成了認知者，而把相對於它的其他的認知者化爲一被認知物之下才能從事其認知活動。因此，我們可以很肯定的宣稱，這種認知者的認知活動——實卽就是認知者的意識——乃是我們探究知識構成的一個最可以著手，且是最能合當地指向問題焦點的出發點。

當然意識也不是一個單一概念，它是一個雜多，是指向於各種不同對象的認知心能，但是意識總是要與所意識的結合在一起，我們無法想像一個沒有所意識的意識。如此也就是說，意識亦卽是一意向性的意識，它永遠是指向於一個對象（當然這個對象不一定是具有物理性的具體個性）。如此，我們便可了解胡賽爾之把布倫他諾的「意向性」概念引入其現象學，實正如《現象學史》一書作者史必戈貝格(Herbert Spiegelberg)所說：它不僅是《邏輯研究》一書的高潮，並且也是其對意識作現象學分析的中心洞見⑮。胡賽爾亦正藉此一概念而得能在「嚴格科學」理想下深入進行其發掘具「純粹性」的「顯明性」根據，從而試圖構建出其不做任何預設的「一切原理的原理」來。為要能更深入了解胡賽爾的「意向性」概念，底下我們再稍做進一步的說明。

依據史必戈貝格的分析⑯，胡賽爾的「意向性」概念比較於布倫他諾的，它具有兩點特性：首先是在胡賽爾的意向性概念中，他採取了意識直接指向於對象這種概念，而推排掉對象內在於行動這一想法；其次，他不再主張意向性是一切心靈現象在區分上的充分且必要特徵，他關心的唯只是對由上述心靈現象之特徵所確定的「行動」(acts) 的研究。史必戈貝格由此更進一步指出胡賽爾的意向性具有四個特徵，即：

(1) 意向的客觀化作用 (Intention "Objectivates")：此意即意向把作為意識流之整合部分的材料引涉到「意向的對象」(intentional objects) 上去。

(2) 意向的統一作用 (Intention unifies)：意即在意向的客觀化作用中，意向還允許我們更進一步把許多種類的相續材料加給同一意義的指涉項或「極」(referents or "poles" of meaning)。

⑮ Herbert Spiegelberg, *The Phenomenological Movement*, The Hague, 1982（第三次修正版），頁97.

⑯ 同上。

(3) 意向的關連作用 (Intention relates)：此意即一同一對象的各個面都涉及構成其「視域」(horizon) 的相關連面。如前面與側面，當然還有後面等各方位交涉在一起。也就是說意識的意向性是交相涉及的，而不是孤自定立的。

(4) 意向的構成作用 (Intention constitutes)：這個觀念要到胡賽爾出版了其《邏輯研究》第一版以後才把事實上構成意向對象的功能賦予意向。由於意向對象是意向行動的「成就」(Leistung)，故而意向對象不是預先存在地涉及既予的意向行動，而是一些在意向行動中產生的東西。

如此，意識即在意向性的這四個作用下把主觀體驗到的世界定立起來成爲一種知識構成的起點。但是要求把哲學建立成一種「嚴格科學」的胡賽爾，他旣不願意也不能只停留在意向性概念的提出，他必須要把整個方法構作出來，也就是他必須分頭將意向性所涵的各可分析個項一一引繹出其在構成整個現象學分析的特性和限制。由此我們在胡賽爾「無預設」的「設定」下，首先便碰到了如何在意向所指向的意識內容找出一個出發點（或更好說是找出其根本的基礎點）。底下我們就稍論述一下現象學的「純粹性」概念和「純粹意識」(reines Bewußtsein)。

胡賽爾很喜歡用「純粹的」(rein) 這個字眼[17]，如「純粹邏

---

[17] 關於現象學作爲一種意識的科學，以及其「純粹化」(Reinigung) 與現象學方法的成立，請參見 Roman Ingarden 在奧斯陸 (Oslo) 的講稿："Probleme der Husserlschen Reduktion, Vorlesung gehalten an der Universität Oslo, Oktober/November, 1967"，此文德文原稿刊於 Anna-Teresa Tymieniecka 主編 *Analecta Husserliana* Vol. IV，頁 1-71，Dordrecht, 1976，特別請參見頁 1-2。

輯」(reine Logik)、「純粹經驗」(reine Erfahrung)、「純粹我」(reines Ich)、「純粹觀念」(reine Idee)……等等。這情況正是胡賽爾對哲學所做「嚴格的」要求的結果。由於「意識」是我們把握認知活動的場所，因此「意識」的純粹性的探討，便成了現象學展開的一決定性一步，現象學家唯只有在能展示「純粹意識」爲可能的情況下，現象學才能眞正跨出其系統建構上具有成效的一步。

但是「純粹意識」的「純粹性」並不是現成的，我們所擁有現成的是雜多的、經驗的日常意識，「純粹意識」相對於「日常意識」之以經驗世界作爲其「場所」，它的「場所」是在先驗的世界。因此從經驗世界過渡到先驗世界以尋找出先天根據的整個操作過程，於是成了現象學所探討的核心問題和構成其整個構架的材料。以下兩點，卽「直觀」理論及「還元方法」，便是現象學整個構架完成的兩個大部份。

二、直觀理論

上述我們把意識看成是現象學操作的「場所」，並試圖在這一場所中找出合於「無預設」的零出發點的「純粹意識」以建構現象學這一大廈。但意識作爲一運作的場所，它只是一靜態的可能性，其完成仍有待於操作「行動」(Akt)，也就是有待於主體在這一可能的意識結構中藉由「行動」——亦卽是「觀」(schaven)——先把握住其純粹材料，以作爲進一步「純粹化」和積極的對象構成的準備。這也就是說，在當我們張開眼睛而與這個世界發生關連——當然閉上眼睛時，乃至於一切我們還活著而在這個世界所發出的行動都是會而且是要與這個世界發生關係，我們在此是指不很嚴格限定的「意識及」(a ware) 之意義下來做這樣的表達——時，只要我們想「眞正地」去認識它，那麼我們就得在這個「意識場」中做出「觀」的行動，於是我們便可由「觀」過渡到「去觀」(an-schauen)，去觀看被觀看的對象，其中「觀者」及「被觀者」於是便直接在「觀」的行動上發生了一個直接的關係，這種「觀者」（認知主體）對於「被觀者」（客體）的最基本的認知關係，現在我們便可以將它叫做「直觀」(Anschauung) 了。

「直觀」是一種行動，但這個行動仍未被「分析」，它是否能作爲「純粹知識」的保障，我們仍得再深入加以探討，特別它是否具有「雜質」——因爲我們一張開眼睛「去觀」時，似乎已經不單只是單純的把握，而是包含了許多複雜的因素在內了——，仍有待現象學者更深入地予以檢討。

依胡賽爾的理論，「意向性」（意識）總是企及一個對象，也就是在「能思」的主體對於其「所思」的客體的關係上，它不是一種經驗心理學的把握，不是一種經驗上的實在；而是一種「先驗的」(transzendental) 的把握，是一種「非實在物」(Irrealität)⑱。而現象學即在意向性這樣子把握著客體上進而試圖進一步找出事物的「本質」(Wesen)。然而，依胡賽爾的看法，對於本質的把握分有許多層次；同時亦有許多不同對體驗 (Erlebnisse) 的把握以引導到本質上去，於是胡賽爾在《邏輯研究》中使用了「種」(Species)⑲一詞來指人在比較例如兩個白物時所擁有的理想性質 (ideale Qualität)「白」，而與這種「理想性質『白』」相當的，或是說這個種的把握，胡賽爾在《邏輯

⑱ 參⑰ Roman Ingarden 的文章，頁 2。
⑲ 參見《邏輯研究》第 2 及 6 研究。

研究》中稱為「理想化性」(Ideation)，不過在《觀念 I》(*Ideen* I) 中，胡賽爾便改稱為 "Wesensschau" 或 "Wesenserschauung"。不過「本質直觀」亦是一種「直觀的行動」(ein anschaulicher Akt)，因此它必須與「感官經驗」(sinnliche Erfahrung) 的「直觀」區分開，不過這牽涉到現象學中的還元理論，我們留待底下再予以討論。底下我們要再稍略說明一下與謝勒的現象學有關的「範疇直觀」(kategoriale Anschauung) 的問題。

由於現象學尋求一種純粹的理想知識建構，所以從混雜的知識中檢別出其純粹的成分，於是成了其知識建構（或者現象學成立）的任務和理想，其中胡賽爾所提出的口號如「返回事物自身」(zurück zu den Sachen selbst)、「無預設性」(Voraussetzunglosigkeit) 等等，無非都是意指著其純粹、確然無疑之知識的根據這一理想。而這種知識的理想建構實亦即是一種「本質的科學」，一種描述地先天的本質科學⑳。在胡賽爾現象學中，現象即是本質，如如呈現在我們的意識中而為我們以純粹的直觀所把握的即就是事物的本質，是理想的對象，是我們從事嚴格知識科學的憑據。

但是直觀，特別是個別的直觀是有其片面性的㉑。是故，相對於個別的純粹悟性所把握的非感官性直觀，另外還有一個連結

⑳ 參見⑭中所引書，頁 9。該書作者即以定義方式說："Die Phänomenologie ist eine deskriptiv apriorische Wesenswissenschaft (Wesenslehre)."並請參見胡賽爾自己在 *Ideen I* 中所做的定義 "Die Phänomenologie ist eine... reine deskriptive, das Feld. des transzendentalen reinen Bewußtseins in der puren Intuition durchforschende Disziplin." (*Husserlina*, Band III. 頁127)

㉑ 參見上引 Takiyettin Temuralp 書，頁13。

在各種不同方式中存在的不同名稱的命題——即「範疇直觀」(kategorisale Anschauung)的「範疇」。但什麼是「範疇」呢？施拉錫 (Wilhelm Szilasi) 他是這麼地解釋胡賽爾的「範疇」概念:

> 範疇不屬於是純粹的，也就是不是免於感官束縛的純粹悟性產物。它們不是思想的產物，而是這樣尺度下的直觀經驗——亦即是與範疇行動 (kategoriale Akte)，特別是與其內容接筍而確定命題之眞理或正確性的思想判斷尺度……。

故而:

> 這些範疇不是單純的形式，而是內容。作爲確立對象之實質面的範疇內容以及範疇自身，它們是領受地被知道，它們的根源存在於事物的關係中㉒。

是故，事物並不只單純以感官與料 (sinnliche Daten) 那般地被直觀，而且還要是以範疇地被直觀到，所以胡賽爾歸結地說:

> 只有透過把範疇行動當作直觀這樣來看，在思想和直觀之間至今還沒由知識批判稍略加以澄清的關係才會在事實上變得通透，知識本身並因而在其本質上及在其成就上才會

㉒ W. Szilasi, *Einführung in die Phänomenologie Edmund Husserls*, Tübingen, 1959, 頁28。

變得可理解㉓。

這範疇直觀我們可以將之分成兩類：一種是具有綜合特徵的範疇直觀，也就是我們從粗糙的知覺（schlichte Wahrnehmung）所揭出的綜合整體，如在一條街上的個別樹木綜合出一個行道樹整體；其次是「理想化」(Ideation)，即對於普遍物（das Allgemeine）的範疇直觀。在這兩種範疇直觀中共同都具有(1)為被奠定基礎的行動（fundierte Akte）、(2) 為給定的行動（gebende Akte）、(3)奠定基礎的對象以各種方式相互意指(mitgemeint)㉔。因此範疇直觀在現象學中即扮演了架通「粗糙知覺」——即我們日常的知覺與料——到「理想化」的知識領域上去的橋樑，特別在這種自己展示其理想庫儲（ideale Bestände）的直觀行動（即範疇直觀），它為理想對象的結構的解釋（即範疇的處理）提供了地基，因而「藉著範疇直觀的發現而首次獲取了眞正、得有證明之範疇研究的具體進路」，而為謝勒及拉斯克（E. Lask)的進一步發展提供了可能性㉕。

三、還元方法

以上我們談了現象學的「意識理論」及「直觀理論」，這兩方面都是為現象學的理論建構提供一個構架的可能性。除此之外，「還元」(Reduktion) 這一方法的觀念在現象學中亦扮演著核心地位，特別是在現象學作為一方法學及貫徹其科學的嚴格性

㉓ Edmund Husserl, *Erste Philosophie* (1923/24), *Erster Teil: Kritische Ideengeschichte*, Den Haag, 1956(*Husserliana*, Band VII)，頁146。

㉔ 上㉒所引 Szilasi 書，頁37-39。

㉕ 同上，頁41。

上，更是不容我們加以忽視，但同樣限於篇幅及重點，我們在此只略加介紹其中的基本觀念。

作爲知識操作場所的「意識」，現象學爲了貫徹其絕對嚴格、無預設的理想，它不能即就雜多的意識內容直接拿來構作嚴格學問，它必須要在意識中溯尋出其純粹的部分。執行這一認知活動的程序，胡賽爾即稱之爲「置入括弧」(Einklammerung)、或希臘字 epoché（中止判斷、存而不論）、或更常的稱呼「還元」(Reduktion)。

「還元」這個概念在胡賽爾現象學的發展中又分爲兩種，一是所謂的「本質還元」(eidetische Reduktion)，另一是「先驗還元」(transzendentale Reduktion)。這兩種還元理論的提出同時亦標示著胡賽爾現象學在理念發展上的兩個階段或時期。即以《邏輯研究》爲其主要代表作的「描述現象學」(deskriptive Phänomenologie，或稱「描述心理學」）時期。以及自一九〇五年起逐漸變得清楚起來的「先驗現象學」(transzendentale Phänomendogie) 時期。

不過我們在此更重要的問題不是胡賽爾的還元理論的發展史實。與謝勒的現象學理論之受納有關的，基本上是以《邏輯研究》爲核心的一般還元理論。這一以《邏輯研究》爲核心的還元理論——即「本質還元」——基本是一種方法操作，他與作爲一種觀點改變的「先驗還元」有著似乎是不連續的關係[26]。

關於胡賽爾作爲方法的「本質還元」理論，它的主要意義是

---

[26] 這個意見可參見倪梁康〈胡賽爾：通向先驗本質現象學之路〉，《文化：中國與世界 2》，北京：三聯書店，1987，頁272，作者所以接受倪氏這一說法，基本上是建立在胡賽爾早期學生（特別是慕尼黑現象學者）之拒絕接受胡賽爾轉向先驗現象學的發展。

指認知主體在其相對於認知對象的認知活動中，也就是在直觀活動中不對物質世界的確立參與共做，或者說，即是把「事態」(Sachverhalt) 加以括弧起來。對此胡賽爾自己說:「人們首先必須藉中止判斷 (epoché) 離開這個世界，以便在普遍的自覺 (universaler Selbstbesinnung) 中重新獲得它㉗。」

在上面所引胡賽爾這一段話中，「離開這個世界」當然是指我們在自然的態度 (natürliche Einstellung) 所把握到的世界，這種「自然的態度」是獨斷的態度，因而其所把握到的世界亦不是一純粹的世界，是有諸多預設的世界，因此對於這種染雜的世界把握，我們只有加以一番澄治淨練的工夫才能擺脫預設的糾纏而得到純粹的意識以作爲出發點。而這番澄治淨練的工夫亦即前面所已經提過的「置入括弧」(Einklammerung)、「懸擱」(Ausschaltung)、「置於行動之外」(Außer-Aktion-Setzen)、「存而不論」(epoché)、及「反省」(Reflexion)，或是依謝勒的說法是爲:「爲要化現本質必須要從事對世界的去實在化。」(Es muß eine Entwirklichung der Welt um ihrer Verwesentlichung willen unternommen werden.)㉘ 因此這種存而不論的

㉗ Edmund Husserl: *Cartesianische Meditationen*, Den Haag 1950 (*Husserliana*, Bd. I), 頁39、183。

㉘ 參見 Max Scheler: "Idealismus-Realismus", 全集第9册，頁206-207 中的論述。謝勒原來的說法爲: "...Denn soll das Realitätsmoment aufgehoben werden, damit echtes Wesen zutage trete, soll jene 'Entwirklichung' der Welt vorgenommen werden, die auf alle Fälle Bedingung ihrer verwesentlichung ist, so muß vor allem klar sein, was denn das Realitätsmoment selber ist, das wir durch die Reduktion abzustreifen haben, und worin dises Moment gegeben ist." 本文中所引用的是 Takiyettin Temuralp 的轉述，見⑭所引書，頁17。

實行爲我們留下了一個重新回到對世界的眞正認識的可能通道。

事實上在當我們開始注意到我們的認識歷程的同時，我們便已開始對在於意識中所呈現的雜多把握加以整理、建置的工夫，但是爲避免前面所述的「自然的態度」所會造成的獨斷錯誤，因此作爲保證我們的認知是從純粹的單純把握出發的意識檢治之諸操作措施——即存而不論、置入括弧等思維作法，於是便共構成爲現象學之純粹無預設知識建設的一個基本運作理論，其中的操作程序略如施拉錫（W. Szilasi）所描述：

> 存而不論基本上可以在一切可能的意識行止中被實現，藉著存而不論，我可以把意識這麼地當下化，卽我只見到由意識所造成，而不是行動之內容對象的行動本身；我探討不同於意識的存有方式；也就是說探討藉著不同的行動的指引而描繪出的行動領域㉙。

因此「這種行動領域及在這一領域之決定性中的對象的獲得，胡賽爾稱之爲還元㉚。」

我們亦卽在我們意識面對於世界時，藉著這一意識的操作程序，將純然的本質予以揭顯出來。接著這一本質的把握歷程，於是整個本然的對象之眞理便顯現在我們眼前，亦卽我們在還元的本質把握中確實地經由其方法操作而保證了本質直觀的有效性。

㉙ W. Szilasi, *Einführung in die Phänomenologie Edmund Husserls*, Tübingen, 1959, 頁65。

㉚ 同上。

當然，在胡賽爾的現象學努力中，他沒有就此爲已足地停留在主體意識行爲裏所還元得到的本質把握；他更是要進一步排除實體，而還元至先驗現象的根據或原理上，這也就是他不滿意於藉「意向性」的規定而在意識中建立起來的認知關係，他還要更進一步地把一切認知活動回溯到最根本的先驗可能性——卽先驗主體性 (transzendentale Subjektivität) 上去。這種往「先驗主體性」的回溯，亦卽是要在先驗領域中確立起「純粹自我」(reines Ego)，從而爲「相互主體性」(Intersubjektivität)，也就是克服獨我論 (Solipsimus) 和積極地建立人與世界間的本眞知識建設預備一個先驗上的必然保證。但胡賽爾這一往先驗現象學的過越，正如前面所述，並不得到他早期學生的支持；謝勒的現象學概念亦沒有受到胡賽爾晚期這一發展的影響，因此我們在此就不再進一步追溯胡賽爾這一努力的全幅面貌[31]。

第二節　謝勒的現象學理念

謝勒之爲一位「現象學者」不但如前文所引，胡賽爾心懷不滿地否認他爲一位「現象學者」，稱爲是他的「對跖者」，並且在許多「正統派」的現象學者的眼光中，他們不是極力詆譭或否認

---

[31] 對於胡賽爾的「先驗現象學」的發展過程和評論，論著極夥，其中較易獲得的代表性論述可參見如上述 W. Szilasi, Roman Ingarden，倪梁康等人的著作，特別是 Roman Ingarden 除上述文章外，其小書 *On the Motives which Led Husserl to Transcendental Idealism*, The Hague 1975. 及其他文字可算是以胡賽爾及門弟子正面清算這一家務紛爭的代表性觀點，至於維護胡賽爾這一「先驗現象學」轉向之積極意義的弗萊堡親炙學生，主要有 Eugen Fink, Ludwig Landgrebe 等人，該諸等人著作極夥，茲於此不具錄。

謝勒在現象學中的地位，便是予以漠視。但無論如何，謝勒之作爲一位「現象學者」，這是無法否認地。我們的問題更應是：謝勒是怎樣的一位現象學者？也就是說，對於謝勒的現象學理念，我們要怎樣去理解？怎樣去把握？

對於以上這些問題，我們首先得分別開胡賽爾現象學構想的諸階段性差別，以及相對於此階段性而造成的反響。這也就是說，相對於胡賽爾執持「實在論」傾向而構作出其第一階段作爲「描述心理學」的現象學——即以《邏輯研究》爲中心的「方法論」努力的現象學——，以及爲在理論構作上澄清其智思性依據而抵入的「先驗唯心論」傾向的先驗現象學嘗試之間，我們必須予以區分開來。尤其對此二步的發展，現象學陣營中的許多急先鋒亦或此或彼地任其所適而有所畸重畸輕，因此我們更不可任其一偏地來評斷他們，特別是謝勒。有了這樣一個先決條件，我們可以開始進行有關謝勒的現象學概念及其在整個現象學運動中所扮演的角色。底下我們先談一下何以謝勒會與現象學運動合流。

噶達姆在其回憶與謝勒結識的經驗一文中，曾有這樣的報導：「他本人在現象學運動中是一級星，這個運動有些方面是遵照著他。爭論，的確！老師傅胡賽爾的牢靠手工技藝，有些人以更牢靠、接近於使人無聊到死的方式追隨著他，但這情況與他（按指謝勒）無關㉜。」噶達姆這一報導並不誇張，謝勒人格和思想上所散發出的魔力的描寫，我們在其他許多人的報導中也隨處可看到㉝。但是這種魔力後來在胡賽爾的眼中卻成了「把正道——亦即作爲嚴格科學的現象學之道——上的人拐誘走了」的兩

㉜　參見③所引 Gadamer 文，頁11。

㉝　請參見本書第一章有關謝勒人格特性的討論部分。

個偉大拐子——另一個人是海德格——之一㉞。不過事實並不是這麼簡單，謝勒雖是「拐子」，拐走了部分胡賽爾的追隨者，使他們變得不那麼「正統」。但是無論如何，他仍是現象學運動的共同推動者、《年報》的編委，及現象學方法和理論的共同締造者及代表性的應用者㉟。對於謝勒與現象學運動的合流，底下噶達姆的一段話大概是最能說明其緣故了:

> 將他與現象學連在一起的是什麼? 從消極方面可以簡單地說: 對抽象建構的厭惡及對本質眞理的直觀眼光。在現象學圈中，人們是這麼瞭解這種洞見: 它們不能從經驗上得到，也不能被檢證; 而是只能在形相抽象 (ideierende Abstraktion，卽觀念抽象＝本質抽象) 中達致，對此不明白的人喜歡把它神秘化或嘲笑爲「本質直觀」(Wesensschau)。方法來，方法去，但在直觀的天賦上，謝勒超越所有所謂現象學家; 並且對大師胡賽爾來說，他孜孜不倦地服從於對哲學工作的細微描述技藝做自我辯明，但在直觀能力上他卻幾乎沒有——並且謝勒確也是一位想得很遠，在精神如初生之犢一般大膽和做擴張的人，一種眞正的火山性格㊱。

噶達姆這一段話中最值得我們注意的是: 「將他與現象學連在一

㉞ 同㉜，頁12-13。

㉟ 我們於此用締造者這一個詞並不是指謝勒爲現象學理論基礎的發明者，只是指他乃整個運動中全體成員中的一位，作爲運動中的一位成員，他當然有他在現象學理論上的「貢獻」。

㊱ 同㉜，頁13-14。

起的是……對抽象建構的厭惡及對本質眞理的直觀眼光。」

事實上，謝勒在從事哲學思考的成就上，很大一部分是基於他對本質的微妙直觀把握。不過他的直觀把握方式也不是神秘主義式的冥契直觀。因此他的反抽象思辨並沒有把他帶往神秘的體驗領域中去，相反地是把他帶回到對具體的合理把握上來。我們若可以把胡賽爾說成是一位笛卡兒主義的繼承和批評者，那麼我們願意把謝勒看成是一位繼承和批判巴斯卡 (Blaise Pascal) 精神的現象學者。他的直觀行動根本上就是「心的邏輯」(logique du coeur) 的具體推衍。對他來說，現象學的整個論證間架就是「心的邏輯」的證明過程。「心有其理性，非理性所知㊲。」(Le coeur a ses raisons, que la raison ne connaît point) 巴斯卡這句名言，本意上雖是要否認人類經由智思以通往上帝的能力；但它到了謝勒的手上，卻成了本質直觀上認知範疇所以能够確立的積極保證。

確實如喬治・古爾維屈 (Georges Gurvitch)㊳ 所指出的，謝勒的哲學很是反諷地將奥古斯丁、巴斯卡、柏格森、尼采的思想當作其哲學的實質內容而裝塡入胡賽爾的嚴格理性科學中。但是謝勒這種把歐洲非理性主義傳統結合到胡賽爾嚴格科學的理想範式中的作法，並不是任意無據的。他所做的其實乃是把神秘主義的模糊簡化重新拉回到一種「理性的」明證中。當然我們很難於

㊲ B. Pascal, Pensées, 見 Léon Brunschvicg 編號第277條。文中第一個 raison 也可以譯作「道理」、「理由」，不過爲了表明心的「理性」有與一般所謂的「理性」爭持的能力，作者願意在此保持二字原字形而並譯爲「理性」。

㊳ Georges Gurvitch: *Les tendance actuelles de la philosophie allemande*, Paris, 1949, 頁73.

從正面上論證在理性抽象構作下所得出形式或先驗知識間架之外仍有普遍且明確的具體眞理，因爲這種眞理根本無法在理性思辨的抽象置定中給擺列出來——或順著巴斯卡的話說，亦卽它不是在理性的領域內，是屬於如眼及耳這種存有領域的差異——面對這樣的困境，謝勒終於在胡賽爾的本質直觀理論中找到了一個可能的方法根據。因爲現象學教導我們要「回到事物本身」(zuden Sachen selbst)去，也就要我們不添加一絲一分，純粹地去看、去聽。

這種純粹去看、去聽的人的（認知）行動既然是可能的，當然謝勒是極樂意取用來檢察他所懷想、關心的人類存在的實質性問題，因此「現象學」(Phänomenologie) 從胡賽爾的手上交到謝勒的手上時，它便被添加上了許多名目：「行動現象學」(Aktphänomenologie)、「實項現象學」(Sachphänomenologie)、「價値現象學」(Wertphänomenologie)㊴ 等等，眞是不一而足。不過謝勒究竟是怎樣來瞭解現象學呢？我們首先也許最好先檢察一下，他是怎樣地來瞭解「現象」(Phänomen) 這一概念。「『現象』僅只意謂在活生生行動中的直接所予；是在自予性 (Selbstgegebenheit) 中存在於我面前的；故而是如其所意謂的。然而對於這個旣予性我能够在每一個任意的對象，也就是同樣在非心理和心理；以及『事物性』和『實在性』中尋找㊵。」

謝勒這種現象觀念——也就是「在活生生行動中的直接所予；是在自予性中存在於我面前的」——明確地把一切可能的與行動有關之對象當作直觀內容，故而現象學對於謝勒來說根本就

㊴ 全集第 2 册，頁83，90及以下。
㊵ 全集第 3 册，頁247。

是「使得一切行動相關項的全部直觀內容（現象作爲『純粹事實』）得以達致的進行方式（Vorgehenweise)」㊶。謝勒的這種現象學概念，比起胡賽爾老師傅的嚴格學建構更是要在活生生的生命領域、行動領域中論證其間所直接把握到的所予的「本質」、「先天性」，這也就是說，謝勒的現象學努力爲的不是要空頭的建設一個虛渺的概念體系，他要做的無寧是就其「顯明地」察知爲具體且眞實存在的對象把握中，尋找出其定然的(kategorial)、先天的（apriorisch）根據，而這點亦即是他依違於康德、巴斯卡、及胡賽爾現象學間，並走出其不爲胡賽爾認許的「現象學」道路之故。

爲說明謝勒有關「現象」、「直觀」、「先天性」及「本質」等概念的關係，底下一段文字應當可以爲我們提供一個很全面的說明：

> 「先天性」(Apriori) 我指的是所有那種理想的意義單位和命題，它們在考慮到那種有關自做思考的主體以及其實際上的自然本性(Naturbeschaffenheit) 的設定 (Setzung) 和考慮到那種它們可以應用到其上的對象之設定下，透過一種直接直觀 (unmittelbare Anschauung) 的內容而獲致自予性 (Selbstgegebenheit)。也就是要考慮每一種設定，不僅是設定如：「實在的」同「非實在的」，「假象」或「實在的」等等；並且如我們在某個假設中自我欺

㊶ Eberhard Avé-Lallement; "Schelers Phänomenbegriff und die Idee der phänomenologischen Erfahrung", 刋於 Ernst Wolfgang Orth 編 *Phänomenologische Forschungen*, 第9册, Freiburg: Alber, 1980, 頁93.

騙說有某種東西生存著時，在該欺騙的內容中仍有直觀的「生命」的本質 (Wesen des "Lebens") 給予我們。我們稱這一種直觀的內容爲一「現象」，故而該「現象」根本與（一個實在物的）「表象」(Erscheinung) 或「假象」(Schein) 無關。而這種直觀卽是「本質直觀」(Wesensschau)，抑或如我們所喜歡稱的——「現象學的直觀」(phänomenologische Anschauung) 或「現象學的體驗」(phänomenologische Erfahrung)㊷。

謝勒這種「與（一個實在物的）『表象』或『假象』無關」的「現象」概念，使我們想起布倫他諾——胡賽爾的意向性理論。在這種「意向性」或「意識理論」的理解當中，謝勒主要關心的是對於「本質」的把握，是對於具體對象的如實把握，因此他傾心的現象學不是胡賽爾後來所發展成的「形而上學」㊸，也不是胡賽爾許多弟子所特別標榜作爲一種學派的「現象學」㊹。對他來說現象學乃無過如他個人底下的自述:

1901 年當作者（按指謝勒自己）在一個學會——懷欣格

㊷ 全集第 2 册，頁67以下。

㊸ 胡賽爾的現象學，特別是晚期的發展，由於大大地超越了「方法」的概念範圍，因而時常引起學者疑惑：現象學究竟是一種方法呢？抑或是一套形而上學？對此問題做了極深入探討的研究報告可參見 Gerhard Funke: *Phänomenologie—Metaphysik oder Methode*, Bonn 1966（1972 修訂二版）。

㊹ 謝勒雖然參與過並且一直自己意識和被看成爲一位「現象學者」，但由於胡賽爾、海德格及其他胡賽爾的「門人」對於「現象學」(Phänomenologie) 有不同的看法和定義，故而謝勒在晚年甚至明確地說出：「我個人根本上避免這個字」，參見全集第 9 册，頁 285。

(H. Vaihinger) 在哈勒 (Halle) 為《康德研究》(Kantstudien) 合作者舉辦的——首次與胡賽爾見面相識，並開始了一次有關直觀和知覺概念的哲學對話。作者對他自己直到當時仍靠得很近的康德哲學感到不滿意（作者卽因此原因而將一本快印刷好了的論邏輯的書止印），並開始相信，在我們直觀中所給予的東西，比在感官中及其衍發所得和經由邏輯統一形式所能涵蓋的內容，根本上多很多。當作者當面向胡賽爾表示這一看法，並說明他認為這一看法是理論哲學建設上的一個新而豐富的原理時，胡賽爾隨卽表示，他也在其新近出版的一部論邏輯的書中對所謂「範疇直觀」(kategoriale Anschauung) 做了一種直觀概念上的類比推廣。在未來存在於胡賽爾和作者之間的精神聯結，尤其是特別使得作者格外富足的，卽是從此時開始㊺。

這也就是說，謝勒所要的現象學——因為現象學為他自己所肯定的直觀的豐富性提供了穩當的理論論證基礎——是一種能把握住事物本質的哲學進路。事實上謝勒本人不但不信任作為一種完全獨立的「現象學派的現象學」，甚至也要把現象學當作一種「特定的思想方法」的想法，弱化成一種新的「哲學態度」(philosophische Einstellung)、一種新的「觀看的意識的技藝」(Techne des schauenden Bewußtseins)㊻。

在「觀看」(Schauen) 和事物的「本質」(Washeit＝Wesen)

㊺ 全集第 7 册，頁308。
㊻ 同上，頁309。又參見全集第10册，頁380。

之間，謝勒接受了胡賽爾早期的「現象學還元」(phänomenologische Reduktion，事實上是後來清楚劃分出的「本質還元」〔eidetische Reduktion〕）概念，並確立其在現象學還元的操作可以讓我們達到純粹的「什麼」(pures Was)，即有關我們具體直觀經驗所相應的對象的「本質」(Wesen)——或更具體地說即「範疇直觀」中的本質把握——這一信念㊼，從而進行他富於多采多姿的現象學研究和應用，特別是有關情緒 (Emotion) 的現象學科究。

由於謝勒把現象學看成是一種「態度」，而不是一套嚴格的方法，是一種直接與世界接觸，直接地在物理的或心理的、凡人或神祇、情感或價值等等存有領域中間去抓住「事物的本身」，亦即是要在一切象領域中把握住「先天客觀的」(Objektiv a priori) 的特性，故而現象學在謝勒的瞭解中，它也是一種不但處理純形式邏輯命題以及價值哲學和其分項之命題的先天主義 (Apriorismus)，並且還要發展「實質存有學」(materiale Ontologie) 的先天主義㊽。

對於現象學面對於其所要加以處理的世界，我們發現到謝勒相對於三種事實領域提出了三種哲學的態度，這三種態度分別如下：自然的世界觀態度 (Einstellung der natürlichen Weltan-

---

㊼ Roman Ingarden 在其 "Probleme der Husserlschen Reduktion" 一文中所說："Späte habe ich diesen Ausdruck 'eidetische Reduktion' u. a. bei Max Scheler gefunden—und zwar in dem Sinne, daß er nicht bereit war, die transzendentale Reduktion mitzumachen, die eidetische Reduktion dagegen fand er noch sinnvoll." 見 Tymieniecka (ed.), *Analecta Husserliana*, Vol. IV, 頁 1.

㊽ 全集第 7 册，頁 309；並參見 Alfred Schutz: *Collected Papers III*, The Hague 1970, 頁148-149。

schauung)、科學的態度(Einstellung der Wissenschaften)及現象學的態度 (Einstellung der Phänomenologie)[49]。前兩者是非現象學的態度，首先，自然的世界觀態度是在我們常識經驗中所採取的態度。根據這種態度，我們把世界想成就像我們所經驗(日常的經驗)到那般的眞實，例如太陽無論如何仍還是從東方昇上來，從西方落下，哥白尼的理論仍沒有辦法阻止我們這樣的自然經驗。此外，我們還有許多其他屬於日常實在性這個國度的經驗，例如出門一陣子再回家時，家仍是以前的家，也許稍有些微改變，如草長了一點，花謝了，但這不打緊，因爲在我的日常經驗的實在性，我仍有足够的「理由」相信（乃甚或肯定）它就是我的家。當然這種自然的世界觀態度並不僅限於直接的感官經驗；在我們的社會、文化傳統中，也有許多事項是歸屬於這一領域的。當然相應於這種態度的事實自然可稱之爲「自然的世界觀態度的事實」。

其次是「科學的態度」。若說「自然的世界觀態度」是自自然然的任憑我們的直接感受能力來面對世界，那麼「科學的態度」則是屬於人工的態度，也就是要經由符號的媒介，將世界轉化成符號而來運作它。這也就是說，「科學的態度」透過「科學的化約」(szientifische Reduktion)，將世界的實在納入符號系統中，並卽就這個抽象的符號，實在予以分類和比同擬異。事實

---

[49] 全集第10册〈三個事實理論〉(Lehre von den Drei Tatsachen)，頁431-502。對謝勒這一「三個事實理論」的簡要解釋可參見上引 Alfred Schutz 文，頁147-150；又見 Eberhard Avé-Lallemant: "Schelers Phänomenbegriff und die Idee der phänomenologischen Erfahrung" 刊於 *Phänomenologische Forschungen* No. 9 (1980)，頁99-106。

上，任何一本科學著作所教導我們的所謂「科學方法」，即觀察、設立假說、驗證、推廣（普遍化）、成立學說等等步驟，實際上即是一系列的化約、符號設定、符號系統構作的知識活動。但由於這種知識活動乃是由自然世界中抽象、化約出來，故而其揀選、普遍化、理想化等活動都要依賴於建立在化約上的先行解釋，因此科學的事實這種由科學態度所構作出來的東西，它也要受相應的化約的符號系統解釋的限制，故而科學事實並不屬於一般人，而是只屬於科學家。

相對於「自然的世界觀態度」和「科學的態度」這兩種非現象學的態度，「現象學的態度」則是要把握事物的本質。在「自然的世界觀態度」中所把握的是依於感官知覺而如其實且隨其變的事實；「科學的態度」所把握的事實則是依待於符號媒介及其相對的構作解釋，是在不管本質的性質規定下而把認知的所予只當作是其事實存在（faktisches Dasein）和所屬「如是」(Sosein)之實在的(或觀念擬想的)對象性並同時斟酌「如是」之行爲法則來研究它。但是「現象學的態度」或者說「（在謝勒意義下）『現象學還元』（phänomenologische Reduktion）不僅在方法上於對象且也在主體面上中止每一種實在的設定（Realitätssetzung），而且把只在實在的（及觀念擬想的）既予性中淘汰得出的本質規定性（Wesensbestimmtheiten）當作自爲的純粹何是性或本質性（reine Washeiten oder Wesenheiten für sich）來討論[50]。」這也就是說，謝勒認爲在現象學態度中所把握的事實乃是一種獨立於所有感官知覺之外而自爲其基礎的事實。這種事實乃

---

[50] 上引 Avé-Lallement 論文，頁100。

是一種「純粹的」事實，是本質直觀在對象中所把握到的事物之「何是性」(Washeit)，或者說，即是對有關於事物是「什麼」的問題的回答。故而這種現象學的事實乃是存在於每一種可能感官內容的基礎中，是一切存有的基礎秩序，它不會隨感官而變。即使感官內容變了，純粹的現象學事實仍然維持不變，這亦即是說，它乃是一種「先天的」(a priori) 的事實。而且謝勒還更進一步認爲：除了純粹的形式邏輯這種在形式本身就建立在先天的一般關係上——如矛盾律乃是建立在一事物不能在同時既存在又不存在的一般關係上；另外還有一種涉及到特殊（或者更好說是實質的）客體之存有領域的本質關係，例如顏色即是「先天的」依存於廣延 (Ausdehnung)。由於現象學態度所把握的純粹本質事實，其「先天性」的意義，謝勒把它做了相當大的擴充，故而它不再只限制於形式邏輯的先天規定性或基本事實，他並且亦在各個「存有關係」(Seinsverhältnis) 中見到了每一種知識領域（如數論、集合論、幾何學、力學、物理學、化學、生物學、心理學等等）都是建立在一種具體的先天命題體系上，甚至人的情緒 (Emotion) 領域亦是具有這種「先天的」特性，這也就是他著名的「情緒先天性」(Emotional a priori) 的命題。

由於謝勒在有關「先天性」的理解中更加強調構成直觀事實之先天性這一特殊領域，而把形式邏輯的「先天性」看成是其結果，故而他在檢別其「先天性」概念與唯心論者、主觀主義者、自發性理論及超越主義者的不同外，總括地把他的「先天性」理論定爲：「單純是那種其材料必須要在既予性秩序中給予的知識，只要對象給予了，那麼就此知識便是先天的[51]。」

謝勒將「先天性」概念擴充到「實質」的對象這一作法，使得他能夠深抵入許多以前人所無法扣關問徑的領域，尤其是謝勒將他這一利器用在價值領域和情緒領域上，更是屬於他做爲一位「現象學家」乃或許多學者所共許「現象學第二把子」的代表性成就。有關他把現象學應用到價值哲學上的具體說明，我們準備在第四章中介紹，此處不準備多加贅述。我們底下要做的乃是簡略地介紹一下謝勒在價值哲學外有關現象學分析的具體實例。

第三節　謝勒的現象學「實踐」——幾個實例

謝勒投身到現象學陣營以後，「現象學」本身雖然沒有像許多現象學者那樣成爲他的問題核心並且展開經院式的構作；但是在具體應用並對其「實質」的問題的揭顯及展開上，他卻比其他人更富有成就。

事實上，「現象學」對謝勒來說乃是一種態度，是一種把握「純粹事實」的可能通徑。他經由對事物的「何是性」(Washeit)的質問，而讓事物在其存有關係中的先天所予 (Gegebenheit a priori) 自行朗現出來；至於所以能使得它朗現出來的依據則是「範疇直觀」的把握能力。

在相應於三種事實的三種認知態度中，「自然的世界觀態度」是直接地連結於我們的世界，它是其他兩種認知態度的出發

[51] 全集第 10 册，頁417，原文作："'A priori' ist... einfach jede Erkenntnis, deren Materie in der Ordnung der Gegebenheit gegeben sein muß, sofern der Gegenstand gegeben sein soll, in Hinsicht auf den jene Erkenntnis a priori ist."

點。其他的兩種態度——科學的和現象學的——都是屬於「還元的」態度，都是同樣直接地從「自然的世界觀態度」跨越出來。但如前面所述，科學的態度是要藉著符號來定置其抽象性，它是一套人工的操作系統，它關心的更毋寧是這套操作系統本身的運作能力。相對於「科學的態度」，目標旨在「本質」的把握的現象學態度，其所成就的「現象學事實」(phänomenologische Tatsachen)則可以以兩個特徵來刻劃：即(1)它們是「非符號的事實」(asymbolische Tatsache)，以及(2)它們是「內在的事實」(immanente Tatsache)[52]。

「現象學事實」之為「非符號的事實」乃是因為它是唯一在其整個「如是存在『本身』」(Sosein "selber") 中直接被給予的。這也就是說：「然而現象學經驗乃是那種這些符號、指示、規定性等各個整體性得到其最後實現的經驗。單只有它們才給予紅『本身』，它們由X而弄出直觀的事實情況，它們簡直就是一切能獲得其他『經驗』之票據交換的兌現[53]。」因為我們在現象學態度中是即就著事物——特別是在自然態度中所展現出來的具體個別事物——而回到其「本身」中，這正如在面對一塊紅布或一灘紅血而直接回溯到其紅的本身中去一樣，這種有關紅的本質的把握，它不須要假借什麼間接的語詞概念，它也不停留在個別且受時空限制的特殊自然經驗上，這亦即是說，現象學的事實乃是一種「非符號的」本質把握。

除了「非符號的」這一特徵之外，現象學經驗的事實並且也是一種「內在的事實」(immanente Tatsachen)，因為現象學的

---

[52] 全集第10册，頁433；參見全集第 2 册，頁69及以下。
[53] 全集第 2 册，頁70。

經驗乃是各個經驗行動本身中所經驗到的那種經驗， 這也就是說: 「所有非現象學的經驗原則上是『超越於』其直觀的內容，也就是眞實事物的自然知覺之外，亦卽是在該經驗中去『臆測』不是在其中所 『給予』 的東西。而現象學的經驗是那一種在其中『臆測物』(Vermeintem) 和『既予物』(Gegebenem) 不再分離，……在其中不是指可能不被給予以及除被意指外不給予任何東西的東西。在『被意指物』和『被給予物』的疊合中單只有現象學經驗的內容爲我們所知，『現象』(Phänomen)卽在這種疊合中，在被意指物和被給予物實現的交會點上顯現[54]。」

上引謝勒這麼一大段話，無非是要指出現象學的事實乃卽是一種內在於現象學經驗與其所面對對象在現象學把握的行動中的事實。或者說，它亦卽是卽就於現象學把握行動的所予中直接的——卽內在的——予以把握其「何是性」或者說「本質性」。當然在這種把握行動中的理論基礎，謝勒仍得感謝胡賽爾開始墾拓的辛勞。

謝勒在現象學的基本理論建設上雖然不是像胡賽爾那樣做了開山性的工作，但他之把現象學從一種純理論性的思辨轉化成一種巨力萬鈞的實踐性證成，卻是整個現象學運動之所以能洶湧展開的一個大功臣。由於篇幅的限制，我們希望在此能以極少的幾頁，稍做點舉例性的介紹，把他關於現象學在實質問題上的應用呈現出來，以供讀者們參考。

〔自欺的現象學考察〕

我們在前文曾指出， 謝勒自 1900 年出版其任教資格論文至

---

[54] 同上。

1911年，十年之間沒有出版過什麼著作。這是他的一個準備時期，尤其是先後與胡賽爾的接觸，與慕尼黑現象學圈成員，乃至於與哥丁根現象學圈成員的接觸、講論、意見交換，在在都是爲塑造他對現象學的把握、理解、解釋和發展奠立基礎。這一切形成的努力，終在1911年綻放出了第一朵花來了。從1911年起，他開始了他「現象學」寫作的明確方向，並在《病態心理學雜誌》(*Zeitschrift für Pathopsychologie*) 創刊號發表〈論自欺 I〉(Über Selbsttäuschungen I) 一文55。隨這篇文章的出版，謝勒不但奠立了他在整個現象學運動中的地位，並且也爲現象學研究（當然也是爲整個哲學研究）開啟一遍又一遍的新研究園地。

在〈論自欺〉一文中56，謝勒指出培根 (Francis Bacon) 對「偶像」(Idolen) 的外在考察之外，還可透過與英國傳統「現象主義」(Phänomenalismus) 相對建立在「現象學本質直觀」程序上的新哲學方法來考察有關內在的自我知覺領域。由於謝勒認爲，「欺騙」(Täuschung) 概念在哲學中其結果是被看成爲非合理的建構，而爲一種轉注於世界之純粹「何是」(Was，即「本質」）的直觀行爲，並且就像在「錯誤」(Irrtum) 概念在理性主義系統中一樣扮演著一個核心要角57。但由於「欺騙的本質是直觀地給予（故而也是爲了一切可能判斷和推理，以及其本

---

55 這篇文章後來併同其他未發表部分改題爲〈自我認識的偶像〉(Die Idole der Selbsterkenntnis) 收入於其*Gesammelten Abhandlungen und Aufsätze* (1915) ——即後來改題爲《價值的翻轉》(*Vom Umsturz der Werte*, 1919；今全集第 3 冊）中。關於此文的刊行經過，請參見全集第 3 冊的〈編者後序〉(Nachwort der Herausgeberin)，頁401。

56 作者於此的討論是根據全集第 3 冊收入文章而展開的，參見該書頁215-292。

57 全集第 3 冊，頁216。

身單純的『假設』而給予的）某種『其本身並不存在』的東西，故而欺騙在原則上與完全屬於『命題領域和判斷領域』的『眞』和『假』無關，因爲判斷符合於所予它才爲『眞』，它若與之矛盾則爲『假』❺❽。」此亦卽欺騙這樣一種行動，它只本質地與一種表現爲「內在知覺」的先天所予共同出現，它卽在此一行動存在的當下先天地含蘊著彼一存有關係的相關項 (Korrelate des Seinsverhältnis) 的存在，這亦卽是現象學意向性理論的具體擧例。

在這篇論自欺的文章中，謝勒藉由現象學直觀的把握，詳細分析了「欺騙」和「錯誤」這兩個極易搞混的概念。依謝勒的看法，「錯誤乃是存在於在判斷中所意指事態之與在直觀中存在之事態的關係中❺❾。」這也就是說，錯誤的發生乃是由於我的判斷與我的直觀有矛盾，它不停留在純粹的直觀領域中，而是因所想的與所直觀的之間的不一致而生發出來；相對於此，「欺騙大多存在於我無法在更深的存有階層 B——於此例如實在事物的存有階層——中把握事態 b，雖然它確實是存在於存有階層 B 本身中；以及存在於我雖然直觀地直接把握另一事態 a，但卻不是在它所存在的存有領域 A 中……」❻⓿，亦卽「欺騙」完全獨立於判斷的領域、「相信」、「強調」、「確立」的領域 (Sphäre des "Glaubens", "Behauptens", "Setzens")，「它存在於事態的前邏輯領域中❻❶。」

---

❺❽ 同上。
❺❾ 同上，頁225。
❻⓿ 同上，頁224-225。
❻❶ 同上，頁225。原文作："Sie（卽指欺騙）besteht in der prälogischen Sphäre der Sachverhalte."

謝勒卽藉由此逐步將其哲學，特別是有關於人的情緒——心靈存在的探討，經由現象學的考慮而推向更深刻的先天結構分析中去，從而爲二十世紀的新哲學運動灌注了豐富的生命活力[62]。

〔憤懣的現象學考察〕

〈論自欺〉一文是謝勒有關現象學研究上的牛刀初試，接著在1912年，他又發表了其著名論「憤懣」的論文〈論憤懣及道德的價值判斷〉(Über Ressentiment und moralisches Werturteil)[63]。

「憤懣」這一詞我們是譯自於德文中的法文借字 (Ressentiment)。「Ressentiment」這一字在德文中的用法是相當難譯成中文，作者幾經推敲才決定把它譯成爲「憤懣」。事實上，在一般德國人的語感中[64]，「Ressentiment」這個字是指一種沒有明確行爲表現的遷怒性或偏見性「怨憎」，它還沒有達到「恨」(Haß，與愛〔Liebe〕相對）的強度，但通常都具有貶義，是指一種沒有什麼道理的懷恨，例如對外國人的無甚道理的懷恨。又如著名的字典編者瓦利希 (Gerhard Wahrig) 則解釋爲「1. 偏

---

[62] 於此要注意的是，謝勒所帶給二十世紀哲學的禮物是生趣盎然的「先天性分析」，而不是「先驗結構」的分析，更嚴重地說，謝勒一生甚至可以說就是一頁與「先驗主義」的抗爭史。其詳我們無法在此敍述，作者希望日後還有機會再作文詳論。

[63] 此文原刊於一九一二年出版的 *Zeitschrift für Pathopsychologie*，第一卷 2/3 期中，後經擴大改寫而以〈道德建設中的憤懣〉("Das Ressentiment im Aufbau der Moralen") 爲標題收入其 *Gesammelten Abhand-lungen und Aufsätze* (1915，卽 *Vom Umsturz der Werte*, 1919）中。關於本段論述的材料依據，就如論自欺那篇文章一樣，也是依照全集第 3 册中的擴大改寫本。

[64] 對於這個字的「母語語感」，作者曾詢問過一些德國友人。

見；2.（複數）如厭惡、惱恨、仇恨、仇讐之消極感受[65]。」

但我們若要正確理解和把握謝勒使用這個字的指意，那麼我們不妨先檢查一下他對這一個字的意義規定。他在文中〈前識〉(Vormerkung) 部分首先說明了這個字的使用因緣。他說他不是偏好法文字，而是他在德文字中找不到一個能比 "Ressentiment" 更能正確表達他要指陳那種心情狀況。在法文中，謝勒認爲 "Ressentiment" 一詞含有底下兩種意義：「其一，Ressentiment 涉及某種反對其他人的情緒之答應行動的重複歷驗和追驗，並經由該種情緒而更加深深地沉入人格性中心去，乃至獲得一種在人格的表現區域和行爲區域間隨著它而來的間距。這種在情緒上一直重複的歷驗和追驗於此是很不同於一種對它的單純智性記憶和對它所做『答應』的歷程，它是一種情緒的重新體驗——一種『追感』、一種『重複感知』[66]。」

由於「憤懣」具有這種在「追感」、「重複感知」中加強其

---

[65] 茲所據是 Wahrig 氏的簡本德語字典 *Wörterbuch der deutschen Sprache*, München: dtv, 1985（第七版），該釋義原文作："1. Vorurteil 2. (pl.) ~s negative Gefühle wie Abneigung, Groll, Haß, Rache"

[66] 全集第 3 册，頁36，由於引文中有許多精細區分的表達，茲將原文附出，以供讀者覆按："In der natürlichen französischen Wortbedeutung finde ich zwei Elemente: Eimnal dies, daß es sich im Ressentiment um das wiederholte Durch- und Nachleben einer bestimmten emotionalen Antwortsreaktion gegen einen anderen handelt, durch die jene Emotion eine gesteigerte Vertiefung und Einsenkung in das Zentrum der Persönlichkeit sowie eine damit einhergehende Entfernung von der Ausdrucks- und Handlungszone der Person erhält. Dieses Immer-wieder-Durch-und-Nachleben der Emotion ist hierbei von einer bloß intellektualen Erinnerung an sie und die Vorgänge, auf die sie 'antwortete', sehr verschieden. Es ist ein Wiedererleben der Emotion Selbst-ein Nachfühlen, ein Wiederfühlen."

情緒，但卻與其「行動」拉開一個間距的特性，所以謝勒在德文字中也找不出完全能涵蓋這一表述的字眼，其中德文字 “Groll”（惱恨）差或近之，不過爲了更精確的表述該種精細區分，謝勒仍還是取用這個由尼采（F. Nietzsche）[67] 引入德文以指一種隱約夾雜著某種曖昧的價值判斷之盲目恨意的字眼。

如同前引謝勒的自我說明，這一「憤懣」是在應答於對象的歷驗和追驗活動中所成就出來的情緒，是人心靈生活上的一個本質部分，而且它即就於其混淆性中透露出許多有關生命存在之價值及人之精神存在上的訊息。因此謝勒順著現象學意識理論的意向性把握，而就像在考察「自欺」行爲一樣從「憤懣的價值欺矇」(Werttäuschung des Ressentiment) 考察有關「憤懣」的本質及其在道德建設上的意義。

依謝勒的看法，造成「憤懣」的最重要出發點是「復仇衝動」，由於復仇行動不像動物在相互攻擊時向對攻擊一方反咬回去，而是在時間上的攻擊衝動予以延緩並加以反省，在這一反省中，它並且與一種標識著「不能」(Nichtkönnen) 或稱「無力」(Ohnmacht) 感緊密地連在一起，故而「憤懣」同時亦伴隨著退縮以及製造「價值錯覺」(Werttäuschung) 來毒化自己的靈

[67] 參見 F. Nietzsche: *Genealogie der Moral*, 特別是第一篇第 8 及第10、14段 (I. Abhandlung, Abschnitt 8, 10, 14.) Ressentiment 對於尼采來說，其本質乃是否認具體的行動，而單出以想像對仇恨的對象施加無傷的報復 (das Ressentiment solcher Wesen, denen die eigentliche Reaktion, die der Tat, versagt ist, die sich nur durch eine imaginäre schadlos halten, 請見上引尼采書第10段)。尼采筆下的這種「憤懣」與魯迅的「阿Q精神」有相當近似的關係（或者魯迅本人在宣說「阿Q精神」背後所懷的「憤懣」或更近似？）。

魂[68]。

其次，造成「憤懣」的第二個出發點是嫉妬（Neid）、吃醋（Eifersucht）和競爭狂熱(Konkurrenzstreben)。它們是出自於一種希求別人所擁有但卻無法得到而產生的無力感之憤恨心理。所有這些「憤懣」的產生都與「價值的錯覺」有關，也就是說「憤懣」的造成，一方面是由於爲解除緊張而在「意想」（“Gemeinen”）中尋找的更大價值（Mehrwertigkeit）或等價（Gleichwertigkeit)意識，它藉著對對比對象富有價值之特質的虛妄壓抑或對它的「盲目性」之故，在另一方面則是基因於對價值本身的虛妄想法和誤認。這也就是說「憤懣」乃是與價值意識與熱衷的心情間之基本關係有關，它們雖然由於「意想」的誤認錯抑而造成對整個價值次序的淆亂，但是這種錯亂中同時也顯示出其間具有積極意義的「對某物的價值意識」（Wertbewußtsein “von etwas”），謝勒即由此「對某物的價值意識」與膠著在時空下具體成現的「習俗性」(Ethos)的道德價值判斷分別開來，從而將造成價值翻覆的「憤懣」扭轉回到具有先天意義的「價值階層秩序」的把握上[69]，並從而深入有關現代道德建設上的各項細部討論[70]。

〔愛與恨的現象學考察〕

---

[68] 全集第 3 册，頁38-42。

[69] 同上，頁44、49-51，及特別是63頁謝勒論述了有關價值階層秩序及其有關透過「心之邏輯」把握的可能性，關於此點並請參見本書第四章有關段落的詳細論述。

[70] 由於篇幅所限，謝勒有關道德建設的細節，我們無法在本書中申述，讀者可參見其著文〈道德建設中的憤懣〉一文全文，此外〈德性的恢復〉（Zur Rehabilitierung der Tugend，主要談「謙卑」和「敬畏」）亦可參見，具見全集第 3 册中。

前面謝勒對有關「自欺」、「憤懣」的現象學分析，可以說只是他牛刀小試的作品。在1913年他的思想終於醞釀成熟，同時發表他的兩部鉅著，一是在《哲學及現象學研究年報》(*Jahrbuch für Philosophie und phänomenologische Forschung*)第一卷發表其《倫理學中的形式主義及實質的價值倫理學》第一部分 (Der Formalismus in der Ethik und die materiale Wertethik, Teil I; 第二部分發表於1916年)。另外則是其分析「同情」(Sympathie) 的現象學名著《論同情感及關於愛與恨的現象學及理論》(*Zur Phänomenologie und Theorie der Sympathiegefühle und von Liebe und Haß*, Halle) 一書。這本書同前一本論實質的價値倫理學的鉅著共同標識著謝勒現象學硏究上的最高峯創造，是有關現象學面對實質問題（特別是情緒問題）上最具代表性的分析典範。在1923年，他並將此書擴大改寫成今日形式的《同情的本質和形式》(*Wesen und Formen der Sympathie*)[71]。

謝勒這本論「同情」的現象學分析經典，無論從其細緻的分析方法、論題，乃至於其寫成的篇幅來看，我們是絕無辦法將它壓縮地塞進短短的幾頁中去。此外在情緒結構的分析中，由於情緒的各個層面交相環扣在一點，我們實際上也沒有辦法將其中某一個側面獨立的予以分析。因此在面對介紹有關謝勒「同情」理論，特別是介紹其作爲同情理論之核心側面的「愛」和「恨」理論，我們倍感到困難。但爲提醒讀者注意謝勒在這一工作領域的成就以及其意義，我們在此仍願意盡力試圖以極疏漏的方式，對

---

[71] 我們寫作本節所根據的版本是全集第 7 册所收入的定本。

幾個基本概念簡略地做點介紹。

謝勒這本論「同情」的現象學分析著作是由三個部分構成的。第一部分中，他探討了「共感」(Mitgefühl) 的問題，第二部分則對「愛」和「恨」進行現象學的分析，最後他在第三部分所處理的問題是知識論上的一個「永恒的難題」——異我(fremdes Ich) 問題。

由於我們在面對道德活動時，道德行動似乎一直與某種情感性因素有所牽扯，因此，英國傳統以及其他的許多倫理學家便主張倫理學的基礎應該是建立於一種「同情感」(Sympathie) 上，因爲似乎只有透過我們與同胞吾與的「憂患與共」及「樂善與成」——謝勒稱之爲「同樂」(Mitfreude)、「同悲」(Mitleid)——我們才能眞正成就道德的全般活動，這種將倫理學的基礎建立在對別人情感的參與的理論，亦即稱爲「同情的倫理學」(Sympathieethik)[72]。

對於這種參與於其他人感受而分享其喜樂憂愁的倫理學奠基方式，謝勒不予以贊同。他指出這種喜樂憂愁的分享只是一種「感受」(Gefühle)，而感受是隨情況而變的，它不必然要涉及一個對象。它藉由聯想、知覺或想像而與對象連接在一起，故而在感受中我們多多少少有可能是「沒有對象的」(Objektlos)[73]。

相對於「感受」，謝勒指出有一種一直直接企及對象而且使得我們可以把握到對象本質的「感知」(Fühlen) 活動。感知是種意向性的活動，感知永遠是「對某個東西的感知」(Fühlen

[72] 全集第 7 册，頁17。
[73] 全集第 2 册，頁262。

von etwas)，尤其感知可以是一種對被感受之物的感知，也就是感知與價值有關。換句話說，感知乃是一種本源性的意向性(ursprüngliches intentionales Fühlen)[74]。

在「感受」與「感知」這一對概念中，我們可以更清楚地說，「感受」或「感受狀態」(Gefühlszustand) 是一種化約的現象 (reduziertes Phänomen)，是「對什麼的感知」的內容 (Gehalt eines "Fühlen von")，是感知作用 (Fühlfunktion) 或所予 (Gegebenheit)。故而我們可以指出「感受狀態」的內容如下: 感官上的痛楚、感官上的快適，對色聲香味觸的快適狀態等等[75]。當然「感受」並不只限於感官層面，它還包括了 (2)生命層面的感受(Lebensgefühle)——它包含有生機性的感受 (vitale Gefühle)、軀體的感受 (Leibgefühle) 等，及(3)心靈層面的感受 (seeliche Gefühle) 和 (4)純粹精神性的感受 (rein geistige Gefühle)——卽人格感受、行動感受、自我感受等等。但無論如何，感受相對於感知來說，它由於缺乏一種與對象的直接關係，因此它必須要藉由聯想來聯接，但這種聯接關係並不必然指向一個對象，它可能只是一個符號或媒介的記號，因此感受不一定有對象，而且可以是「做出來」的，因此謝勒不把它看成是一種對對象的本眞把握。

但感知則是爲意向的活動，它是直接地企及其對象，是活生生的行動本身對其對象的直接當下把握，它不是蛻餘之物，它更好說是一種將其自己針指向對象的態度，是個體與其對象的直接且基本的關係。

---

[74] 同上，頁261-263。
[75] 參見同上，頁270。

通過上述對「感受」和「感知」的說明，謝勒更進而詳細剖析了諸種感受和感知的存在型態及其形而上的根據(76)，最後並將討論引申回道德價值及「愛」的現象學解明中去，從而構作出了謝勒著名的「愛的哲學」(77)。

對於以「同悲」、「同樂」方式表現的「共感」，它雖然也是屬於一種「感受」的行動，但由於「感受」可以分成「精神的感受」(geistiges Gefühl)、「心靈的感受」(seelisches Gefühl)、「生機的感受」(Vitalgefühl)及「感受的感觸」(Gefühlsempfindung，即感官上的感受)，而且只有感官上的感受才須要「重造」(Reproduktion)，亦即去「追感」(Nachfühlung)(78)故而爲最低下外，所有眞正的同感行動都能具有積極價值並依次向上提升。但謝勒在此對同感與價值的關係上，他相對於「同情倫理學」的主張提出了這樣的警告：「自然這裏所擁護的價值賦予是完全不同於那種所謂『同情倫理學』所擁護的，根據於它的看法，造成倫理價值的卽就是同情。正順著它來看，同感是沒有積極價值的，一切倫理價值只有在牽涉及同感時才會是爲價值(79)。」而正確的論斷謝勒則認爲同感的價值乃是在其自身上，它並不藉

(76) 在全集第7册中我們可以看到謝勒對「共感」(Mitgefühl)及其諸種型態如「同悲」、「同樂」的發生、功能乃至於其評價的精彩分析，可惜我們由於篇幅及主題的限制，無法在此做詳細介紹。

(77) 關於「愛」這一主題，謝勒除在《同情的本質與形式》、《倫理學中的形式主義及實質的價值倫理學》二書作詳細申論外，他還撰寫了專文 “Liebe und Erkenntnis”（〈愛與認識〉，收於全集第6册中）；“Ordo Amoris”（〈愛的秩序〉，收於全集第10册中）。至於評述文字請參見本書參考書目部份並請參考 W. Hartmann 及 M. S. Frings 所輯詳目。

(78) 全集第7册，頁59。

(79) 同上，頁145。

著感受（特別是同悲）所促成的樂善行爲而存在，這也就是說，促成助善的行動乃是同悲是否爲眞誠的「表記」。

謝勒在討論過共感的諸種層面後，他緊接地指出英國倫理學派把愛和恨的事實回溯到共感這一作法的錯誤。對於愛（及其對立概念恨），謝勒認爲「愛是完全地指向於積極的人格價值，並且只有在「幸福」（Wohl）變成爲人格價值的擔負者（Träger eines Personwertes）才指向它[80]。」這也就是說，謝勒認爲愛是一種行動（Akt），是一種精神的行動，而精神活動全體的核心亦即是「人格」(Person)：人格是行動中心(Person als Aktzentrum)[81]。因此愛對謝勒來說乃是一種自發的和精神的行動，是基本的行動，它不能被感受把握，而是要以感知來捕捉，也就是要以現象學的意向性分析來捕捉[82]。故而愛與共感並不相同，對於我們與之共感的對象，我們沒有辦法深入地去愛，因爲我們對它的共感很快就會完結，所以根本沒有辦法深抵入於人格的中心去。事實上我們在日常的經驗中可以確知我們可以沒有愛地而與某一人有同感，例如我們對送殯行列會寄予哀悼或對某對久離夫婦的重聚與之一起感到歡欣等。

相對於外在規定的共感以及相對移情同感（Einfühlung）的訴求，愛乃是人對其他人的自我展露(Sich-selbst-Erschließen)，在這種展露中他無須犧牲自己；同時他也可以不傷害其他人的人

---

[80] 同上，頁145。
[81] 關於人格作爲「行動中心」以及與精神的關係，請參見底下第四章論「人格」一段。
[82] 全集第7册，頁155-164，〈積極的現象學規定〉一段論述可參見。

格存在而抵入於其他人之中[83]。故而愛所企及的是活生生的獨立個體，而不是抽象的普遍概念，是當下面對且正與我交談的「你」[84]，我愛你只是因爲你是你，而不是因爲你是一位好妻子或好丈夫[85]。這也就是說，愛不能有理由的，是不能設定的，它乃是一種運動，一種「從非存有者向於存有者的運動」[86]，一種從較低的價值向於較高乃至於最高價值的運動，於此最後我們願意藉謝勒本人對愛所作的一個界定來結束這一段有關愛的現象學的疏漏介紹:

> 愛是一種運動，在這種運動中，每一種帶有價值的具體個別對象要求要能達致對它以及依其理想界定都爲可能的最高價值；或者說它要在其中達致其所固有的價值本質[87]。

---

[83] 關於謝勒對愛的討論的總括表述，我們在這裏願意接受H. Furstner在其論文 "Schelers Philosophie der Liebe"（刋於 *Studia Philosophica* XVII, 1957）中所做極能傳達謝勒精神的敍述，特別是該文頁38以下各頁，謝勒本人的論述請參見全集第7册，頁155-164。

[84] 謝勒有關「我」(Ich) 與「你」(Du) 的討論（全集第2册，頁389及其他） 使我們想起馬丁・布伯 (Martin Buber) 和馬色爾 (Gabriel Marcel) 的類似說法。布伯的思想見於其 *Die Schriften über das dialogische Prinzip* 一書中所收名著小册 *Ich und Du* (Heidelberg, 1954)； 馬色爾的思想參見其 *Être et Avoir* (Paris, 1935)。

[85] 筆者記憶中似乎讀到過謝勒所作底下這一強有力的表述: 我愛你，只是因爲我愛你，而不是「因爲」什麼。不過寫作本文時雖重翻查原著試圖找出原來的表達，卻苦於不得再發現，玆謹誌於此以供讀者參考。又關於愛的無條件性的論述，請參見謝勒全集第二册，頁525。

[86] 謝勒在全集第7册中指出這一觀念是出自於柏拉圖的〈饗宴篇〉，詳細段落未確指出。

[87] 全集第7册，頁164。

當然這種有關對象的本質把握或價值的企獲對謝勒來說，它即就是現象學的把握，而且也只有透過這種指向本質把握的謝勒意義的現象學——特別是情緒現象學——我們才能把握住活生生的、與人格直接連屬在一起的愛和恨的本質，並從而爲「異我」(fremdes Ich) 問題的解決提供一個可能性[88]。

---

[88] 異我的問題是一個涉及現象學「相互主觀性」理論的一個重要問題，因篇幅之故，我們無法在此予以討論。但作者願意指出 Alfred Schutz 所撰 "Scheler's Theory of Intersubjectivity and the General Thesis of the Alter Ego"（收入於其 *Collected Papers, I*, The Hague, 1971，頁 150-179）一文是對於謝勒有關「異我」理論的一個極佳論述。Alfred Schutz 在其另一篇文章 "Sartre's Theory of the Alter Ego"（同上述書，頁180-203）並討論了沙特、胡賽爾、海德格、黑格爾等人的解決方式，可一併參見。此二文之中譯請參見本章[2]所引作者所編譯《馬克斯・謝勒三論》一書。

第四章　從形式主義的倫理學到實質的價值倫理學

——謝勒的價值哲學及人格理論

自1901年與胡賽爾接觸後，以至於1907年轉任教於慕尼黑大學並參與「慕尼黑現象學圈」及後來因緋聞離開慕尼黑而到哥丁根參加「哥丁根現象學圈」活動，這是謝勒哲學發展上的一段醞釀期。在這段期間（即自1901年至1913年）他很少發表著作。不過自離開慕尼黑（1910年）以後，他的思想便完全成熟了。於是自1913年起至1915年止，他發表了他所謂「現象學」階段的幾本奠基之作，首先是《論同情感及關於愛和恨的現象學及理論》(*Zur Phänomenologie und Theorie der Sympathiegefühle und von Liebe und Haß*, Halle, 1913)，接著在胡賽爾及謝勒、芬德等人主編的《哲學及現象學研究年報》分別在1913年及1916年(第二卷，因第一次世界大戰而拖延出版)分兩期發表了他的成名鉅著《倫理學中的形式主義及實質的價值倫理學》(*Der Formalismus in der Ethik und die materiale Wertethik*)，以及《論文及短論》(*Abhandlungen und Aufsätze,* 1915)。

以上三本書雖然處理了許多不同的問題，但其基本態度及研究取徑則是一樣的，我們本當把它們放在一起討論，不過由於他在「實質的價值倫理學」中所成就的理論分析間架，以及其深刻的影響（包括對現象學方法、當代倫理學研究、價值哲學、以至於對人的本質的解明上都有廣泛的影響），尤其是這部大書廣泛所處理的論題，我們似乎得有專章來討論的需要。因此作者決定將本章的討論範圍集中在謝勒的「實質的價值倫理學」的擬想這一點上，而將此一時期中有關現象學理論的具體探討及其所謂「天主教時期」(katholische Period) 的宗教哲學思想分別放在第三章最後一節和第五章中予以介紹。

謝勒的倫理學（或者稱價值哲學）的思考和建設，基本上是針對於康德倫理學乃至於全部康德哲學而發的。因此謝勒的康德批評 (Kantkritik) 可以說是我們瞭解謝勒哲學的先決條件。事實上我們從謝勒的巨著《倫理學中的形式主義及實質的價值倫理學》書名中的「形式主義」及「實質的價值倫理學」兩概念的對列直接看出他與康德哲學的關係外，該書副標題「倫理人格主義之基礎的一個新探討」(Neuer Versuch der Grundlegung eines ethischen Personalismus) 下他還附加上「特別針對於伊瑪努耶・康德的倫理學」(mit besonderer Berücksichtigung der Ethik Immanuel Kants) 的字樣。不過謝勒並不是想停留在對康德倫理學的學究式研析和批判上，他更想做的乃是藉由對康德哲學基礎的質疑，從而找出一條對他來說更是屬於人，更是富有穩當基礎的新道德「基礎」來。這亦即「本研究（按即《形式主義》一書）的主要目的乃在於一種嚴格科學的及積極的哲學倫理學之基礎，這種倫理學涉及一切對它來講為本質的基本問題——然而卻經常限制於這些問題的基本出發點上。作者在此的觀點認爲：在具體的生活領域中，基礎 (Grundlegung) 並不是倫理教條的堆砌，並且在要觸及具體生活方式的地方……作者也無意逾越在嚴格的先天本質觀念和本質關係中所能證明的界限[1]。……」

不過謝勒究竟是要以何種方式來奠立他的「實質的價值倫理學」呢？面對這樣的問題，我們最好的方法當然是詳詳細細地從頭至尾把謝勒這本鉅著分析一遍——包括其論題、論證及引申和預設。但限於篇幅，我們在本書中是絕無法採取這樣的方式來從事的。我們底下所要做的首先是將謝勒的基本論題以極粗略的方式分別提出來，然後以大體論證的形式進一步檢討這些論題之間的相互環扣關係，從而展示謝勒現象學的倫理考察之理論結構。

第一節　謝勒的實質的價值倫理學之出發點

謝勒的倫理學研究並不是一套憑空突然出現的理論，也不只是好奇地嘗試把胡賽爾的現象學方法擴大應用到聚訟紛紜的倫理學領域中。他更無寧是一種在傳統無休止的倫理學——價值理論奠基之爭論中，試圖找出一條新道路的一個嘗試。對傳統理論的批判、把傳統上合理的因素有機的納入他的全幅考慮中，這卽是謝勒「實質的價值倫理學」研究的出發點。

如同謝勒本人在其一本名著中所強調：「倫理人格主義之基礎的一個新探討——特別針對於伊瑪努耶・康德的倫理學」。這

---

[1] 全集第2册，頁9。

也就是說，謝勒是要批評康德對傳統哲學所作的批評，並藉以進一步批評康德自己所建立的一套，最後從而提出他自己的說法。但由於謝勒的目的並不是單純地想去做一位完全「獻身」於康德研究——不管是在正面上爲康德辯護或是在反面上攻擊康德，他實即恰如英格柏・海德曼 (Ingeborg Heidemann) 這位著名研究康德的女專家在其博士論文中所說：「其重點並不是那麼在於康德倫理學所包含的是什麼，而更是在於那種明確被這種倫理學排斥在倫理學領域之外的東西：也就是作爲不是人所『創造』，而只是與它有關之相對物的道德價值世界，以及不能取道於理性而只能取道於感知的道德知識❷。」這也就是說，謝勒的康德批評及他批評康德所依據的解釋其實乃是他借題發揮的結果。不過從另一方面來看，他對康德的解釋（不管他是否將康德的思想做了片面的解釋）及因之而來的對康德所批判的學說的再批判，實即是他自己的學說的出發點。因此我們在此雖不願也無法詳細從盤古開天闢地的來說明謝勒的康德批判的預設，但稍略交代一下康德在倫理學上所面對及思以解決之的問題（當然主要是針對於倫理學史上的對諍），對把握謝勒的全部思想結構想必會有相當幫助罷!

謝勒把康德的倫理學解釋成爲一種「形式主義」(Formalismus)❸，這意即意謂著康德的倫理學立場是相對於一種「非形式

---

❷ Ingeborg Heidemann: *Untersuchungen zur Kantkritik Max Schelers,* (Phil. Diss. Köln) 1948，頁11.

❸ 謝勒有關康德倫理學之爲一種形式主義的評論，我們準備在底下一段中再予以討論。

主義」❹ 的倫理學立場。不過什麼是「非形式主義」的立場呢？

謝勒在其《形式主義》❺一書中所從事的工作，除了指出康德學說的「錯誤預設」——即康德對「先天的」(a priori)、「後天的」(a posteriori)、值料及目的倫理學 (Güter- und Zweckethik) 和實質的倫理學諸概念做了不恰當的區分和規定——及片面性外❻，他更進而深入地從正面分析了康德所反對的不純粹（故因而會自毀其長城）的實質倫理學——特別是如快樂主義 (Hedonismus)、幸福主義 (Eudaimonismus)、功利主義 (Utilitarismus)，乃甚至於道德情感主義——的本質，並從而澄淸他所主張具有先天性的實質價值倫理學的意義、本質及其必要性。由於謝勒的實質價值倫理學是從一般的實質倫理學中所檢別出來而具有嚴格奠基考察及純粹性的理論；但也因此之故，謝勒在其《形式主義》一書中花了大約六分之一的篇幅來檢討幸福主義這一倫理學學說，故而在正式進入討論謝勒的倫理學之前，我們確實是有把傳統的幸福主義與康德的批評拿來比觀一下的需要。

---

❹ 在謝勒《倫理學中的形式主義及實質的價值倫理學》一書的英譯中，英譯者 (Manfred S. Frings 及 Roger Funk) 把謝勒的術語 "die materiale Wertethik" 譯成「非形式的價值倫理學」(見 Max Scheler: *Formalism in Ethics and Non-Formal Ethics of Values*, Evanston: Northwestern University Press, 1973.) 對於英譯把"material"譯為"non-formal"是否更恰當，由於作者非以英語為母語且不是英文學專家，故不敢於此更予置喙，但筆者認為於此中文「實質的」一詞極恰合於 "material" 這個德文字，故本書中採取「實質的」這一譯法，至於「非形式的」則只因修辭上的原因才用它。

❺ 我們在本文中舉列書名時，除非必要，否則我們不將《倫理學中的形式主義及實質的價值倫理學》全名寫出，而代以簡稱《形式主義》。

❻ 詳見下文有關說明康德對實質倫理學所作批判的預設一段。

〔**幸福主義及康德對它的批判**〕

幸福主義或快樂主義❼這兩個名詞是指一種有源遠流長歷史的倫理學派別，它們都是用來指陳人在面對生活時主張以樂利傾向爲善概念的一個流派。早在西元前五世紀到四世紀間，蘇格拉底的一位學生阿里斯帝普斯（Aristippus，約 435-366 B. C.），他便試圖從正面論證善概念應該有一個淸楚而簡單的內涵——亦即「快樂」（ἡδονή）。對於「快樂」的意義，阿里斯帝普斯並認爲(1) 人生而動便有苦樂，人以求樂爲正鵠，(2) 苦樂並且分爲身、心二種，身苦較心苦爲尤甚，人求身樂較求心樂爲更急切，(3) 知慮的使用也可以使人達到利己致樂的作用❽。

阿里斯帝普斯主張的這種身樂優於心樂的說法，很快便受到希臘另一位哲人帖歐多魯斯（Theodorus）反對。帖歐多魯斯認爲最高善並不在於暫時的快樂，而是要去求取永恒的快樂。不過

---

❼ 幸福主義（Eudaimonismus）與快樂主義（Hedonismus）二術語在倫理學上常被混著用，其實該二詞在意義上並不完全一樣。Eudaimonismus 一字的意義相當分歧，它在功利主義者的眼中差不多就是全等於快樂主義；不過依這一個字在亞里士多德《宜高邁倫理學》（*Nicomachean Ethics*）中的用法，它乃是指「合於德性之精神能力的實踐」。而 Hedonismus一詞則源於蘇格拉底（Sokrates）一位學生叫阿里斯帝普斯(Aristippus) 的說法，他以爲道德的唯一目標即是在於「快樂」（ἡδονή）。但是至於什麼才是「快樂」則眾說紛紜，有的主張肉體感官的滿足是快樂，相反的也有主張縱欲任情並不是快樂，精神上的恬淡無擾才是快樂。不過在謝勒書中他沒有明確把這兩個概念分別開來，故我們在本書中亦不細分這兩個詞，而以「幸福主義」兼賅之。

❽ 關於阿里斯帝普斯的思想請參見 Loeb 古典叢書中 R. D. Hicks 英譯 Diogenes Laertius: *Lives and Opinions of Eminent Philosophers* (London/Cambridge, Mass, 1938) 卷一，篇2，頁 217-221。

什麼是永恒的快樂呢？永恒的快樂並不是個人在感官交接時所獲取那種短暫的溫柔舒適，而是心靈的愉悅❾。關於把快樂界定為獲取永恒的心靈愉悅，我們亦可以在希臘化——羅馬時代（Hellenistisch-römische Periode）的另一個著名的快樂主義者伊壁鳩魯（Epikur）及其學派（Epikureer）中看到。伊壁鳩魯及其學派的哲學同樣把最高善置於求樂，但他們也同帕歐多魯斯一樣反對以阿里斯帝普斯為主的屈芮奈派（Kyrenaiker）之把與物交接直接所獲致的舒適感覺視為快樂的看法，而主張心靈的平靜才是眞正的快樂。這亦卽如文德爾班（Wilhelm Windelband）所描述：「伊壁鳩魯派者雖然喜歡一切快適，但他們不許被激動、或推動。他們唯一所要的是靈魂的平靜（γαληνισμός），以及亟力避免撲打其平靜靈魂的狂風暴雨——卽激情❿。」

不過最早極精緻地把倫理學建立在「幸福」（Eudaimonia）這個概念上的人仍得推亞里士多德。在《宜高邁倫理學》一書是中，亞里士多德主張「合於德性之精神能力的實踐」才「Eudaimonia」，這也就是說：我們追求善（ἀγαθόν），但是善乃是存在於人類的各種行為活動中，並且因其藉以出現的事物不同而有所不同，例如醫學是為療病，植穀是為餬口等。不過所有這些不同的行為活動都是為要求取另一更高目的的手段，並就在這種更高的目的系列中存在有一個最後的目的，這最後的目的亦卽就是「至善」。亞里士多德並認為這一「至善」的概念卽就是「幸福」（Eudaimonia），因為我們追求幸福乃是因為為了幸福

---

❾ 請參見 W. Windelband: *Lehrbuch der Geschichte der Philosophie* (Tübingen 1957 第十五版)，頁73.

❿ 同上，頁141。

本身之故，而不是爲了還有其他更爲背後的目的。這種以其本身爲目的的東西，亦卽是亞里士多德所理想的最終本原存在，亦卽是永恒不變的終極原因，幸福卽就是不可增減而自給自足且爲永恒的快樂⓫。

不過不管是把感官所得到的舒適看成是快樂，抑或把心靈的平靜看成是快樂的眞諦，它們都是依待於其他的另一個存在爲目的，都是指向於一個所企圖的結果，也就是要受另外一個原因軌制的他律道德。這種他律道德由於無法先天必然地自我建立，因此康德極力的加以排斥，另外提出一種建立在純粹善意志(reiner gute Wille) 上且全憑形式（普遍必然的格式）推衍的形式主義倫理學來。

〔康德的倫理學形式主義〕

康德在倫理學上的基本努力事實上乃是在於建立一種具有先驗基礎的有效的倫理學（transzendental-begrundete Ethik der Geltung)。這也就是說，康德試圖把倫理學的理論基礎奠立在一種基於純粹意志且是人不得不然地要遵守它的自我規定的道德令式上，因爲康德認爲: 人比動物具有更強大的天賦才能，而這些天賦才能若沒有一個最高的純善來節制的話，它們便會造成比其他動物所能造成更大百千倍的危害來。這也就是說。藉著更強大的智慧才幹來從事負面的破壞行動，其所破壞的程度比較低智慧才能的動物所能破壞的更是澈底、更是不可恢復，這一種看法證諸

⓫ Aristotle, *Nicomachean Ethics,* London-Cambridge, Mass., The Loeb Classical Library 所收希臘文——英文（H. Rackham 英譯）對照本，又此書版本曾多次重印，故出版時間不予以具列。至於亞里士多德本人的論述，請參見該書卷 1，1095a-1103a。

我們人類的現代形態的戰爭便可一目瞭然⑫。

除了要求倫理學要立基在純粹善意志上之外，康德還規定了其道德令式的純粹形式，也就是規定它爲一種就其形式上就必然是要如此的「斷言令式」(kategorischer Imperativ)，因爲只有這種「斷言令式」才能表示出道德應然(Sollen)的絕對純粹性，或者說義務(Pflicht)即就著格率(Maxime)形式即可全稱地予以完全論證和指陳。這亦即是康德倫理學的著名基本判準：「只依照你能够立意要它成爲普遍定律的那個格率去行爲。」(Handle nur nach derjenigen Maxime, durch die du zugleich wollen kann, daß sie ein allgemeines Gesetz werde.)，或是以另一種方式說：「要使你的行爲格率通過你的意志會變成普遍的自然律那樣去行爲⑬。」(Handle so, als ob die Maxime deiner Handlung durch deinen Willen zum allgemeinen Naturgesetze werden sollte.)

康德這種從純粹善意志出發，並將其推衍軌納入一種自爲在其形式本身中爲必然的斷言令式，謝勒把它瞭解成爲一種「形式主義」。在這種形式主義中，一切全憑依於令式本身的必然地自爲有效性，它不能再設定爲基於某種其他(更高的)目的，因爲將其有效性設定在其他根源上的令式，它只能是爲「假言的」(hypothetisch)，是沒有辦法定立倫理學的基礎。

---

⑫ 參見 I. Kant: *Grundlegung zur Metaphysik der Sitten*, Hamburg: Felix Meiner 1947 (Karl Vorländer 編「哲學文庫」本第三版)，頁 10 以下（普魯士皇家學院本爲第Ⅳ册，頁 393以下）。

⑬ 同上書，頁42及43。又我們於此的中譯是引自黃振華《康德哲學論文集》（臺北，民國六十五年）一書的譯法。筆者認爲黃先生的譯文是康德此書各中譯本中最合德文原文的譯法。

在康德所總結出的這種可以建立起倫理學基礎的令式，推至其極地說，它亦卽就是一種絕對的義務（Pflicht）法則，我們甚至可以說它乃是一種「重言式」的必然：因為「你應該這樣做，乃因為你應該這樣」；不然的話，在「你應該這樣做，因為根據X你應該這樣做」下，這個X將把論證的核心問題推遲到這一令式外的X預設上，甚或是無窮的丐求下去。

不過康德這種重言式的定然令式事實上並不是那麼單純，他在對義務概念的具體說明中——卽（1)因痛苦而取消自我（卽自殺）、(2)將自利原則普遍化、(3)自棄天賦及(4)自掃門前雪⑭，除了重新論證了斷言令式在避免普遍令式發生自我矛盾的必要性外，他更將令式的根源進一步地引向一種「自我立法——自我守法」的絕對尊嚴的目的王國，或稱「自律倫理」⑮的奠基。在「目的王國」(Reich der Zwecke) 中「每個有理性的東西都須服從這樣的規律，不論是誰在任何時候都不應把自己和他人僅僅當作工具，而應該永遠看作自身就是目的……每個有理性的東西都是目的王國的成員，雖然在這裏他是普遍立法者，同時自身也服從這些法律、規律。……每個有理性的東西，在任何時候，都要把自己看作一個由於意志自由而可能的目的王國中的立法者。他既作為成員而存在，又作為首腦而存在。只有擺脫一切需要，完全獨立不依和他的意志能力不受限制的條件下，他才能保持其首腦地位⑯。」

---

⑭ 參見同上書，頁45-47（學院本IV，421-423)。
⑮ 參同見上書，頁 58-59（IV，433)。又關於康德「自律倫理學」的深入討論，可參見李明輝：〈孟子與康德的自律倫理學〉一文，刊於《鵝湖》第155期(5，1988)，頁5-15。
⑯ 同上書，頁59（IV，433-434)。中譯引自苗力田譯文，見康德著／苗力田譯：《道德形而上學原理》，上海人民出版社1986，頁86。

由上面的引文我們可以看出：在康德的形式倫理學背後似乎還隱含著「人格存在」(Personsein) 這一根本原理，因為作為「有理性的東西」(vernünftiges Wesen) 的「人格」(Personen)⑰ 正是既能頒發法令且又遵守其所頒發法令的絕對的、超越一切「價格」(Preis) 之有「尊嚴」(Würde) 的東西⑱。

不過康德在這裏所揭櫫的「人格」概念並不全同於謝勒所強調的「人格」概念。它更毋寧是康德倫理學奠基中先驗推述上所內涵的一種必然「要請」(Postulate)⑲，因為在康德的倫理學中，最重要的仍是其所以能絕對普遍有效軌制人類行動的「斷言令式」。「人格」存在的尊嚴在康德的哲學中——依謝勒對康德的指責來解釋——只不過是其乾枯的先驗論證的一個「要請」罷了⑳。

由是謝勒在其《形式主義》一書中，把康德的形式主義倫理學加以結算並歸納出其中所含的八點預設㉑：

1. 所有的實質倫理學 (materiale Ethik) 必然要為「值料的和目的倫理學」(Güter- und Zweckethik)。
2. 所有的實質倫理學必然是只有經驗——歸納及後天的效

⑰ 同上書，頁53 (IV, 428)。
⑱ 同上書，頁60 (IV, 434)。
⑲ Postulate 通常譯為「設準」、「設定」。它在康德的道德形而上學中明確地是指「意志自由、靈魂不滅及上帝存在」(見 *Kritik der praktischen Vernunft*, 普魯士皇家學院版 IV, 238-239)。我們在此採用「要請」這一少見譯法，基本上是為強調行文上的修辭作用。又這一譯法是筆者聞自於前臺大哲學系教授曾天從先生的授課。
⑳ 當然這是一個極具爭論的問題，作者在此亦不準備在這裏把此表述作為依違謝勒以是非康德的評價。我們在此的說法只是對謝勒所以評論康德的意見做一個稍有引申的總括而已罷了。
㉑ 全集册 2，頁30-31。

力；只有一種形式的倫理學 (formale Ethik) 才確實是先天的和獨立於歸納的經驗。

3. 所有的實質倫理學必然是後效倫理學 (Erfolgsethik)；並且只有一種形式的倫理學才能做爲善惡價值的原本擔負者 (ursprüngliche Träger) 來要求存心 (Gesinnung) 或富有存心的意欲 (gesinnungsvolles Wollen)。

4. 所有的實質倫理學必然是快樂主義，並且回向於感官對客體的快適狀態 (Lustzustand) 的存在上。只有一種形式的倫理學能够藉著各種倫理價值的舉列以及建立在道德價值上之倫理規範的奠基來避免對感官快適狀態的考慮。

5. 所有的實質倫理學必然是他律的；只有一種形式的倫理學能够建立起和確定人格的自律性。

6. 所有的實質倫理學只引導到行爲的合法性 (Legalität)；而只有形式的倫理學才能建立意欲的道德性。

7. 所有的實質倫理學將人格用來服務其自己的處況或其他外在的值料物 (Güterdinge)，只有形式的倫理學才能舉證和建立人格的尊嚴。

8. 所有的實質倫理學最後必須將一切在倫理上的尊重基礎擺在人類自然結構中具有衝動的利己主義上；而只有形式的倫理學能够建立起一種獨立於所有利己主義和一切特殊的人類自然結構，且適合於所有的一般理性存有的道德法則。

謝勒認爲，正由於康德從此八點預設出發，致使他在倫理學上錯誤地把值料(Güter) 和價值 (Werte) 等同起來，結果更因此而錯誤地全盤拒絕實質倫理學，而畏縮於乾枯蒼白的形式令式規範中。相對於康德形式主義的「錯誤」，謝勒於是嘗試從正面積極的論證其「實質的價值倫理學」的價值和敷演其詳細內容。

第二節　實質的價值倫理學的架構

在這一節中我們準備先分別說明謝勒實質的價值倫理學中的幾個基本概念，然後再說明謝勒如何論證相對於康德的「先天性」(Apriori)等於「形式一般」(das Formale überhaupt) 的理論，同時在倫理學中也存在著「先天的——實質性」(das Apriori-Materiale)。不過底下我們想先說明一下謝勒對「先天的」(a priori) 這個概念的瞭解及與康德的差別。

在前文中我們已指出，康德為要替倫理學找到一個絕對妥當的基礎，引進了即就道德規範的「令式」(Imperativ) 本身便形式地要為必然的「斷言令式」來，並將「實質倫理學」視為是建立在「值料」(Güter)、「目的」(Zweck) 或「成效」(Erfolg) 這些不是自為成全的「假言令式」基礎上，故而是經驗的歸納，是屬於後天的 (a posteriori) 和只追求低下的感官快適且為他律的東西。於是康德把意為「完全不依賴於經驗」㉒的「純粹概念使用」的「先天的」(a priori) 一詞完全地交付給具有普遍規定能力之純出乎善意志、出乎義務的行為法則「形式」——即「斷言令式」了，因為只有這種「完全不依賴於經驗的概念使用」才能即就其概念形式出乎定義地完全予以規定。與此相反，任何實

㉒ I. Kant; *Kritik der reinen Vernunft*, Hamburg: Felix Meiner, 1956（哲學文庫版），頁 38（B2 以下）.

質的倫理學必然要依待於其他如「値料」、「目的」或「成效」等經驗概念的規定，故而只能是「後天的」(a posteriori)。

面對康德這一概念配對，謝勒認爲他雖然正確地要求倫理學應爲「先天的」，但也指責康德錯誤地把「先天的」一概念全然歸屬於「形式」這個範疇中去。謝勒主張在「形式先天的」(das Formale a priori) 之外還有「實質先天的」(das Materiale a priori)，這也就是說，人的認識活動除了概念的形式建構之外，亦可以在具體的世界中直接地經由純粹的經驗認知——如經由純粹的觀 (reine Schau)、當然也可以是「純粹的聽」等純粹意識活動——予以本質把握。謝勒即從胡賽爾所發展出的現象學，進而發展出他自己的「情緒生活現象學」(Phänomenologie des emotionalen Lebens)，並論證其「實質先天的」，特別是「情緒先天的」(das Emotionale a priori) 之必然成立。至於謝勒如何展開構築他的實質的價値倫理學呢?

謝勒在其《形式主義》一書中開宗明義地便提出有關「實質的價値倫理學」與「値料及目的倫理學」的差異㉓。謝勒贊同說: 實質的價値倫理學當然是不能把基礎擺放到「値料」和「目的」上，事實上它也沒有把基礎預設於「値料」和「目的」上，因爲「値料」實際上只是價値物 (Wertdinge)，而不是「價値」(Wert)㉔; 至於「目的」則只是在形式義上存在於應該將之加以

㉓ 參見全集册 2，頁29-64。

㉔ 參見上書，頁 32，謝勒在文中寫道「値料依其本質來說乃是價値物」(Güter sind ihrem Wesen nach Wertdinge.)，又請參見同書35頁中以顏色說明「値料」與「價値」的關係的舉例。

實現的可思想、可想像和可感知中的東西㉕。

因此我們可以知道在謝勒意下，實質的倫理學並不必然如康德所認爲那般一定會將基礎建立在「値料」和「目的」上，從而使倫理學墮落入相對無根的危險中去。相反於康德的形式主義，謝勒的思想甚至可以說是「倫理價值的認識就在我們當下直觀經驗所給予的『質料』時而得到的㉖。」這亦即是說謝勒的倫理學基礎並不需要如康德那般要以「斷言令式」這種純出於「義務」的形式規定來奠定，這也就是說，「善」與「惡」並不是像康德所認爲那樣一定得「出自於義務」(aus Pflicht)、出於「純粹善意志」，它們實卽就是「實質的價值」(materiale Werte)。特別在我們從「擔負者」(Träger) 與「價值」的關係來看，「『善』與『惡』就是人格價值㉗。」以是之故，謝勒宣稱要「堅決地拒斥康德所肯定的善與惡根本上只關連於意志活動」㉘的見解，並嚴厲批判康德這種以意志行動作爲善惡的擔負者，故而歸結到善惡不屬於實質價值以及把它們回溯到行動的「合法性」(Gesetzmäßigkeit eines Aktes) 的錯誤㉙。此外，謝勒還指出康德這種以是否出於義務來衡斷道德價值結果使得「人的價值要經由意志的價值來肯定，而不是意志的價值經由人的價值來肯定㉚。」尤

㉕ 參見上書，頁 51-64 的討論，尤其謝勒認爲 “Zweck” ist im formalisten Sinne nur irgendein “Inhalt”—eines möglichen Denkens, Vorstellens, Wahrnehmens—, der als zu realisierend gegeben ist, gleichgültig durch was, durch wen usw. (頁52)

㉖ 參見 E. Ranly: *Max Scheler's Phenomenology of Community*, The Hague, 1966, 頁 6.

㉗ 全集册 2，頁49。

㉘ 同上。

㉙ 同上，頁49-50。

㉚ 同上，頁50。

其謝勒認爲：康德以純粹「出乎義務」——卽人將自己完全委置於「斷言令式」——的義務爲善，終將使道德行動墮落成一種「法利賽主義」(Pharisäismus，意譯爲「律法主義」)，因爲「如此地他（康德）在另一方面要藉由義務及合乎義務的概念來涵蓋『善』，卻又同時還要說：爲要成爲善，人們必須因爲其自己之故而爲『善』，以及同樣義務要『出於義務』，他自陷入於法利賽主義中[31]。」

但如何做人們才能避免康德「形式主義」本身的困難和它所造成的危險呢？謝勒認爲人們只有擺脫形式主義的羈絆而接受實質的價值倫理學才可能，因爲實質的價值倫理學將證成「實質的」也可以是「先天的」；而且在當人辨別開「價値」與「價値物」（卽價値擔負者）時，「價値」便可經由一種公設化法來確立其間的階秩(Hierarchie)並論證價値之爲一種客觀絕對的存有[32]；最後我們更可從現象學的考察來確立「心的邏輯」(logique du coeur)和「情緒先天性」(das Emotionale a priori)，從而確認出實質的價値倫理學在其構架上的客觀妥當性，最後並可以將實質的價値倫理學之根源回溯到「作爲(嚮背價値的[33])行動中心的人格」來，從而把被康德化作一條絕對規定之命令形式以從事的倫理學奠基，重又轉回面對於活生生的人身上。以下我們就

---

[31] 同上，頁49。此外還可參見同書頁37, 48, 136, 191。

[32] 關於此點，謝勒極力辯明「倫理」(Ethik)與「風尙」(Ethos)的不同，並藉以抗拒尼采等人的倫理相對主義。尼可萊・哈特曼繼續著謝勒更進一步地論證實質的價値倫理學之爲客觀絕對的。他們兩人共同被視爲是實質的價値倫理學二巨匠。哈曼特關於此問題的主要著作可見於其皇皇巨册。*Ethik*, Berlin-Leipzig, 1925（第二版1935，以後還多次再版。）

[33] 括弧中的話是作者自己的評注。

分項地來說明謝勒這一努力的大略。

〔「實質的」概念之意義〕

前文中我們對謝勒所反對的康德倫理學的形式主義做了簡略的說明。關於這一點我們若可以稱爲謝勒對康德的錯失的「破」，那麼有關他本人所主張的「實質的價值倫理學」的說明和證成，我們便可以視爲是他在「立」一方面的課題了。因此謝勒在指出「康德不知道有一種早就以『形式』或『預設』藏置在自然經驗和科學經驗中而顯示爲直觀事實的『現象學經驗』」㉞後，更進而聲稱康德無法回答「純粹理性事實」(Faktum der reinen Vernunft) 與單純的心理事實之區別，也無法回答「道德法則」(Sittengesetz) 如何能稱爲「事實」這種問題㉟。但是謝勒在面對康德這種「只有一種形式的倫理學才能夠滿足倫理學不成爲歸納的這種正確要求」下，他的任務乃是在於去回答下面的問題:「有沒有一種實質的倫理學，它同時在命題要具顯明性且要能不必經由觀察和歸納來確證或駁斥這種意義下爲『先天的』，有沒有實質的倫理學直觀㊱？」

至此爲止我們已多次提到「實質的」一概念，而且我們也可以瞭解到「實質的」一詞在謝勒的思想中占有舉足輕重的地位。可是「實質的」意義究竟是指什麼呢?

從字面上看，德文 “material” （實質的） 這一個詞正與 “formal” （形式的）一詞相對並列，它的意義亦即就是指「內容」(Gehalt)。爲更清楚說明這一個詞的意指，我們也許還可以

㉞ 全集第 2 册，頁66。

㉟ 同上，頁66-67。

㊱ 同上，頁67。

借用在翻譯時特別能够顯示出的語意差異來強調其原用語的特定性。謝勒全集現任主編弗林斯 (Manfred S. Frings) 在其以英文寫作的著名介紹謝勒思想著作《馬克斯・謝勒——一個偉大思想家的世界簡介》[37] 中曾指出:

> 於此我們必須注意，在謝勒所著《形式主義》一書的標題中，其德文形容詞“material”是與英文“non-formal”相當，而不是英文“material”一詞。德文“material”一詞要相對於康德的“formal”一詞來瞭解，它的意思亦卽是指「內容」。

事實上由於康德認爲「倘若一個理性的東西要把他的格率看成是實踐上的普遍法則，那麼他只能把它想成不是包含著質料，而是單單依據形式來規定的意志之基礎[38]。」故而他要把所有的實質性內容完全抽掉，而只剩下一個純然的普遍立法形式 (die bloße Form einer allgemeinen Gesetzgebung)，於是在康德的純然的普遍立法形式中，自然是空空無一「內容」了。因此謝勒自然在此要指責康德在其「道德法則源自於一種『理性的自我立法』，或『理性人』(Vernunftperson) 爲『道德法則』的『立法者』

---

[37] Manfred S. Frings: *Max Scheler. A Concise Introduction into the World of a Great Thinker*, Pittsburgh-Louvain, 1965, 頁 106. 又按: 英文“material”一詞通常是被譯成中文的「物質的」或「材料的」，其偏於「物質性」的意義極重，故不能準於具有相同字形的德文用法。至於中文譯法之所以採用「實質的」，亦正因其在形、義上可以與「物質的」一詞分別開之故。

[38] I. Kant, *Kritik der praktischen Vernunft*, 普魯士皇家學院全集版Ⅳ, 頁48; 又同頁以下第 4 節 (定理Ⅲ) 全段請參見。

……」重言式論證中根本看不見「事實環」(Tatsachenkreis)[39]，自然從而也忽視「實質的」問題對探討倫理學基礎的重大意義。

至於「實質的」這一概念在謝勒倫理學中的意義乃是指人所以踐履其道德「應然」的先天的價值認知根據。這也就是說，相對於康德單純依據於理性的先天形式命令，謝勒展開論證在人活生生的情緒中亦存在有先天的存有結構。關於這一點我們在此願意再引述一段弗林斯的看法：

> 價值經常展現出一種特定的內容，這亦即是情緒先天性(emotional a priori)為何為實質的(non-formal，德文為 material)，而與康德的形式先天性(formal a priori)針鋒相對之故。它們（按：即價值）的內容及階秩在經驗秩序中由於價值優先於既予的事物，故而擁有「既予的優先性」(priority of givenness)[40]。

在這段敍述中我們認為可以從底下的角度來理解謝勒的「實質的」概念和由之衍發成的「實質的價值倫理學」：「實質的」一詞之意為「內容」，我們可以把它看成一方面在靜態分析上是指向於一個「價值」，而在另一方面從發生分析上則是指向於企向著價值的「行動」(Akt)。由此而下，我們對謝勒的學說的分析便可從兩頭分別來進行，亦即一方面從價值結構出發地分析其基本設定和等級推繹；而在另一方面則要對價值發生上的行動結構及其在認知上的可能性和有效性予以檢查。最後我們還將看到，

---

[39] 全集第2册，頁67。
[40] 同上引 Frings 書，頁112。

這兩個方向最終還要再交會於「人格」上，由此我們甚至可以說：謝勒的實質的價值倫理學實即就是著眼在活生生活著的人的哲學。從這一角度來看，深受謝勒影響的著名現象學家舒慈(Alfred Schutz)很精到的看出：「相反地（按：相反於康德），謝勒主張人的道德本性乃是由自動的非意念癖性以及它們所涉及的具體價值都是被一種偏好（preferences）的秩序預構著這個事實所徵定，故而意念的行動涉及一種預先已形成的實質料（a preformed material）㊶。」底下我們便來談論一下謝勒的價值哲學。

〔**謝勒的價值理論**〕

謝勒批評和反對康德倫理學的形式主義的一個基本理由是康德混淆了「價值」和「値料」(Güter)。在康德的看法中，倫理學的奠基若是基於其他某種「目的」或是「値料」，那麼它便不可能具有普遍的效力。因爲任何「目的」或「値料」都是經驗的對象，不具有「先天性」，唯只有即就形式本身即爲重言式的普遍有效令式才是「先天的」，才是可以作爲倫理學的基礎。因此康德在其倫理學中將一切因它而立的倫理法則排除出去，他甚至在道德嚴肅主義的要求下將任何帶有人類情緒性因素的主張——特別是英國的「道德情感」說——完全地排斥在其道德的「法律」世界之外。在康德的倫理學中，人永遠地在從事著立法以讓自己去遵守這些法律，這一條條在法令形式本身就普遍有效地完全規範著人的法律是最重要的東西，人格的價值就是在於他能自己起立這一些法律並讓自己在這些法律的軌制下（尊重這些法

㊶ Alfred Schutz; *Collected Papers III*, The Hague, 1970, 頁 159.

律）行動。

謝勒在指責康德把「先天的」概念限屬於「形式」的同時，他主張用一種具有先天的效力的實質倫理學來代替康德「形式先天性」主張。但是如康德所指責的，「値料」或「目的」這種後天的意念對象確實是一種無法支撐起倫理大厦的他律法則。因此謝勒是絕不能把他的倫理學奠基工作重又擺回到傳統建立在値料上的實質倫理學或以其他目的爲根據的後效倫理學上。因此謝勒的一個關鍵性工作便是要爲一種具有先天有效性的實質概念做出論證來，也就是說，謝勒必須要找出一種具有先天的效力且不是爲形式的東西來。

對於上述這個問題，我們可以就謝勒之所以分辨「價值」、「値料」及「目的」三個概念的依據來進行考察。

我們首先考察價值與値料的關係。價值與値料間的關係「就像顏色的名稱不能用作單純實體物的本質一樣……價值的名稱同樣也不能用作爲我們稱之爲『値料』之單純被給予事物單位的本質[42]。」其原因乃是在「値料」與「價值」之間有一個不可抹殺的大區別，亦即「價值」乃是一種「理想對象」(ideale Gegenstände)，是具有客觀、永恒及不變的特性的理想對象[43]。而且價值只有在「値料」中才能成爲「實在的」。價值之給予我們，就如顏色是經由視覺而給予我們一樣，是由吾人的感知中的意向性對象給予我們的[44]。這也就是說：「一切價值（包括『善』和『惡』價值）都是實質的性質 (materiale Qualitäten)，這些價

---

[42] 全集第 2 册，頁35。
[43] 同上，頁41-45 各段請參閱。
[44] 同上，頁35中謝勒所舉一段有關視覺經驗的分析，這是謝勒經常被人徵引的現象學經驗分析的典型例子。

值根據其相互間的『高』、『低』而存在著一種確定的秩序；並且不管是以純粹客體的性質（gegenständliche Qualitäten），抑或是以價值情狀（如有關某物的快適或美的存有狀態）的環節、值料中的部分側面，或是『某物所擁有的』價值存在於吾人面前，它們都是獨立於它們進入於其中的存有形式㊺。」

在上述所引謝勒的說法中，他的意思無非是要說明「諸價值的性質不會與事實俱變」㊻，也就是說，價值雖然要進入到諸存有物中去，但它仍然是客觀不變的，因爲——依謝勒的說法——在價值與事物（或更好說是「值料」）之間有一個「擔負」(tragen) 的關係，價值必須要有一個「擔負者」(Träger)，我們才能在事物價值已清楚給定的地方認出價值把握上的各種階段㊼，以及分別開「值料」與「價值」的不同。

其次我們要稍略談一下「價值」與「目的」(Zwecke) 的關係。

謝勒在其《形式主義》一書中指出：爲要弄清楚價值與目的的關係，我們必須先把與目的有很密切關係的幾個概念——如「追求」(Streben)、「目標」(Ziele)——搞清楚。首先謝勒認爲：「在最形式意義下，『目的』僅只是某一種被設定要被實現(zu realisierend) 的——不管是以什麼或經由誰——可能的思想、想像或感覺『內容』」㊽而使得目的在其條件或根據之邏輯關係中能夠實現的東西，謝勒即稱之「爲『目的』的『工具』」

㊺　同上，頁39-40。
㊻　同上，頁41。
㊼　參見同上書頁40及以下。
㊽　同上書，頁52。又底下討論是根據同書，頁52-64 的論述。請讀者逕參考原文。

("Mittel" für den "Zweck")；另外，與這種工具或目的不可片刻分開來的還有「追求」(Streben) 或「意欲」(Wollen) 這二概念。但對目的來說，其最重要的乃是其相應的內容屬於（意想或直觀的）「形相內容」領域 (Sphäre der〔ideelen oder anschaulichen〕Bildinhalt)——以別於不具形相的價值 (bildlose Werte)——以及它是以「要被實現的」而被給予的，因此謝勒說，與這一「要被實現的」相對立的不是「被實現了的」(das Realisierte)，而是外於整個「存在之當然」(Seinsollen) 和「不存在之當然」(Nichtseinsollen) 而被看成是一般存在的和不存在的對象這種內容。

不過謝勒緊接地指出，並不是所有追求都有目的及目的內容，例如我們就曾體驗到過一種「逃離某種情況」或單純地「向於某物」；另外還有一種明顯是有「企向」(Richtung)，但其企向的並不是一種「形相內容」，也不是「價值材料」(Wertmaterie)，它甚至經常是以不帶人稱（即以第三人稱）的形式——如德文 "es hungert mich"（使得我餓）、"es dürstet mich"（使得我渴）——來粧扮，但是這種不指向於「目的」的「企向」仍得涉指到一個「目標」(das Ziel)，並且「這個目標存在於追求本身的過程中；它不受任何想像的行動所限制，相反地，對追求本身來說，它無非就像內容對想像是內在的一樣也是內在的㊾。」

由於我們可以歸結出，追求並不全然是指向於目的，但是它必然地要指向於一個「目標」，也就是說，追求在不出現所追求

㊾ 同上，頁55。

的「形相內容」或是依清楚可知之價值而行的「企向」「不適於」我們的追求之結構系統時，我們唯只有藉著對被追求者的價值加以考察才能解決。

是故我們可以說「追求」內在地卽是追求著價值，「例如，對某一道菜肴的快適是一種追求的目標，因爲它（按卽菜肴）只有因其給予個人快適這種價值（或無價值，例如因爲其爲不潔）之故才會是如此。因此它（指菜肴）幾乎不是直接的目標內容，反而其價值才是㊿。」由這一結論再更往前一步，謝勒正面宣稱：「目的建立在目標上，目標可以沒有目的，但目的從來不能不先給定目標51。」以及「『目的』從來不能在單純的『希望』(Wünschen) 中被給予或被『希望』，我們能够希望我們能够設定某種目的，或『我們能够或可能願意在目的的企向中意願』；但目的則不能被希望，而只能被意願52。」最後並由此而向他的實質的價值倫理學奠基過渡。

在分別開了「値料」和「目的」與「價值」間的差別後，我們還可以再進一步考察其間的關係。價值既然要經由一個「擔負者」的媒介才能在値料中成爲「實在的」(wirklich)，那麼在「値料」與「價值」之間，依照謝勒的說法，它們還存在有一層複雜的關係：

> 値料與價值性質 (Wertqualität) 的關係，就像事物與各種性質的關係一樣，是在實現其自己的「本性」(Eigen-

㊿ 同上，頁56。
51 同上，頁60。
52 同上，頁61。

> schaften)。於是，如我們曾經所說過，在值料(亦卽「價值物」〔Wertdingen〕) 及事物 (Ding) 所「擁有」、所「獲得」的單純價值（亦卽「物價值」）之間，應該要區分開來，值料並不是種建基於事物上的東西，因而有些東西必須先是事物，以便能夠爲「值料」。值料代表一種根據於一種確定的根本價值中的「事物般的」價值性質（或說明價值形態）的單位[53]。

依據上引謝勒的話，我們可以確切肯定他是承認「值料」爲價值性質的單位。是故，透過物料的中介，價值便能夠被客觀化出來而成爲現實世界的成素。是故謝勒進一步地宣稱:

> 價值首先在值料中變成爲「實在的」，但價值仍還不是在有價值的事物中。價值在值料中同時是客觀的和實在的，藉著每個新值料而有實在世界的眞正價值成長；相對於此，價值性質就像顏色和聲音的性質一樣，是理想的對象 (ideales Objekt)[54]。

根據這樣的斷言，價值是客觀、獨立的理想存有，它既不是值料，也不是其擔負者。其價值性質在其擔負者的值料改變時也不會改變，它就像紅色在試紙上轉爲藍色時仍不變爲藍色一樣，卽使是友情的價值在當友人背叛了我們時，友情的價值也是一樣不會變的。這種價值的客觀絕對主義正是謝勒擺脫尼采「價值相

---

[53] 同上，頁42-43。
[54] 同上，頁43。

對主義」[55]及康德乾枯的客觀「形式主義」所做出的大貢獻。至於其結構分析上的基礎，我們則準備分「價值公設」(Wertaxiome) 和「價值階層」(Werthierarchie) 兩項來說明。

(一) 價值公設

爲了展現價值爲一種內在地具有先天的演繹性結構，並具體地表現在成現價值的行動中，謝勒爲價值結構的考察提供了一套公設基礎——「價值公設」[56]。如同在邏輯和數學系統中一樣，這些在價值上具有自明性的最根本設定也可以展現出價值在其正、負極間的先天關係，從而作爲其「應然」(Sollen) 概念的規範基礎。至於謝勒的價值公設我們可以整理成下列表列:

1. (1) 正價值的存在本身是正價值。
   (2) 正價值的不存在本身是負價值。
   (3) 負價值的存在本身是負價值。
   (4) 負價值的不存在本身是正價值。
2. (1) 善在意欲領域中是價值，此價值與正價值的實現有關。
   (2) 惡在意欲領域中是價值，此價值與負價值的實現有

[55] 首揭「價值公設」這名稱以及其內容的人是布倫他諾 (Franz Brentano)， 他在其 1889 年初版的《論道德知識的起源》(*Vom Ursprung sittlicher Erkenntnis*, Hamburg: Felix Meiner 1955 哲學文庫版，頁60) 中提出了這個概念。此外 Theodor Lessing 亦著有一書《價值公設法研究》(*Studien zur Wertaxiomatik*, Leipzig: Felix Meiner 1913)，這本書並曾在 1908 年先發表於 *Archiv für systematische Philosophie* 上。

[56] 關於謝勒這個價值公設的表列，請參見其《形式主義》一書（全集第 2 册），頁48；另外同書頁100-103亦可參考。
又此表列與 F. Brentano 及 Theodor Lessing 所舉列的有輕重的差別，請分別參前注所引各書，頁60/27-39。

關。

(3) 善爲價值，此價值在意欲領域中與較高（最高）價值的實現有關。

(4) 惡爲價值，此價值在意欲領域中與較低（最低）價值有關。

3. 善（及惡）的判準在這個領域中是根據於所意欲要實現的價值與所喜好的價值是一致（或不一致），抑或與所要低抑的價值 (Nachsetzungswerte) 是不一致（或一致）（同(56)）。

從這個表列中，我們認識到謝勒在考察價值上的基本設定實際上指向著一種有關「在價值與（理想的）應然間之本質關連」(die Wesenszusammenhänge zwischen Werte und 〔idealem〕 Sollen) 的考察。對此他的意思乃是指「一切應然必須建立在價值上，也就是說：只有價值才是應該存在或應該不存在」以及「正價值應該存在且負價值應該不存在」。由此而更推至「這個關連性先天地適用於『存有與理想應然的關係』並軌制當理存在 (Rechtsein) 及不當理存在 (Unrechtsein) 的關係，故而一（正的）被視爲應然者 (ein 〔positiv〕 Gesollten) 的一切存在是當理的；一不存在之應然 (Nichtseinsollenden) 的一切存在是不當理的；一被視爲應然者的一切不存在是不當理的；一不被視爲應然者的一切不存在則是當理的(57)。」

如此地謝勒經由價值與存在的本質關連勾畫出了價值的公設

(57) 全集第2冊，頁100。

規定，接著他再揭舉「不可能對同一價值同時持正且又持負的」排中律公設，爲他要從事的更進一步討論——即有關價值高低及其間的相互規定性——做準備。

（二）價值階層

在從形式上介紹「價值階層」這一概念之前，我們必須就設定價值之自明的基本原理與成現價值的行動上先說明一下有關價值所以成現的準據。事實上這種價值公設法的作用是爲了要替樂趣 (Vorziehen)、避拒 (Nachsetzen)、選擇和實現等價值行動尋找一個準據，而且由於價值公設所成立的自明性，使得我們在樂趣、避拒某種價值的行動中，亦同如概念的推行一樣具有先天的效力。由此，這種經由樂趣之自明性而定立的價值階層，它們就如同價值自身一樣不是透過經驗的歸納而得到的，而是先天的所予，它們不會隨歷史、地理的不同而改變，所以它們是倫理學中的絕對參考系 (absolute reference system)。關於這點，謝勒在《知識形式與社會》中的一段話極可用作爲我們的論據:

> 價值階層並不是相對的……「價值關係之相對性層面」(Dimensionen der Relativität der Wertverhalte) 的理論不但給予了我們將所有歷史上的道德和諸種俗尚形式 (Ethosformen) 連結到普遍參考系的可能性——雖然只是一種價值模態和性質的秩序，而不是值料與規範——，並且也給定了——雖然是消極的——一個範圍，使得這範圍中所有積極的歷史時代及特殊團體必須找出其自己往常只是相對的值料和規範系統[58]。

[58] 全集第8冊，頁154。

謝勒這段話的意思無非是要表明：由現象學的本質把握而得的對價值的區別，其間的階秩關係其實就是價值本質自身的關係，而價值本身又是理想的存有，故而此一理想存有中所涵的本質關連保證了價值階層在構成上的先天效力，所以足够擔當爲討論倫理學（特別是在歷史、地理差異下爲可變的規範命令及值料考慮）的絕對參考間架。此外這一價值階層的結構本身並且還相對照於人格存在及其社會類型的具體存有結構，關於這一點我們可以說是謝勒的實質價值倫理學的一個根本貢獻。

不過在我們舉列謝勒所建立的價值階層之前，我們也許最好先行說明一下謝勒用以區分價值「高」(höher)、「低」(niedriger) 的依據(59)。

謝勒在《形式主義》一書中列出了五個評判價值「高」、「低」的標準，即

(1) 持久性 (Dauerhaftigkeit)，也就是價值在時間上能持續得愈久，其價值愈高，反之爲低。

(2) 不可分割性 (Unteilbarkeit)，也就是說價值愈高的東西，愈不可像麵包一樣可以切割開來與人共享，故而精神這樣的價值便唯只有人自己去成就取給，它是不能由別人那裏切割分受得來的。例如一幅畫的美感價值唯只有自己去觀賞領會，而無法如一片麵包那樣從他人的麵包中切割得來。

(3) 價值的相對「奠立」(das Fundieren) 關係，這點也就是說：倘若我們要得到價值 a，那麼我們應該先有價值

(59) 全集第 2 册，頁107-117。

b， 因為 a 是建立在 b 上的。 另外， 在這個奠立關係中， a 的價值高於 b 。這就如「有用」(das Nützliche)的價值是奠立在「快適」(das Angenehm) 的價值上，而且「有用」的價值高於「快適」價值，但其間的關係則「有用」的價值要預設著「快適」價值的存在作為其基礎，因為「有用」的價值不能空自地不有「快適」價值而存在；同樣地，「快適」之所以為價值亦預著「生機」價值 (der vitale Wert)，因為沒有「生命」也就沒有「快適」了。

(4) 第四個標準是「滿足的深度」(Tiefe der Befriedigung)，也就是說愈高的價值，它愈能滿足價值實現的意識。但我們同時還要注意的是：這裏所謂的「滿足」(Befriedigung) 與平常所謂的「快活」(Lust) 無關。換言之，這裏所謂「實現的體驗」(Erfüllungserlebnis) 乃是指一種我們面對於價值實現的行動世界時所企及的圓滿成現的體驗，唯只有這個成現愈圓滿，我們所抵入的滿足程度才會愈深。

(5) 「價值相對性」的階層以及其與「絕對價值」的關係。這也就是說，不同階層的價值「相對」著其所相應的存在「本質」(Wesen)，並逐層升高而最終奠立起「絕對價值」。或如謝勒所說如「快適的價值相對於『感性感知的東西』(sinnlich-fühlende Wesen)； 或如『高貴和平庸』的價值系列相對於『生命物』(Lebewesen)。相反地……絕對價值乃是那種為『純粹』感知(“reines” Fühlen， 即喜好、愛)，也就是說是一種在其功能種

類 (Funktionsart) 和其功能設定 (Funktionsgesetzen) 中獨立於感性之物 (Wesen der Sinnlichkeit) 和生命之物 (Wesen des Lebens) 而存在的感知[60]。」這也就是說，在不同價值階層的相對關係，它由於在「更高」的價值奠定中，逐漸地減少了它的相對性，而最後在純粹的感知中昇入絕對的最高價值。

由是，謝勒卽由此五個評斷價值高低的標準，具體地規列出四個等級，這四個等級一方面是「價值階層」的階秩畫定，另一方面並指向於在謝勒思想中更富有重要性的「人格類型」這一構作[61]，現在我們且先依表列方式，分別簡略說明一下這一價值階層是如何劃分[62]：

(1) 首先是快適的價值 (die Wertreihe des Angenehmen und Unangenehmen)。這一階層是最低下的一層，它與感官知覺有關，這也就是說它與我們營生性的官覺的感受狀態有關，這一階層並不僅屬於人，動物也有。

(2) 第二階層是表現在生命感知的價值 (Wert des vitalen Fühlens)。這一階層的價值亦卽是高貴——平庸、健康——病弱、精力充沛——軟弱，乃至於勇氣、意欲等都是。謝勒認爲這種表現生命活力的價值不能化約成第一階層那種順適於感官官能的價值域。

(3) 精神價值 (geistige Werte)。精神價值這一領域是獨立於人的肉體和環境之外的，其種類可略分爲（甲）美學

---

[60] 同上，頁115。
[61] 關於「人格類型」的概念，請參見下文第三節。
[62] 全集第 2 册，頁122-126。

上的，如美、醜的價值；（乙）法律上的，如正義與不義；(丙)純粹眞理知識，如哲學追求眞的知識和道理[63]，而與此價值有關的價值感則爲如精神上的悅樂——哀傷，認可或否認等等。

(4) 最後也是最高的一層是「聖與不聖的價值模態」(Wertmodalität des Heiligen und Unheiligen)。這一價值是最高的「絕對對象」(absolute Gegenstände)，它所涉及的價值感則爲福樂——失望、信——不信、敬畏、景仰崇拜等。

從價值公設開始、透過評斷價值高低的各項判準，謝勒這張有關價值高低的表式，其間的階秩等級並不是任意人爲所造設的，它們是「先天地」自我規制而定立起來的價值階層，對這一價值階層謝勒宣稱說:

> 我以爲，於此這些價值模態 (Wertmodalität) 是存在於一個先天的階秩 (apriorische Rangordnung) 中，這一先天的秩序先行地隸屬於它的性質圜串 (Qualitätenreihen)，並因爲這種先天的階秩適用於值料的價值，因此也適用於由此獲得價值的值料；高貴和平庸的價值比之於快適和不快適是爲較高的價值，精神的價值則高於生命的價值；聖的價值又高於精神的價值[64]。

---

[63] 於此要特別注意的是：謝勒認爲「眞理」本身並不是一種價值，而是屬於一種特別類型的獨立概念，請參見謝勒《形式主義》一書，頁68, 195, 198等；此外 A. Schutz 對於此點也有做過精闢的說明，請參其收在 *Collected Papers* III (The Hague, 1966) 中 "Max Scheler's Epistemology and Ethics" 一文，頁168。

[64] 全集第 2 册，頁126。

是故，謝勒即由此具有先天效力的價值模態建立起特樹一幟的實質的價值倫理學。

〔「心的邏輯」、「情緒先天性」與實質的價值倫理學的關係〕

我們前文曾說過，謝勒哲學的分析可以分作靜態和動態兩個側面，也就是說，我們在一方面透過其理論的構成單元的分解、檢視，從而以考察其結構間架的組織特徵；另一方面即可經由其所以能組架出這樣結構的原理來考察其組架的程序及可能性。這亦即是我們在這一節所要探討的主題——「心的秩序」(ordre du coeur) 及「情緒先天性」(das Emotionale a priori) 的成立根據，並為其過渡向以「行動」(Akt) 來定義的「人格」理論做一個預備。

事實上，在謝勒的倫理學中同時存有一雙重的論證任務，即所以應該是「實質的」，同時也是要為「先天的」。「實質的」這一概念我們在前文中已經說明過了，至於「先天的」這個概念，我們現在即就著謝勒取自於巴斯卡 (Blaise Pascal)的「心的邏輯」(logique du coeur) 及胡賽爾的「本質直觀」(Wesensschau) 兩個概念做進一步的分析。

甲、「本質直觀」與「情緒先天性」在眞理的把握和推繹上，謝勒相對於理性以形式辨解為主導的推論原理，提出了「心的邏輯」這一新的論證眞理之工具。然而「心的邏輯」究竟是什麼呢？謝勒以為，數學、自然科學等人類知識是建立在以形式推繹及知性辨解為基本涵能的「理性」(Vernunft，或包括悟性〔Verstand〕) 上的。但是這種理性或悟性對於價值的認識卻是如耳朵和聽覺之於顏色一樣沒有關係[65]。由此，謝勒接受了法國數學家、哲學家巴斯卡的一個提法，卽相對於理性「心有其理性，非理性所知」（Le coeur a ses raisons, que la raison ne connaît point.）[66] 這一命題，正式揭櫫「心的邏輯」（logique du coeur)，亦卽他以人「心」是「價值世界的小宇宙」（ein Mikrokosmos der Wertwelt)。由是謝勒說:

> 「心有其理性」，心 (Herz) 在其自己的領域中占有一個嚴格的邏輯擬類 (Analogon der Logik)，這種邏輯無須乞借於悟性的邏輯 (Logik der Verstand)[67]。

又說:

> 然而，從巴斯卡的文字中所抄錄下的說詞（按卽指心有其理性），它是建立在 ses （它的）及 raisons（理性，或最好譯作「道理」）。心有它的基礎 (seine Gründe)，關於「它的」(seine)，悟性不知道，也不能知道任何丁點，並且心有「基礎」(Gründe)，亦卽說它有有關事實（Tatsa-

---

[65] 同上，頁216。以謝勒自己的話說，亦卽："Es gibt eine Erfahrungsart, deren Gegenstände dem 'Verstand' völlig verschlossen sind; für die dieser so blind ist wie Ohr und Hören für die Farbe."

[66] B. Pascal, Pensées (Léon Brunschvicg 編號）第227條。又此段話的詳細說明，請參見本書第三章[37]。

[67] 見全集第10册（遺集第一册），頁 362。在《形式主義》一書中，對於「心的邏輯」謝勒也有極詳細的說明，特別第92頁批評康德的「理性」概念(Vernunft oder Ratio)，以及頁260以下，卽論「感知」(Fühlen) 及「感受」(Gefühle) 一段文字。

chen)的眞正明白洞見；而悟性對於這種事實，就像瞎子對於顏色，聾子對於聲音一樣一無所知[68]。

至於謝勒何以提出這一概念，以及在相當程度上（藉著現象學）做了理論結構的開展，其目的無非是爲對治如前述康德「形式主義」的乾枯不近人情的弊病，並藉以回返到以「人格」存在爲優位的具體且先天有效的理論建構。或換言之，謝勒希望借著人本來地就生存於價值世界中，並且其情緒在先天上卽依著價值本身的絕對內在原理的軌制而活動這一說明來確立其實值的價值倫理學的基礎，於是他在一段批評康德的文字中，更淸楚地揭示了這一企圖:

> 精神的情緒層面 (das Emotionale des Geistes)——卽感知、喜好、愛、恨、意欲——一樣也有其自己原本的先天內容 (ursprünglicher apriorischer Gehalt)，並且這種原本的先天內容不是借自於思想 (Denken)，是故，倫理學必須完全獨立於邏輯來揭顯，這卽是巴斯卡所說的「心的秩序」(ordre du coeur) 或「心的邏輯」(logique du coeur)[69]。

事實上「情緒」(Emotion) 這一勾架著人類行動與價值的具體意識領域在謝勒的實質的倫理學中占有著一個核心的地位。這乃是因爲「情緒」正是現象學的意識考察的可能場地，而且謝勒

---

[68] 同上，全集第10册同頁。
[69] 全集第 2 册，頁82。

之作爲「現象學」經典的《形式主義》的根本努力，事實上也是在於去證明「情緒先天性」(das Emotionale a priori) 的眞確。此一基礎確立了，他才能一方面藉以拒斥康德的「形式主義」倫理學，而又在另一方面確切無疑的立起「實質的價值倫理學」。不過，謝勒在要證明「情緒先天性」這一努力上，他無法借用以前基於形式演繹及知性辨解的理性（或悟性）邏輯，因爲把康德導引向那種乾枯的形式構架的正就是這種帶有強烈化約性的「理性邏輯」。由於這種邏輯使得康德只認許一種純粹遵循於定言令式之「實踐理性」(praktische Vernunft) 而存在的「純粹意願」(reines Wollen)，並將它誤認即就是「意志行動的本原」(Ursprünglichkeit der Willensaktes)[70]。

但謝勒重新所引入的「心的秩序」或「心的邏輯」這種知識考察側面，是否確實能立起一種實質的先天知識呢？關於這一個問題，謝勒的研究工作是站立在胡賽爾所開發的現象學「本質直觀」而展開的。我們在本書的前一章中也對謝勒和胡賽爾各自的現象學理念做了簡略的探討，這裏我們將不再重複，不過其中所以過渡到「行動」(Akt) 以及其所以具有眞確性效力的「情緒」眞理，我們還得稍略說明一下。

關於謝勒的現象學及其基本態度相對於胡賽爾來說，弗林斯這位編輯謝勒文稿及研究其思想的著名專家認爲：胡賽爾現象學的出發點是一種實在世界在其客體存有中隱含著的信仰的——理論的經驗 (a doxic-theoretical experience of the real world in its objects-being)，而謝勒則以爲是「情緒」經驗

[70] 參見全集第7册，頁259-330。

[71]。由是，現象學方法在謝勒的系統中便展現為底下的三種本質關連 (drei Arten von Wesenzusamnenhangen)：

1. 在行動中給予的性質和其他實項內容 (Sachgehalte) 的本質性（及其關連）——實項現象學 (Sachphänomenologie);
2. 行動本身 (Akte selbst) 的本質性及在其中存在的關連和奠立關係 (Zusammenhänge und Fundierungen)——行動或本原現象學 (Akt- oder Ursprungsphänomenologie);
3. 在行動及實項本質性 (Akt- und Sachwesenheiten) 間的本質關連——例如價值只在感知中被給予；顏色只在視覺中被給予；聲音只在聽覺中等[72]。

而謝勒即根據這一對「本質關連」的瞭解走上了他「自己的道路」。

由於謝勒要在「現象學經驗」的基礎上建立起他的實質的價值倫理學[73]，因此他也把胡賽爾用以指稱無法僅以感性字眼來描述

---

[71] Manfred S. Frings: "Max Scheler. Focusing on Rarely Seen Complexities of Phenomenology", 刊於 *Phenomenology in Perspective* (ed. by E. J. Smith), The Hague, 1970, 頁34及以下。關於胡賽爾本人的說法，請參閱其 *Ideen zu einer reinen Phänomenologie und phänomenologischen Philosophie*, Bd. I (*Husserliana* Bd. III), §104, §105, §114 等各段。

[72] 全集第 2 册，頁90。

[73] 謝勒在其《形式主義》一書第 29 頁中就曾自己說過："Ich will versuchen, eine materiale Wertethik auf der breitesten Basis phänomenologischer Erfahrung zu entwickeln."

之邏輯洞見的「本質直觀」(Wesensschau) 概念，轉而指向其用以證明「情緒先天性」這一方向來，並視爲是一種透過「直接直觀內容而自己給定」的先天的東西。於是，現象學對於謝勒來說乃是「精神觀照的態度，人們在這種態度中去觀照或體驗某些東西，沒有這種態度，東西就會一直隱沒不出：它亦卽是一特有的『事實』王國⑭。」由此他得以藉現象學的直觀理論出發，進而就人具體的觀照、體驗等情緒活動來說明其間直接爲人所把握的本質知識，或換句話說：「這種直接的自己給予性 (Selbstgegebenheit) 是完全地獨立於經驗的所予（卽關於感官及感受狀態），並且這卽是說：它（按指自己給予性）是『先天的』⑮。」

由是，謝勒的實質的價値倫理學的「先天情緒主義」使得有現象學在本質把握上之方法學的論證，而且我們同時亦可經由現象學中行動與其他實項內容的本質關連過渡作爲人格具體呈現場所的行動世界。

乙、情緒先天性中的人的「行動」(Akt) 在哲學史上各種知識考察的進程中，現象學的最大貢獻是揭示了意向性行動所內含的先天效力。而這一有關「行動」的現象學闡釋事實上更是爲謝勒的核心研究工作，並且貫串其思想各個部分的接著點。

謝勒同胡賽爾一樣，經常把其現象學視爲是最徹底的經驗主義，因爲現象學要求將所有預設予以懸置：亦卽要把一切原理、公式、甚至純粹的邏輯原理都要懸置存而不論，一直到能「於體

---

⑭ 全集第10册（遺集第 1 册），頁380。

⑮ Eiichi Shimomissé: *Die Phänomenologie und das Problem der Grundlegung der Ethik,* The Hague, 1971，頁70；另外謝勒本人的論述可參見全集第10册，頁382-384。

驗的和觀照的行動本身中給予」("gegeben"…in dem er-lebenden und er-schauenden Akt selbst) 爲止[76]。由是謝勒將「對某事物的感知」(Fühlen von etwas) 納入到意向性 (Intentionalität) 的概念中，故而，謝勒意下的現象學意向性包含了對美的感知、對風景的欣賞、愛、恨、意欲、無意欲，乃至宗教上信、不信的行動[77]。

根據謝勒本人的意見，事實上「行動」這一概念可以看成是一種價值的「擔負者」(Träger)。我們在前文已提到過：在價值與值料之間還中介著一個「擔負」的關係。事實上，在有關「善」價值(der Wert "gut")和「惡」價值 (der Wert "böse") 上，康德所想做的是將它們化約成一種理想的抽象「應然」，也就是將它們化成一種「合法」(gesetzmäßig)及「違法」(gesetzwidrig)來把握。但是謝勒認爲康德是無法否認「善」「惡」的價值特性(Wertnatur von "gut" und "böse")，「善」「惡」之爲價值，更無寧是如謝勒本人所說：

> 「善」價值——從絶對的意義上說——亦卽是那種價值，卽那種在本質上便合法地於實現該種價值之行動中顯現爲最高的（卽對實現價值之本質的知識階層而說）價值；而「惡」價值——亦從絶對的意義上說——則是那種在實現最低價值的行動中所顯現的。而相對的善和惡則是那種隨著對某種——卽依其各自的價值起點來看——較高或較低價值之實現行動而顯現的價值，而這意卽：由於一個較高

[76] 全集第10册，頁380。
[77] 同上，頁384。

> 的價值存有 (das Höhersein eines Wertes) 是在「樂趨」(Vorziehen) 行動中給予我們，而較低的價值存有則是在「避拒」(Nachsetzen) 行動中給予我們，故而道德善 (sittlich gut) 乃是實現價值的行動，此行動依其所意向的價值物 (Wertmaterie) 而與其所「樂趨」的價值合致，並與其所「避拒」的價值對抗；而道德惡 (böse) 則是依其意向的價值物而與所樂趨的價值做對抗，並且與所避拒的價值合致⑱。

上面所引謝勒這段話，它很清楚告訴我們，存在於價值和與價值關連在一起的物項（值料）間，作爲「樂趨」「避拒」的行動占有著一個核心的地位，它不是一「價值物」(Wertding)，而是成現價值的「擔負者」，並且由於這一擔負關係，我們還可更進一步推出：

> 而單一從根本上可以稱爲「善」和「惡」者，乃卽是那種先於且獨立於所有個別行動而擔負著實質的「善」和「惡」價值者，此亦卽是「人格」(Person)、或者說人格本身的「存有」，故而我們可以從擔負者的觀點卽下定義：「善」和「惡」是卽人格價值 (“Gut” und “Böse” sind Personwerte)⑲。

我們根據謝勒這一定義，於是可以很容易瞭解在人格與行動

⑱ 全集第册2，頁47。
⑲ 同上，頁49。

之間「人格乃是有關各種本質之行動的具體的、自爲本質的存有統一體」(Person ist die konkrete, selbst Wesenhafte Seinseinheit von Akten verschiedenartigen Wesens.)[80]。而這種作爲匯聚一切行動之存有統一體的人格，我們可以換一個更顯明的名詞來稱呼它：即我們可以把人格視爲一個「行動中心」(Aktzentrum)。對於這種「人格作爲行動中心」的概念，我們另外也可以如舒慈所解釋一樣來瞭解它，即「如同我們所見到，道德價值牽涉到其他價值存在的實現，並因此牽涉到現實行爲的表演者：人格，……因此，善惡價值的擔負者根本上就是人格，道德價值就是人格價值[81]。」

由是，謝勒即由人格在行動中與價值存有的本質存在關連上開闢了一片現象學的本質學的考察園地，並從而嘗試在這一片園地上建立他的「實質的」哲學來。

第三節 謝勒的人格理論

前一段我們由「情緒先天性」與人格行動的本質關連引繹出了謝勒人格理論的一個重要因素——「人格作爲行動中心」。在這一節中，我們還準備更進一步地詳細論述謝勒人格理論的其他諸要點，特別是有關人格價值及人格類型兩點。

---

[80] 同上，頁382。

[81] A. Schutz: "Max Scheler's Epistemology and Ethics", *Collected Papers*, III, The Hague, 1966, 頁173. 有關「人格作爲行動中心」的討論，並請參見 A. R. Luther; *Persons in Love. A Study of Max Scheler's Wesen und Formen der Sympathie*, The Hague, 1972, 頁43-54. 及Gerhard Kraenzlin: *Max Schelers phänomenologische Systematik*, Leipzig, 1934, 頁30.

標幟爲謝勒早期哲學特徵的人格理論，事實上我們可以把它看成是謝勒在後期所完成的「哲學人類學」的一個初貌（關於這一點請參見本書第二、六章）。因而有關謝勒的「人格」概念分析的重要性自不在話下。底下我們再從「人格作爲行動中心」這一概念——於此我們特別要針對此一概念與其他概念及命題的銜接關係——做進一步討論。

〔作爲行動中心的人格〕

如前段所引「人格乃是有關各種本質之行動的具體的、自爲本質的存有統一體。」這也就是說謝勒對於人格的看法，既不認爲它是一種具有能力的實體物，也不是空虛的理性概念；它更無寧是一種屬於精神性的存有。關於這一點我們還可以再引一段謝勒本人的說明做爲注腳：

> 人格永遠不能被想爲任何具有能力（Vermögen）或力量（Krafte）的事物或實體，也不能被想成是理性的能力或力量等。人格更無寧是直接共同體驗到的體驗統一體 (die unmittelbar miterlebte Einheit des Er-leben)——而不是一種超越在直接體驗之外純屬思辨的東西[82]。

依謝勒的看法，倘若我們把人格看成是「某隨便一種」(irgend etwas) 理性行動的主體，那麼必然要把一切人畫入於一個唯一的人格存有（Personsein）中去，而無法分辨其中所該有的「個別人格」概念。相對於此，謝勒主張「每一個有限的

---

[82] 全集第2册，頁371。

人格即就是一個『個體』(Individuum)，而且這個作『人格本身』的個體，它並不必要透過其特殊的（外在的和內在的）體驗內容——亦即其所思、所欲、所感等東西，也無須透過其軀體(Leib)——即其空間的塡充 (Raumerfüllung) 等，便會存在。」由是，謝勒更從這種作爲個體的人格概念出發，直接推導出「自律」(Autonomie) 概念僅僅而且必然的是要建立在這種以個體存在爲憑依的「人格的獨立性」(Selbständigkeit der Person) 上[83]。

在另一方面，人格也與心靈的主體[84]或生理的軀體不同。事實上，謝勒所使用「行動」一詞，它的意義更是偏重於「精神的」一面，這也就是說，由於人格是意指一個主體（或個體）的成全，故而其所以成就其爲成全的實現原理也是要爲精神的行動，因爲精神乃是「所有一切行動、意向性及意義實現之本質所具有的那種東西」(alles, was das Wesen von Akt, Intentionalität und Sinnerfülltheit hat, …)[85]。關於上述這一點，一位研究謝勒的專家曾經很正確地指出謝勒意下的人格概念的三個特徵:「即(1) 人格只以精神的現象顯現；(2) 人格及其行動不能被客觀化；(3) 諸人格經由其內在的結構而個體化出來[86]。」

由於「人格」及其「行動」與「精神」層面連關在一起，故而指出人格與與它在存在層面上有等級差異的心靈主體和軀體間的不同，這是有必要的。

---

[83] 參閱同上引書，頁371-373。
[84] 更正確地說，當該稱爲「心靈的『客體』」，詳細說明見下文。
[85] 全集第 2 册，頁388。
[86] E. Ranly: *Max Scheler's Phenomenology of Community*, The Hague, 1966, 頁25.

事實上，謝勒在其《形式主義》一書中極其嚴格地區分了「人格」與先驗統覺的「我」(das “Ich” der transzendentalen Apperzeption)——當然軀體我更是在區分之列了。在區別人格與心身之我的不同上，謝勒將具精神性的行動概念與另一描述心身我的「功能」(Funktion) 分別開來。他說:

> 所有的功能首先都是「我功能」(Ichfunktionen)，從來就不屬於人格階層。功能是心理的，行動卻不屬於心理。行動是已被執行，功能則在執行當中。功能必然要在肉體中並隸屬於其「現象的」環境，人格及行動則不定於肉體中，而且人格所相應的是世界而不是環境87。

這也就是說，作爲成現人格的行動，它因爲必須是「即於」人格而一起存在，故而行動所涉及的是精神存在的領域，而不是身心層次。換言之，人格及其行動是不可被客觀化地來加以把握的，要把握它唯只有透過一種對於本質關連的純粹洞見，而這種洞見之所以爲可能的論證，恰正就是現象學，特別是有關行動解明的行動現象學所努力的工作。相對於不能被客觀化的人格及其行動，我們通常所稱的「我」(das Ich) 則總是扮演著一個客觀化的角色，因爲它總是爲一個「體驗我」(Erlebnis-Ich)，亦即說它總是爲一種思想或感覺的客體88。對此謝勒另外還就語言的使用來考察「人格」與「體驗我」之間的關係。首先，他以爲「人格」不是可感覺的相對名稱，而是絕對的名稱，例如神可以是一

87 全集第2册，頁387。
88 同上，頁389。

個「人格」，但祂不可以是「我」，故而對祂來說更不可能有「你」或外在世界了。於是我們可以說是「人格」在做某某事，如「散步」的是人格，而不是「我」。「我」(Iche) 是既不從事什麼，也不散步的⑱。故而他特別強調指出在「我從事，我散步」(Ich handle, ich gehe spazieren) 的語言用法中，該「我」(Ich) 並不是表示作爲一心靈體驗事實 (eine seelische Erlebnistatsache) 之「我」的標識，而是一種其意義隨各別言說者而改變的隨機性表示。是故，「於此言說的不是『我』，而是人(der Mensch)，所有這些清楚地顯示，我們所關心的人格，它與『我一你』、『心理的一物理的』、『我一外在世界』這些對列表式是毫不相干的。設若我說:『我自覺得』(Ich nehme mich wahr)，那麼第一個『我』不是指心理上的體驗我 (das psychische Erlennis-Ich)，而是指稱形式 (Anredeform)，而反身詞的「自」(mich) 也不是指『我的我』(mein Ich)，而是不管我是外在或內在地『自』覺得的懸置之；相反地，倘若我說:『我覺到我的我』(Ich nehme mein Ich wahr)，那麼該兩個『我』(Iche) 便有不同的意義，第一個的意義同如『我散步』(Ich gehe spazieren) 中的『我』，亦即是作爲指稱形式的意義；而第二個則相反地是指心理上的體驗我，也就是內在知覺的對象 (Gegenstand innerer Wahrnehmung)⑲。」

這也就是說，作爲「指稱形式」的「我」，該「我」不能被實質化成一個心、身知覺的具體對象，它更無寧是一個「虛位」，

---

⑱ 謝勒的原文作: "Eine Person 'handlt' z. B; sie 'geht spazieren' usw; dies kann ein 'Ich' nicht. 'Iche' handeln weder, noch gehen sie spazieren."，見⑱引書，頁389.

⑲ 同⑱同書同頁。

一個單純的指稱，但這種「指稱形式」所指稱的「虛位」亦即就是不能被對象化的「人格」。由此，「人格」既不是一個心理上的「統覺」結聚，也不能被對象化的實指項，它只能是在「行動」中成現的一個本然的中核，亦即「只有存在於且生活於意向行動的成現中的才屬於人格的本質」[91]。

謝勒的人格理論，其認識上的先天性論證，特別是作爲其核心的概念的「行動現象學」及「價值現象學」的證成，事實上都是根基於上述這一「人格作爲行動中心」的理論展開來從事論證的。我們甚至可以這麼說:「人格」透過其用以來規定其自己的「行動」的內在結構，一方面得以規定其本身的成現，並在另一方面更是得以其「行動」的成現原理而搭架到外在世界和本原價值世界。由此意義更進一步地說，人格相對於軀體我、心理我之受制於其周遭環境，它並沒有限定的周遭限制，人格所關涉的是「世界」(Welt)，亦即是絕對存在的、處處都是具體的、個別的存有 (ein absolutseiendes, überall konkretes, individuelles Sein) 和不可以「觀念」(Idee) 窮涉的「場所」[92]。

除了上述見於《形式主義》一書中的論述外，在《同情的本質及形式》一書，謝勒也一再重申「人格是不能被認識，也不能在『知識』中給予的一切爲實現某本質之行動所個別經驗到的統一實體 (Einheitsubstanz)；而且也不是『客體』(Gegenstand),

[91] 同上，原文作: "D. h. zum Wesen der Person gehört, daß sie nur existert und lebt im Vollzug intentionaler Akte."

[92] 同上書，頁392-395，特別是393，關於人格與「世界」(Welt)、「周遭環境」(Umwelt) 的關係，謝勒後來在其哲學人類學的小册名著《人在宇宙中的地位》一書中，更點出其中人所特有的「能說不的能力」(Neinsagenkönnen) 是人能開放向世界的根本根據，請參見本書第六章。

更不用說是『事物』了。我們能够客觀給予的經常只有(1) 異我的軀體 (die fremde Körper), (2) 身軀 (Leibeinheit), (3) 體驗我及所屬的(生)『靈』(das Ich und die zugehörige (vitale) "Seele")[93]。」謝勒意下這種不能客體化，也不能在知識中經由經驗來攫獲的「人格」，似乎是有些令人撲朔迷離。對此我們願意藉一位深入研究過謝勒人格理論的專家的分析來說明人格及其行動間的關係，並作爲本節的結束。

許里曼 (Kaspar Hürlimann) 這位深入研究過謝勒價值理論與人格學說的學者，他首先強調指出，謝勒之把人格視作爲意向性活動的具體本質，它其實卽就是與外在的「所思」(noema) 相對的「能思」(noesis) 罷了。由此出發，他將謝勒的人格理論歸納成五點: 卽(1) 謝勒意下的人格的根本特徵乃是由其純粹的成現而給予的; (2) 由人格的純粹能行動性出發而得以肯定其與心物無關; (3) 然後強調出「情緒的優先性」及經由行動的「同情」、「共成」而證成(4)「相互主觀性」，最後並在人格碰觸到上帝這一終極的人格行動而抵入 (5) 超越的領域中[94]。這亦卽是說，人格的存在及其價值的全幅成現是不可分地與「行動」連在一起的，「人格」是「作爲」(als) 行動的中心而存在，而行動的「中心」則卽就是「人格」。

〔**人格價值與人格類型**〕

我們在前文中曾列舉了謝勒所排列的價值次序並稍略提及了「善」「惡」價值與「人格」的關係。於此我們準備再更進一步

---

[93] 全集第 7 册，頁168。

[94] Kaspar Hürlimann, "Person und Werte", 刋於 *Divus Thomas*, 卷 XXX (1952), 頁273-298及385-416, 特別請參見頁280-283。

說明「人格價值」(Personwerte) 的一些特性。

在謝勒的實質的價值倫理學中，其所關涉的核心事實上乃是「人格」這一概念，一切的價值規定都是要回溯到作為行動中心的這個「人格」上去，這也就是說:「人格乃是有關各種本質之行動的具體的、自為本質的存有統一體[95]」。於是人格一方面在其個別的行動——即在「樂趣」、「避拒」的行動規定出各種不同的價值層次，並且在同時它本身還自為是一個「擔負者」，因為人格本身即是這個「樂趣」、「避拒」行動的表演者；另外我們再從謝勒以價值正負向的實現來定義「善」「惡」價值這一理由來比觀，那麼很清楚地，作為「善」「惡」價值「擔負者」的人格的「價值」——即「人格價值」(Personwerte)——實即就是「道德價值」(sittliche Werte)。這也就是說人格之要為有價值，它必須實現其價值秩序中更高的價值，或者說「人格價值」的存在乃是在於「人格」的自我實現以至於達到最高的絕對對象。因此，在當人格成現了積極的價值或消除了消極的價值成現，那麼這種人格所擔負的價值便是為「善」價值了；相反地，在當人格不將其當該實現的積極價值予以實現，反而是循流而下斯濫矣地助成不應成就的負價值實現，那麼此「人格價值」便是為一「惡」價值了。

這種以「善」「惡」價值屬之於「人格價值」，它並不是單純地為一種藉由公設推導而得的簡單形式演繹。在此推導關係中所根據的「價值公設」及高低價值判準裏面，除了一種演繹性的把握之外，它還指涉到一個具體的原理——即「人格」這不能以

---

[95] 同[80]。

「分解的」方式來把握的整全「存有」。由於「人格」具有「整全」（即不可分解性）、爲「個體」存在的特性，因此在諸人格存有間的關係便很明顯地是屬一種不可相互化約而且共指向於一種絕對成現的個別的絕對自我實現。這亦即是說，人格在自我實現的具成中，它們都是必須要實現其自己所以必須自我實現的絕對價值，或換言之，作爲「善」「惡」的「人格價值」的擔負者的「人格」，它最終都是要指向於絕對的價值而實現之。但另一方面，人格同時亦因其個體存在而具現爲諸多不同的「人格類型」(Persontypen)。

事實上，「人格」在謝勒的理解下是爲一種「人格價值」的擔負者，那麼很自然在相對於人格行動(意向活動)所指涉及的價值階層上，「人格」同時並展現出不同的形態來。關於價值階層的區分，我們在前文中列舉出了四種不同的區域，即：(1) 快適不快適的價值，(2) 生命活力的價值，(3) 精神價值及(4) 聖與不聖的價值[96]。相對於上述的價值區分，作爲價值擔負者的人格亦表現爲底下五種價值人格類型(Wertpersontypen)，(1)有關文明創造的領導性精神(der "führende Geist der Zivilisation); (2) 品味的藝術家 (der "Künstler des Genusses); (3) 英雄 (der Held); (4) 天才 (der Genius); (5) 聖者 (der Heilige)[97]。

這五種價值人格類型事實亦即是人格自我實現中所具體成就的價值擔負者的類型，例如在創造神聖之價值的行動上，它是藉初始聖人（如佛陀、耶穌）、使徒、殉教者、改革者等不同人格

---

[96] 見本章前文有關謝勒價值理論中價值階層一段的討論。

[97] 參見全集第2册，頁570及以下，另外更詳細的論述。請參見謝勒《遺集第1册》中〈模範及領袖〉(Vorbilder und Führer) 一文，此文今收入於全集第10册，頁255-344。

存有而成就出來的；天才的人格類型則是指極富精神價值的文化締造者如藝術家、哲學家及立法者的人格價值表顯；英雄的人格類型指的是政治家、軍事統領、殖民者這種極富生活力的人格表現；而文明上的領導性人物則是指創造我們物質文明的科學家和經濟學家，這一種人格類型其所以低於其他富有精神性、或生命活力的人格類型乃是因爲其所滿足的層是一種宰制物質世界的工技文明，最後屬於品味的藝術家這種人格類型，因爲他們只從能否在品味上獲取感官上的快適爲衡斷價值的標準，故而列爲最低的一級。

在謝勒的人格類型理論中，其最重要的核心並不在於把成現出其價值的人格分屬到相應的人格類型中去。人格存在對於謝勒來說，它雖是一個不可對象化、不可以分解思辨的個別整全存在，但是它同時是要指向於絕對價值的實現——這點謝勒是接著於西洋的形而上學傳統而設定爲絕對超越存在的神聖世界——，因此，諸個別的整全人格存有，它除了要確立其作爲個體的整全存在外，它並且還要在成全向於絕對價值的圓滿自我實現中開放出一個「團結原理」(Prinzip der Solidarität) 的可能性來。

什麼是「團結原理」呢？對於謝勒來說，在諸多自以整全個體存在的「個別人格」(Einzelpersonen)，它所以在其中生存著的文化圈中——或更好說是諸多價值領域（如宗教、國家、經濟等）——必然地還要再指向一個更占優位的社會風尚 (ein vorwiegend gesellscheftliches Ethos)——卽一個更高的價值擔負者 (Wertträger)。而所以能總攝諸多價值領域以成就更高乃至最高價值實現的依據，謝勒卽稱它是爲一個「團結原理」。並且亦是因爲這一「團結原理」的緣故，「個別人格」的整全個體因而亦能夠越向「總體人格」(Gesamtpersonen)，而使得諸多以人羣結聚而共同生活的人格存在方式得有理論上的奠基[98]。對於此點謝勒曾這麼寫道:「然而同樣很確切地，老遠就可見到的痕跡，其存在乃是爲了要在此一具有優越地位的社會時期——不但是個別人格相互間在總體人格中的關係裏，並且還包括總體人格相互間在更廣泛包蘊著它的總體人格中的關係裏——所預備的地基上讓這一與風尙相對立的團結原理於體驗中並同樣也在理論中得取新的實在[99]。」

由是，單一的個人人格在謝勒的「團結原理」下，它獲取了「總體人格」這一新的實在，而諸般的人羣結聚亦因而各得其所以得以奠立其根據的理由。不過我們最後在此還要再加一句，亦即有關謝勒這一「個別人格」與「總體人格」的關係，其所以貫串之的「團結原理」還得要再回溯到謝勒的人格概念的一個基本思想上，此卽是以「愛」作爲人格之基本行動的想法。不過由於篇幅限制，再加上有關此一問題的論述要牽涉極多有關知識論、行動現象學，乃或至於形而上學的問題，我們只好予以從缺了[100]。

---

[98] 全集第2册，頁530-531。

[99] 同上，頁530。

[100] 有關「愛」以及其與人格的關係，特別是將愛視作爲一種人格的認識行動的知識學建構等問題，它們在謝勒的哲學、現象學工作中占有非常重要的地位。有關謝勒本人的意見，主要可參見《同情的本質及形式》(收入全集第7册)，〈愛的秩序〉(Ordo Amoris, 收入於《遺集第1册》，卽全集第10册中，頁345-376)。以及《形式主義》(卽全集第2册)的有關章節。至於論述謝勒哲學中「愛」的理論的書或文章請參見本書附錄「參考書目」中所列有關各項。

第五章　謝勒的宗教哲學

無疑地，謝勒也是屬於二十世紀最著名的宗教哲學家之一，許許多多的當代宗教哲學，乃至於神學著作都得回溯感謝他所做的啟發。但亦令人大惑不解的是，謝勒大半從天主教的「宗教哲學」出發的發言，同時也引起許多「謝勒是否爲一位天主教徒」的質疑❶。

從信仰表態、宗教生活參與等實際行動，謝勒之參與《高地》(*Hochland*)❷雜誌編務、鼓吹「基督教的社會主義」(christlicher Sozialismus)以對抗馬克思主義和資本主義，以及寫

---

❶ 關於此的論述文字非常多，特別是在第二次大公會議 (II. Konzil) 以前，天主教中的保守人士便經常透過各種當時「教義部」(Kirchliches Lehramt) 所規定的「教條」來否認謝勒的思想爲天主教的思想，其中著名的例子有如一位耶穌會神父 P. H. Lennerz 所著 *Schelers Konformitätssystem und die Lehre der Katholischen Kirche*(1924)，或如著名天主教保守作家 Theodor Haecker 等都是。相反地，另外一切眼光高瞻、心胸開闊的著名天主教哲學家，即使不贊同謝勒晚期的轉變，也都能肯認謝勒對「天主教宗教哲學」上的貢獻，其中最著名爲謝勒辯護的人有如 D. von Hildebrand, J. Hessen; Peter Wust 等。詳見下文，有關資料並請按察書後目錄所列 W. Hartmann 所編 *Max Scheler. Bibliographie* (Stuttgart, 1963) 及 M. S. Frings 的補編。

❷ *Hochland* 是一份著名天主教文化性雜誌，由 Carl Muth 創辦並任總編輯（1903年創刊）。除謝勒以外，這份雜誌並爭取了許多其他著名的天主教界人士參與編務和發表文章。

作許多有關「天主教時期」思想的文章等來看，謝勒並不僅是一位「受洗」的天主教徒，並且也是一位極富自我意識和自我行動的積極信仰者。但是他在另一方面卻又極強烈的表現反經院教條，在盛溢的感情中更是屢次違犯天主教的神聖婚姻貞潔，到最後再加上他把「人」崇高化，而提昇到神的「共事者」(Mitarbeiter)、是個「小神」(Mikrotheos)的思想，更是使得天主教中以亞里士多德——多瑪斯實在論爲經典依據的詮釋傳統感到不滿，乃甚至否認謝勒作爲一位天主教思想家的正當性。

謝勒的宗教皈依雖然極具爭論，但是他在宗教哲學的貢獻和影響決不可忽視，因爲它不但在外延上刺激了許多新的有關宗教哲學的反省，並且在內涵上它也與謝勒本人的其他思想共同爲一個整體。我們只有把謝勒的宗教哲學拿來與他的其他工作領域一起加以考慮，我們才能眞正瞭解謝勒哲學思想的眞正企圖以及其發展走向。尤其是在當我們要眞切地把握住謝勒「人格——價值」學說的眞正意涵及其根本基礎時，對於謝勒的宗教哲學的探討，更是一個不容忽視的重要工作。底下我們卽準備分三節來說明謝勒在宗教哲學上的努力和貢獻。

第一節　謝勒在宗教哲學研究上的重要性

當代德國天主教的宗教哲學，除了極具「官方」性質的新多瑪斯主義(Neuthomismus)，特別是以卡爾·拉納(Karl Rahner)耶姆里希·柯列特(Emerich Coreth)、歐圖·穆克(Otto Muck)等人的「先驗多瑪斯主義」(transzendentaler Thomismus)外，絕大部分天主教內具神職身分或不具神職身分的宗教哲學家都相當程度，乃甚至極深刻地受到謝勒的影響，其中最著名的有如：狄特里希・馮・希爾德布朗（Dietrich von Hildebrand)、耶蒂特・史坦 (Edith Stein)、耶里希・普遲瓦拉 (Erich Przywara)、赫第薇・孔拉德一馬丟斯 (Hedwig Conrad-Martius)、柏揚哈德・黑林 (Bernhard Häring)、尤翰那斯・黑森(Johannes Hessen)、彼得・伍斯特(Peter Wust)、阿洛依斯・但普夫(Alois Dempf)、柏揚哈德・維爾特 (Bernhard Welte)等人，甚至現任教宗若望・保祿二世早年在他由波蘭魯布林天主教大學(Katholische Universität Lublin)出版的任教資格論文[3]及其本人的獨創性著作《行動人》(*The Acting Person*)[4]等亦都是直接或間接的在謝勒影響下而完成的。

由此諸事實我們可以確定一點，卽謝勒在宗教哲學這一研究領域占有極重要的地位。不過謝勒在宗教哲學上的重要性究竟是在那裏呢？對於這一點的答覆，我們在本節中準備藉著幾件歷史性的故實來說明它。

首先我們要提出謝勒有關宗教哲學——特別是在天主教脈絡中——的重要貢獻之一是他重新復活奧古斯丁(St. Augustin)及巴斯卡 (B. Pascal) 的傳統。長久以來，天主教的實在論傾向使得以聖多瑪斯 (St. Thomas Aquina) 的辨解性經院傳統一直執

---

[3] 這本任教資格論文原題爲 *Ocena możliwości zbudowania etyki chrześcijańskiej przy założeniach systemu Maxa Schelera*（在接受謝勒系統下論基督教倫理學的可能性），Lublin, 1959；這本任教資格論文並同其他有關討論謝勒及倫理學的問題的論文已經譯成德文在 1980 年出版：Karol Wojtyła, *Primat des Geistes*, Stuttgart, 1980。

[4] Dordrecht-Boston-London, 1979；此書波蘭文原題作 *Osoba i Czyn*（《人格與行動》），Cracow, 1969。又此書現亦有德譯本。

教會當局有關宗教本質解釋的威權。但由於多瑪斯主義傳統中的智思——辨解性 (intellektuell-spekulativ) 傾向強烈，因此經常在信仰與知識之間造成一種難以調和的緊張關係。

如同前面幾章所述，謝勒本人並不傾心於這種有些逞智性的思辨努力，或甚至可以說，他從根本上就是厭惡「抽象建構」❺。但是在另一方面，謝勒也不是一個神秘主義者，他並不追求不可言說的私有證驗，特別是對於超越存在的恍惚神證。如此地，謝勒在面對這兩種通常的宗教把握方式——即通過智思——辨解的先驗辯神論和密契主義的恍惚體驗，他必須別尋另一條通路，而且這條通路必須在一方面能說明個別知識的眞實性，且在另一方面必須要能突破形式主義框架的限制而抵入於「不可捉摸的」對象中去，並「可理解的」認識它和說明它。但這怎麼可能呢？我們有的知識，要嘛就是可以形式化地來擺列，要嘛就是在我們每一個人的感官經驗中可以加以指陳和重複感受到，至少它的存在我們可以透過一種非經驗性的合法命題關係聯接來說明其邏輯性。這也就是說，知識，特別是合法的知識，基本上它若不是屬於智性思辨的邏輯理性，至少也是爲「普遍」可重複的感官經驗。但很明顯地，「普遍可重複的感官經驗」這是一把大剃刀，它不但剃下該剃下的，並且也把不該剃下的剃下，面對這種知識的判準，許多知識將會不再能成其爲知識，乃甚至根本沒有辦法建立任何種類的知識，因爲感官經驗所能保證的眞知識（若眞能保證的話）只能是在感官經驗在當下感官所經驗的經驗而

❺ 參見Hans-Georg Gadamer: “Max Scheler—Der Verschwender”, 收於 Paul Good 編 *Max Scheler im Gegenwartsgeschehen der Philosophie* (Bern-München, 1975)，頁13.

已，任何要把這種個別且單一的經驗加以普遍化的企圖將都要犯規。於是「此路不通」自不在話下。另外一條路，卽藉由「理性邏輯」(Logik der Vernunft) 來評判知識是否爲妥當 (gültig) 的做法中，我們將只能經由陳述的形式構成來表述❻，然後卽就著其形式構成本身或就其形式關係的連結指陳其間的先驗規定性。但無論如何，這樣一來一定得要把活生生的知識把握先予以化約成一整齊的形式單元，於是得以爲一種嚴格規定之科學的知識必然地也變成了一種化約的知識，它是一種削足以適履的知識。一般人之批評學院的知識爲象牙塔或只屬少數專家，其根據也是基於此點。更嚴重地問題我們還可在現代科學哲學研究中所謂科學進步及典範問題之爭裏頭看到其由於對對象的化約而產生出之表述及演繹上的局部性和差謬。

不過上述的評論並不是否認感官經驗和理性規定的眞確性。我們在謝勒的著作中可以看到，理性並不是不可取或不重要，他只是要指出：理性就像眼睛不能聽見聲音一樣，它必須要守住其所適用的領域，而不應侵入它管不著的領域去。「心有其理性，是理性所不認識的」❼，巴斯卡(Pascal)這句名言經常爲謝勒所引用並加以引申。而且我們卽就這一點可以把謝勒視爲二十世紀哲學家中試圖重新恢復奥古斯丁——巴斯卡傳統（特別是在天主教的

❻ 我們在這裏所稱的「形式」並不是狹義的形式邏輯的形式，而是指更廣義藉由概念媒介的置定，從而透過該媒介概念的構架以形成推衍的連結關係之「形式」。

❼ 參見 B. Pascal: *Pensées et Opuscules*, Léon Brunschvicg 編, Paris, 1953; Fragment 277: “Le coeur a ses raisons, que la raison ne connaît point...”。這句話中第一個 raison(s) 應當譯作「道理」，意思是指心的認識乃是有其憑據的，第二個 raison則是通常所意謂的「理性」，不過我們在這裏爲保留法文字的字源關係，兩處仍同譯作「理性」。

脈絡中）的人❽。

不過我們在此也必須指出，謝勒與奧古斯丁或巴斯卡的繼承關係並不是將他們的思想照原樣搬到二十世紀來。事實上他與他們之間存在有不可掩飾的差異。對於奧古斯丁和巴斯卡來說，以理性邏輯爲其基本表現形式的「科學精神」(l'esprit de géométrie)是絕對無法把握「靈妙精神」(l'esprit de finesse)❾，也就是說，面對上帝這個終極的本原知識，我們是沒有辦法藉由辨解的智思來企及的。神的氛圍我們只有透過信仰才能抵入其中。在面對終極的知識，他們以一種神秘主義的方式斷言，我們惟只有放棄科學的智思辨解，而純出以一種虔誠的信仰將自己委奉給上帝，如此才能眞正把握終極的眞理，才能認識「靈妙精神」。奧古斯丁和巴斯卡這種將自己從思辨性思想中抽拔出，而浸潤於絕對的信仰中，無論如何，他們總是不能免卻其相當程度的密契傾向。但對這種藉由神秘經驗來超越智思世界的局限和肯斷認取超

---

❽ 1906年4月27日謝勒在一封寫給 Baron von Hertling 的信中有這麼樣的自述：「……在這些東西(按指有關宗教及倫理方面的想法)中，我的導師特別是如奧古斯丁主義、巴斯卡，近時則爲倭伊鏗；我也很看重法國人噶貝陀尼頁（Caberthonnièr，按此人爲演說家，當時並爲天主教現代派的辯護士，於1907年屈服於保守教會。）……」，此信轉引自 Finke, H.: *Internationale Wissenschafts beziehungen der Görresgesellschaft*, Köln, 1923, 頁48-51.

❾ 見上引巴斯卡書，Fragment 1；另外更詳細的專論可參見巴斯卡著名的文章〈對普遍幾何學的反省〉(Réflexions sur la géométrie en général)，這篇文章亦可見於 Léon Brunschvicg 的輯本。筆者所參考的版本除 E. Havet 編 *Pensées de Pascal, publiées dans leur texte authentique avec un commentaire suivi* (Paris, 1989) 所收版本，另外並參考 Jean-Pierre Schobinger對該文的詳細譯注（並含原文）：*Blaise Pascals Reflexionen über die Geometrie im allgemeinen: "De l'esprit géométrique" und "De l'art de persuader."*(Basel-Stuttgart: Schwabe, 1974) 一書。

越的神聖世界的作法，謝勒不能够自安，他雖然不滿意於辨解的知識，但他也不同意以密契的超越經驗來普遍地說明終極的「眞際」，因此謝勒之繼承、恢復奧古斯丁、巴斯卡傳統，基本上是屬於一種將新酒添注到舊瓶去的方式，他將奧古斯丁、巴斯卡的論題——特別是如：心、愛等論題重新予以解釋地擺到他自己的思想架構中去，特別是他透過一種公設化的理解，將這些命題賦予一種「經驗性明證」的直觀基礎，因而一方面堅持維持他反先驗主義的立場，並在另一方面又可保住其知識論證上的嚴密性要求⑩。

而且謝勒之重新復活奧古斯丁、巴斯卡思想，他並不是藉著精密詮解工作來從事。很令人驚訝地，謝勒本人並沒有專書，甚至也沒有專文討論奧古斯丁及巴斯卡兩人的思想，並且他在其著作中也並不經常提及這兩個人的名字。謝勒事實上毋寧乃是一種精神的繼承，經由這種精神的繼承，謝勒展現出了一種對宗教，乃甚至對所有哲學問題思考的新景觀。也許是由於有親炙機會而得以熟悉謝勒的哲學思考進程，故而他的入室弟子如藍得斯貝格(P. L. Landsberg)、呂策勒 (H. Lützeler) 都曾以專著方式論述巴斯卡或奧古斯丁⑪，這或許亦可稍補謝勒沒有對此撰著論述

⑩ 關於謝勒對先驗主義和對公設法的理解及其所採取的態度的全面檢討，我們無法在此予以論述，作者準備在未來的其他機會中再撰文詳細論述。

⑪ 參見 Paul Ludwig Landsberg; *Pascals Berufung* (Bonn, 1929); *Die Welt des Mittelalters und Wir* (Bonn, 1923); Heinrich Lützeler: *Pascal. Religöse Schriften* (Kempen-Niederrhein, 1947). 另外關於謝勒與奧古斯丁的關係，可參見 Johan Grooten: "L'augustinisme de Max Scheler"，刋於 *Augustinus Magister*, Paris, 1954, 與巴斯卡的關係的研究則可以於許多研究論文的片斷中見到。

的缺憾。

底下我們準備再稍略談一下謝勒與當代天主教界中的宗教哲學乃至於一般的宗教思想的關係。如本節開始時所舉列，當代天主教界中的哲學反省以及倫理學(包括倫理神學)等各方面都很受到謝勒的影響或啟發。底下我們即以(1)奧古斯丁主義精神；(2)人格——實質價值倫理學；(3)宗教經驗現象學及(4)哲學人類學四方面來介紹謝勒與當代宗教哲學研究的關係。(本段文字只說明其歷史方面的關係，於理論方面的詳細討論，我們準備於下一節再進行。)

首先在某一方面上我們似乎可以把對奧古斯丁的重新瞭解這點看作是謝勒對知識的認知把握及奠基性考慮的根源性反省，簡單地說，我們亦即可以把它看作是一種謝勒的知識論的基本考慮或其基礎所在。

不過在說明謝勒的哲學與奧古斯丁的關係這一點上，我們首先必得澄清一件令人困惑的情況。奧古斯丁雖然被天主教會尊為聖人，並且也一直有研究其思想的傳統，但做為羅馬宗座所頒發的官方學說則是以亞里士多德——多瑪斯實在論 (Aristotle-thomistic realism)為代表的「士林哲學」(Scholastik)。歷代雖不乏擁護奧古斯丁學說的人，但無論如何，他們一直都不佔有正統的地位，其原因或許是由於羅馬教會之主智傾向使然。事實上，強調宗教體驗的奧古斯丁傳統——他甚至藉用詭題如「當我自欺時，故我在」(si enim fallor, sum)⑫等等表述——必然地更接近於神秘主義；但羅馬教會更願意嘗試透過人的理性，在上

⑫ 《上帝之城》(*De civitate Dei*)，XI 10, 14-16.

帝的「恩賜」啟示下能够辨解地證明神的存在及其為成全的終極存有。

是故奧古斯丁的思想對天主教會來說，它雖然沒有悖於其正統思想，但也不佔有主持其正統的地位。但是宗教的本質對謝勒來說，它無寧更是一種要在宗教體驗中把握的「行動」，而且這個「行動」的把握，在胡賽爾所揭櫫的「意向性」分析下，它不再是一種神秘不可解的東西，而是可以在現象學分析中把握的本質對象。於是謝勒便可以拋開多瑪斯的士林哲學傳統，而重新在奧古斯丁的論題中恢復更有活力的宗教辯護。

謝勒重新復活奧古斯丁精神的工作主要是在有關對「心」(cor)⑬、「愛」(amor)⑭這兩個概念的系統建設上。尤其要特別注意的一點，謝勒並不只是在作為宗教考察的論題下來看待這兩個極易化入密契行動的概念；相反地，他更加積極地從正面——即從現象學的知識奠立的基礎上——來考察其間的嚴格知識基礎。「心」在此不是一個任意發作的單純的感情表現之匯聚；它更是為一種「官」思的「心」，是一種知識論上有效的本原性發用。這一個「心」到了巴斯卡的手上便是擁有「理性所沒有的道理」而能認識「微妙精神」的「心」，是主導一種不能為其他認知方式所取代的認知領域的主持者。最後它到了謝勒手上便成了一切存有「如是」(Sosein)存在的認識原理，甚至我們還可更進一步指出：謝勒思想之逸出西洋正統傳統的關鍵正是在於此點上，而

⑬ 詳細說明奧古斯丁之「心」概念以及其影響的專著可參見 Anton Maxsein: *Philosophia Cordis. Das Wesen der Personalität bei Augustin*, Salzburg, 1966。

⑭ 有關「愛」一概念在奧古斯丁思想中和在謝勒哲學體系中的意義和地位，其最基本的文獻請參見本書第四章⑩所列各項。

其所以逸出西方正統而表現出的另一知識(或甚至可稱「眞理」)態度以及預爲東方思想的「合理性」作證並爲雙方在同層次上對談做預備也是在這點上。

另一個深深關連於奧古斯丁哲學的概念「愛」，它與謝勒的哲學中並不單純只是被用來指陳一種情緒上的偏好而已。更重要地是，這一概念在謝勒的思想中，他把它理解成爲一種知識上的認知行動，特別是有關「人格」這種具體整全的「認知對象」的認知行動，或說是「情緒的、精神的基本行動」(emotionaler geistiger Grundakt)⑮。我們對此也可換個方式來說，即謝勒把世界看成是一個「價値的世界」，一切在世界中存在的東西都擔負著其「價値」，故而「人不管他是爲認知的存有(ens cogitans)，或意願的存有(ens volens)，他都是一個愛的存有(ens amans)⑯」，因爲「行動」的本原就是「愛」，或我們可逕叫「愛」爲「本原行動」(Urakt)，這種指向於諸種意向關連項的「本原行動」之愛「乃是一種朝向於神之未成全，經常是在睡眠狀態中或自爲喜歡，但卻又似乎自行在其途中歇息的愛⑰。」

但無論如何，在謝勒的哲學中，一切不能以理性分解加以思辨以至於一切認知的動因(相對於「知識價値」)的存有之認知都要回溯到這一「本原行動」中:「也就是說，愛總是爲喚醒知識和意願者——也就是精神和理性本身之母」(Also ist Liebe immer die Weckerin zur Erkenntnis und zum Wollen—ja die Mutter des Geistes und der Vernunft selbst.)⑱，而謝勒

⑮ 全集第10册，"Ordo amoris"一章，頁356。
⑯ 同上。
⑰ 同上。
⑱ 同上。

並且即從這一瞭解下來把握「愛智」的哲學的意義:「一個有限人格參與於所有可能事物之本質核心之由愛所確立的現實性」(Liebesbestimmter Aktus der Teilnahme des Kernes einer endlichen Menschenperson am Wesenhaften aller möglichen Dinge.)⑲。

其次我們可以很順理地從上述推出謝勒在宗教體驗和宗教行動在理論解明上的貢獻。因爲謝勒爲宗教「知識論奠基」開啟了一條新路徑，因此二十世紀的宗教哲學家除了固守於經院舊傳統者之外，大多都受到了謝勒極深刻的影響（下詳）。不過有關此宗教「知識論奠基」的內容我們將於下一節詳述，故此處就不再多談了。

至於有關謝勒對當代宗教哲學的影響，除了與新教中著名宗教學家如奧托 (Rudolf Otto)、特勒屈 (Ernst Troeltsch) 有極重要的交互影響（特別是在「神聖」概念及與人格價值之關係的「現象學考察」上）外，在天主教界中更是重要。根據弗立斯(Heinrich Fries)所著《當代天主教的宗教哲學》⑳一書的考察，截至該書寫成時間——即1948年，他共舉列了十九位代表性的天主教宗教哲學家、神學家分別在八方面與謝勒的宗教哲學發生交接影響㉑。

不過弗立斯書中所列的內容事實僅止於1948年以前，事實上

---

⑲ 全集第5册，頁68。

⑳ Heinrich Fries, *Die katholische Religionsphilosophie der Gegenwart*, Heidelberg, 1949. 又這本書有一個副標題〈謝勒對其（按指天主教宗教哲學）形式及面貌的影響——一個問題史研究〉("Der Einfluß Max Schelers auf ihre Formen und Gestalten. Eine problemgeschichtliche Studie")，此外此書並注明是「得有教會准印」(Mit kirchlicher Druckerlaubnis)。

在二次世界大戰後的許多有關謝勒研究的論著，相當大部分是出自於天主教神職人員或神學哲學學者的手筆。其中如在倫理神學上極富盛名的學者：黑林（Bernhard Häring）㉑、雷丁（Marcel Reding）、斯坦彼霞（Theodor Steinbüchel），特別是當今教宗若望保祿二世（Johannes Paul II，原名 Karol Wojtyła）；在人格理論和哲學人類學上亦有極廣泛的影響（包括對新教神學人類學的形成），如亨格斯登貝格（Eduard Hengstenberg）、漢姆（Felix Hammer），以及教宗若望保祿二世的「行動人」理念等都是。至於早年一起與謝勒共同成長的現象圈中諸天主教傾向學者如耶蒂特・斯坦因（Edith Stein）、狄特里希、馮・希爾德布朗德（Dietrich von Hildebrand）、赫第薇・孔拉德一馬丟斯（Hedwig Conrad-Martius）乃至其學生名藝術史家呂策勒（Heinrich Lützeler）在解釋宗教藝術的精神（他即以此研究領域著名於世）上等都分別在各個方面受到謝勒的影響。基於這一事實，我們或許可以相當肯定地宣稱：在了解當代天主教哲學發展（特別是在德國的發展）上是有需要先把握住相當程度的謝勒

㉑ 其八方面和分屬人物如下：

(1)現象學方法：Josef Heiler, Otto Gründler, Bernhard Rosenmöller, Karl Adam。

(2)價值哲學：Aloys Müller, Johannes Hessen。

(3)存在哲學——人類學：Bernhard Rosenmöller, Peter Wust, Karl Rahner, Oskar Bauhofer。

(4)生命哲學：Romano Guardini, Arnold Rademacher。

(5)宗教社會學：Alois Dempf。

(6)奧古斯丁主義：Bernhard Rosenmöller。

(7)採對立態度者有如：Georg Wunderle, Heinrich Straubinger, Johann Peter Steffes. Alexander Willwoll, Wilhelm Keilbach, Joseph Geyser。

(8)尋求調和者：Erich Przywara。

思想。

最後我們還願意指出，謝勒的社會哲學思想在天主教期這一階段中是以所謂「基督教社會主義」(christlicher Sozialismus)[22]名稱登場，他在這一階段時間並且還與屬保守派的《高地》(Hochland)雜誌創辦人卡爾・穆特 (Carl Muth) 等人共同推動這一理想以對抗資本主義和馬克斯主義。不過由於篇幅及興趣的限制，對於這一點我們就不多談了。

第二節　謝勒的宗教哲學及其在謝勒哲學中的地位

從系統上來說，謝勒的宗教哲學可以分作兩個方面來考察，卽「宗教對象」(religiöser Gegenstand) 及「宗教行動」(religiöser Akt)，也就是說可以分別從「神靈」(das Göttliche) 和有關人的「信仰」兩方面來處理。不過在處理宗教哲學中的這兩大主題之先，我們還得先說明一下有關謝勒宗教哲學的一個核心概念——合致性系統 (Konformitätssystem)。當然謝勒藉由對「神性物」及「宗教行動」的各別內涵及其間的交互關係的討論，並從而證成所謂「合致性系統」，其所根據的根本原則乃是現象學考察的應用，故而謝勒這一宗教哲學探究不用說也是所謂「宗教現象學」(Phänomenologie der Religion) 的一個濫觴。底下我們先談一下謝勒宗教哲學研究根本出發點:「合致性」理論。

〔合致性系統〕

---

[22] 全集第6册，頁259-266。

自古以來的思想史中，在信仰與知識之間一直存在著一個不能調和的相對立的緊張關係。其結果要嘛就是把信仰化約成理智的形式規條，強制地要求人去信；不然便得把理智拋棄一邊，而憑藉著非理性的「信」將自己完全浸潤到神秘的氛圍中。事實上這也是長期以來從事哲學的宗教解明的學者的一個永恒難題。

面對著這樣的難題，謝勒必須先解決有關這種存在於信仰與知識之間的兩難，否則他是無法進一步去處理宗教知識中所具有的先天有效內涵的，而這也是他提出「合致性系統」以作爲其宗教哲學的基礎的緣故。至於什麼是「合致性系統」呢？我們依謝勒本人的說法：

> 有關宗教（也包括自然宗教）的獨立性（Selbständigkeit）和自在地建立性（Insichgegründetheit）之命題，並不排斥其本質對形而上學的關係規定，此即我所稱宗教與形而上學的合致性系統(das Konformitätssystem von Religion und Metaphysik)，亦即是我在前文中（按指這一段文字前的兩小節論述）所指出與作爲二元論系統之全體的和部分的同一系統（Identitätssystem）相對立的關係規定[23]。

這也就是說，在傳統的宗教哲學考察中，以聖多瑪斯(Thomas Aquina) 爲指導的天主教宗教哲學認爲人可以經由人的理性思考證明神的存在，但對於神的內在本質 (Gottes inneres Wesen) 則只能透過在基督身上的啟示 (Offenbarung in Christo) 之助

[23] 全集第 5 册，頁142。

才能把握。這種對宗教和哲學只認許有部分同一的態度，謝勒卽稱爲「有關宗教與哲學的部分同一系統」(partielles Identitätssystem von Religion und Philosophie) ㉔。相對於「部分同一系統」，「全體同一系統」(totales Identitätssystem) 則是指把整個神學歸併到哲學中，或把哲學完全隸屬到神學下的態度，主張這類態度的學派，謝勒舉出了「智識主義」(Gnosis) 和「傳統主義」(Traditionalismus)㉕，智識主義者把宗教看成只是形而上學知識中的一個較低的知識階層，亦卽他們把整個神學歸屬到哲學中去；而以德・梅斯特 (De Maistre)、拉蒙內 (Lamennais) 爲主的「傳統主義者」，則希望把哲學消融到宗教中去，故而他們使用源自於形而上學的概念和思想而來把一種眞正源於宗教的信仰內容加以理性化、系統化和形式化㉖。

對於以上兩種有關宗教與哲學的關係規定，謝勒認爲：首先，「宗教的神是神聖人格的神和民眾的神，而不是『受過教養者』的知識神」(Der religiöse Gott ist der Gott der heiligen Personen und Volksgott, nicht Wissensgott der "Gebildeten")㉗。這也就是說，宗教的眞理的根源並不在於科學的詮解，而是對宗教人（亦卽聖者）言說的信仰，因此其所涉及的乃是活生生之人格類型的體認。至於另一方面，謝勒認爲「傳統主義者」試圖把形而上學消融到宗教中去是個錯誤的作法，因爲他們把宗教的獨立性提高成一種宗教的「獨裁」(Alleinherrschaft der Religion)，結果造成既不與哲學的本質一致，也不跟宗教的本

㉔ 同上，頁127。
㉕ 同上書，同頁。
㉖ 同上，頁131。
㉗ 同上，頁130。

質一致。對此謝勒還更進一步指出了形而上學和宗教的各別本質特性，首先形而上學是自我紮根於人類的精神中，也就是說形而上學是以作爲知識的需要、問題、對象及方法而出現的，故而謝勒借用來布尼茲（Leibniz）的一個著名提問：形而上學的根源乃是一種對於「總是有些什麼東西而不是無」的驚訝。但宗教的根源則是建立在神愛（Gottesliebe）之中，以及在對人類本身及萬物的最終極濟渡（das endgültige Heil）的要求上，故而與知識有關的形而上學與作爲救濟之道（Heilsweg）的宗教是絕不可混而爲一的㉘。

接著謝勒更進一步指出，從上述兩種錯誤的同一系統出發，必然要導向於形而上學的不可知論（metaphysischer Agnostizismus）和宗教的非理性主義（religiöser Irrationalismus）㉙。由是爲避免同一系統和二元論系統的錯誤，謝勒提出「合致性系統」來，這也就是說，宗教與哲學的關係並不在於部分或全體的同一關係中，也不是在對立的二元論關係中，而是在於歸屬（Zuordnung）的合致性（Konformität）中，亦卽它們都是出自於人類精神的統一性上，或者說它們都是出自於人類最終之世界根源的把握㉚。由是，在合致性系統中信仰與知識不再相互拉扯傾軋，宗教的統一性（Einheit der Religion）及形而上學的統一性（Einheit der Metaphysik）都能各得其所，謝勒並且因此而能指出：「宗教的神和形而上學的世界根源可以是眞實地同一的；而它們之作爲意向的對象則有本質上的不同㉛。」因爲「宗教

㉘ 參見上引書，頁134。
㉙ 參見上引書，頁138-142。
㉚ 參見上引書，頁290-295及266-267。
㉛ 同上，頁130。

意識上的神『是』(ist) 並且僅只生活於宗教行動中，而不是論述宗教外之存在物和實在性的形而上學思考中。宗教的目標不是世界根源的理性知識，而是透過與神共同生活的社會(Lebensgemeinschaft mit Gott)——即『神化』(Vergottung) 而獲致的人的拯救。宗教的主體不是『孤獨的思想家』(einsamer Denker)，相反地這個主體就像需要並尋求著拯救的個體一樣本原地在人類最後界線中包含有羣體的相屬關係(das Miteinander der Gruppe)。宗教的神是神聖人格的神和民衆的神，而不是『受過教養者』的神。一切宗教眞理的根源並不是科學的詮解，而是對宗教人、『聖者』的言說的信仰……」㉜，並且以作爲「知識」的需要、問題、對象及方法而出現之自我紮根於人類精神的形而上學來說:「這種所謂形而上學的需要 (metaphysisches Bedürfnis) 是不同於引導向宗教的靈魂發動機，供給一切努力探討形而上學的源泉是對於總是有些什麼東西而不是無的驚訝。……這種驚訝濃縮成有關——獨立於一切人爲組織及人爲說明的東西——是什麼以及有關在其本身卽存在著的存有物中負載著、規定著和影響著一切其他存有物的東西可能是什麼之本質規定的問題，這種有關探討自爲存在之世界及限制著它之原本根基的本質的問題: 它卽就是形而上學的問題㉝。」

但是信仰與知識之間的這種差異並不卽就是說它們之間必須截然的分判爲二個不可交涉的殊絕領域，謝勒卽在它們共同的絕對的人之終極行動根源中，把握住了其一本兩行的終極實在性，

㉜ 同上。

㉝ 同上，頁134。

從而提出這一「合致性系統」概念並據以論證其有關「宗教對象」及「宗教行動」的宗教現象學建設。

在謝勒對宗教的研究中，他認爲「在（無神論的）解釋下的所謂宗教心理學和預設著信仰社團爲統一的描述的宗教心理學之外確實還存在著一種完全不同的研究方向，這個方向我們最好稱之爲：宗教對象和行動的具體現象學（konkrete Phänomenologie der religiösen Gegenstände und Akte）。它與所有意圖於『本質』的宗教的對象及行動之本質學的或本質現象學（eidologische oder *Wesens* phänomenologie）自然是在根本上就不相同。因爲它走向或對準於一種或多種實證的宗教訓練之意義內容最可能的完全理解，以及進一步對準於所以已給予或剛給予意義內容的行動之理解性領會（der verstehende Nachvollzug der Akte）[34]。」而這種「具體的宗教現象學」謝勒認爲它可以用來說明如希臘的諸神世界等這類有關普遍「宗教學」（Religionswissenschaft）的事實。不過我們不可以停留在「具體的宗教現象學」爲已足，我們還得再深入探討「宗教之哲學的本質知識」（die philosophische Wesenserkenntnis der Religion）。這種知識「它既不是形而上學，也不是自然神學、不是知識論，也不是解釋和描述的心理學，也不是具體的宗教現象學，而是有關其他所有每一種對宗教哲學和科學的努力的最終哲學基礎[35]。」

上述謝勒的這一努力我們可以稱它作「宗教的本質現象學」（die Wesensphänomenologie der Religion），而這一宗教的本質現象學，謝勒並指出了三個要從事的目標：「(1)『神靈』的本質

[34] 同上，頁155-156。
[35] 同上，頁156。

存在論(die Wesensontik des "Göttlichen")；(2)關於神靈自己向人顯現和展示的啟示形式學(die Lehre von den Offenbarungsformen)；(3) 宗教行動學 (die Lehre vom religiösen Akt)，人本身藉著它而爲領取啟示內容做預備並且人亦藉由它而在信仰中把握到啟示內容㊱。」而對於這一宗教的本質現象學的考察，底下我們即依謝勒的章節分法分別以兩節來敍述。

〔宗教的對象〕

首先我們要說明的是有關謝勒的宗教對象概念。謝勒認爲就像所有存有的知識一樣，宗教的對象或者說有關「神靈」之本質的對象——即「神」或諸神 (Gott oder die Götter)——它乃是人類意識本身中的「原始既予物」(Urgegebenen)。故而他並進一步聲稱這一對象至少含有兩個「本質規定性」(Wesensbestimmungen)：即「它是絕對地存在著並且它是神聖的」(Es ist absolut seiend und es ist heilig.)㊲。

首先我們談「它是絕對地存在著」的意義。「神靈」之爲物，祂總是以作爲一切其他存有者 (Seiende) 所憑依的存有者而存在，也就是說它總是以 作爲一種「絕對的存有者」(absolut Seiendes) 而存在。這亦即如謝勒本人所說：「它總是以『絕對存有者』給予人，亦即是作爲一種能使得所有其他存有者（包括思考著它的我自身）得以『存在』故而根本上更是優越，並因而人在其整體存在中就 像其他一切一樣要 完全依賴於它 的存有物而給予人㊳。」這也就是說，「神靈」是優越於一切的存有者

㊱ 同上，頁157。
㊲ 同上，頁159。
㊳ 同上。

(Allüberlegenheit)，是一切的原因(Allursächlichkeit)和一切的影響者(Allwirksamkeit)。換言之，它即是相對於一切有限存有者地爲一絕對的無限存有者。由是，這種作爲絕對存有者之神靈的經驗乃是一種宗教的原本經驗(eine religiös-ursprüngliche Erfahrung)，它既不是抽象的，也不是歸納所得的，它無寧是要在象徵和直觀的存有關係中來給予，是故「就像藝術家是當下地在藝術作品中一樣，在所造物中的神的當下存在要在宗教行動中才爲可見和可知覺的㊴。」

其次有關神靈之爲「神聖的」一點，它除了在宗教哲學傳統中有其特定的意義之外，並且還與謝勒的價值哲學以至於全部哲學建構有本質上的關連。

由於神靈與其他一切相對存有的區別，即神靈爲「自在的存有」(Ens a se)，具凌絕勢力或全能的影響力(die übermächtige oder allmächtige Wirksamkeit)者，而其他相對存有者(包括人在內)則自我體驗到自己的渺小(Nichtigkeit)、無力(Unfähigkeit)，以及自屬於受造物內且爲神靈絕對存有的一小部分。由此「神靈」的存有乃是有限存有所企向的終極目標，故而神乃是終極價值的所在，亦即是「神聖」的價值(Wert des Heiligen)。

在前文有關謝勒價值哲學的論述中，我們發現到他把神聖的價值擺在價值模態(Wertmodalitäten)的最高一層。因爲在宗教中，特別是在向神的崇拜中，我們的目標乃是指向於一種「存有的價值圓現」(Wertvollkommenheit des Seienden)，亦即擔負著價值的人格在此成現價值目標中朝向人格的絕對實現——神聖

㊴ 同上，頁162-163。

者的成現。

謝勒這種置列於價值模態序列中的「神聖」概念與另一著名的當代宗教學者魯道夫・奧圖 (Rudolf Otto)的「神聖」[40] 概念存在著一個本質上的差異。奧圖是從神靈令人「震駭的奧秘」感 (Gefühl des mysterium tremendum)出發來論述人在宗教世界中對終極絕對存有的把握和認知; 而謝勒「神聖」概念卻是要在「愛」中的人格交融裏來把握。奧圖對於神聖的把握方式，依謝勒的肯認，雖是「現象學的」路數，但他的這一「神聖」的對象在作為受造者所依待的本原之意義下，祂事實上必然是要為一超絕的「在我之外的對象」 (ein Objekt außer mir) [41]。因此奧圖把神聖境界的感受分從底下六個層面來予以把握，即 (1) 作為在自我感受中神聖不可名狀之客體感受 (numinoses Objektgefühl) 的反映的「受造物感」 (Kreaturgefühl), (2) 震駭的奧秘 (Mysterium tremendum), (3) 神聖不可名狀的詠贊 (numiose Hymnen), (4)令人迷茫(das Fascinans), (5) 龐然無際(Ungehever)以及(6) 莊嚴的(das Augustum)。由是，奧圖這種把神聖境界賦予「一個在我之外的對象」上，它與謝勒的「神聖」概念的本質差別便可很明白的看出來。謝勒的「神聖」價值

[40] Rudolf Otto 是本世紀初最負盛名的宗教學者之一，他藉由史萊馬哈 (Schleiermacher)關於對絕對者的「依賴感」(das Gefühl der "Abhängigkeit") 理論出發，批判地發展他自己有關「神聖」的本質規定及在宗教學、宗教哲學的具體說明。其思想主要可參見他的名著《神聖: 論神靈觀念中的非理性物以及其對於理性物的關係》(*Das Heilige. Über das Irrationale in der Idee des Göttlichen und sein Verhältnis zum Rationalen*, München: Verlag C. H. Beck, 1963, 初版 Breslau, 1917)，又此書重印版數極多，是歷久不衰的暢銷書，作者手邊所用的版本註明為31-35版。

[41] Rudolf Otto, *Das Heilige*, 頁11.

並不是一個超絕的對象，它是在人格向於神聖人格之價値圓現中所指向的一種內在於人格的東西，因此我們可以把謝勒的神聖價值概念視爲一種內在 (Immanenz)的概念，一種內在於人格本身朝向於終極價值之圓現的概念，而這種特具內在色彩的神聖概念也因而與神靈之奧秘崇高的神學知性建構有相當大的距離。更清楚地說，謝勒的這種神聖概念正就是他的「人格主義」，特別是他正展開向一種以小宇宙並且爲神的共同合作者概念爲標記的哲學人類學的一個先兆或預備㊷。

如上所述，由於謝勒的神聖概念我們更好是把它理解爲人格朝向終極圓現的一個「內在」的概念，因此「神聖」作爲一個宗教對象的把握，便不可能是一種對觀的景從，而是要在一種直接而具體的交融中——或以謝勒喜歡用的表達，卽「愛」中——來把握。這亦卽何以謝勒要嚴厲提出底下一般議論之故:

> 故而每一種有關神之意志優先的學說，它就像每一種有關人類精神中之意志優先一樣地錯誤且荒謬。而且每一種只把意願(Wollen)和悟性(Verstand)之精神屬性分派給神，但卻不承認祂有良善、愛和智慧的學說 (如 Eduard von Hartmann 的學說)，它們所犯的錯誤並沒有更少些。就像我們也必須把精神行動種類從對人的精神研究轉移到神上一樣，在我們更仔細觀看精神行動種類的類比性奠立，那麼一切「精神」——不管在神及在人之中的認知精神或意

㊷ 關於此點我們準備在下一節中再予以說明，另外並請參考本書有關哲學人類學一章（第六章）。

願精神 (sowohl des erkennenden als des wollenden Geistes in Gott wie im Menschen)——的最原本的根源更是爲愛㊸。

由是謝勒總結地說，作爲「意志的良善」(Willensgüte) 的神的「人格」以及由「神」的愛所推得的「存在的良善」(Seinsgüte)，祂是爲總攝的「統一」(Einheit)，是至善 (summum bonum)，是爲人格而且同時爲「存在的良善性」(Seinsgütheit)。並由於依照倫理學的價值公設——也就是說依愛的價值公設——這種「存在的良善」要被歸屬爲最高的行動價值，因此謝勒不禁要再加上一句:「無非是愛」(nichts als Liebe)，由於「愛」，「神不是愛祂所要的並且也不是因爲祂要它，而是祂永恒地要祂所愛的以及祂當作價值地來喜愛而加以肯定的東西㊹。」

〔**宗教的行動**〕

由於宗教上人對於絕對成全的宗教對象必然地要藉由「行動」(Akt) 來達致，亦即在宗教中圓滿價值的成現是要在人的「宗教行動」中來企向實現的，因此對於宗教行動的正確理解和規定，便成了謝勒在探討宗教問題上的另一個大課題。他首先批評了在信仰行動中把絕對價值的宗教對象視爲一種媒介的看法，而相對地提出了對於神的信仰必要爲「內在的」行動的主張。他認爲若如辛謨爾 (Georg Simmel)等人一樣把宗教在生命上的規定性 (Lebensbestimmtheit) 視爲一種對某些內容之單純熱切的主觀把捉 (ein bloße Art des subjektiv enthusiatischen Erfassens irgendwelcher Inhalt)，那麼神的觀念便將成爲只是一種「客觀

㊸ 全集第 5 册，頁 219。
㊹ 同上。

化的東西」(Objektivationen)了[45]。如此一來，神便不再是最終極的價值所在的宗教對象，而是爲取得其他東西的「彎路」(Umweg)，對於這種「彎路」，謝勒指出:

> 倘若作爲靈魂之存有規定性的宗教生活 (das religiöse Leben als Seinsbestimmtheit)是存在於其自身中，並且倘若它之取得其最終的意義和價值並不是在其運動——亦卽是在它所以從神那裏取得的東西——之外，而是在其自身當中以及在其運動當中；那麼我們便可以理解，它何以喜歡採取這種「彎路」，以及它何以這麼嚴重地偏離開眞理，而把這個「彎路」當作目標。同時是神且是「彎路」的神也只能意向於某些其他東西的看法同樣也是荒謬的，在當人意向於一個「彎路」時，人不是意向於神；在當絕對目標是人所意向的神時，人可以不意向於「彎路」，而只意向於一個絕對目標。在A只是因爲要在最後的意向中重返於施愛者的自我而當作「通道點」(Durchgangspunkt)來把握，那麼一個對於A的愛很少是眞正對於A的愛——斯賓諾莎 (Spinoza)的神亦一樣——，在當神重新返用於其自己的存有時，一個對於神的信仰很少是一個對神的信仰[46]。

謝勒在上述的這段話中，很清楚地展示出他的哲學精神——在這裏特別是宗教哲學的精神——一貫地強調著一種現象學的

[45] 同上，頁240。
[46] 同上，頁241。

「實質的」把握的可能性以及其「應然」。宗教的行動並不是一套空頭的重言式命題，而是一個活生生具體地面對著神且與之交融的實際存在關連，因此在謝勒的宗教行動中，人與神的關係具有一種「內在的特徵」(immanente Charakteristik)，並且就在這種「內在的特徵」的條件下，謝勒對於宗教行動做了下面六點剖析:

1. 這些行動在其本質特性上屬於同如思想、判斷、知覺及記憶等一樣構造的人類意識。
2. 它們之屬於意識根本不是因為這種意識在人的歸納性經驗特徵以及其靈魂表現上為「人的」意識，而是因為它就是一種一般的有限意識。
3. 宗教行動不可能 是或等同於任何 種類的單純意願、需要、眷慕，因為它根本上是意指向一種完全不同的對象領域。這也就是說，宗教行動所意向的領域是一種「本質領域」(Wesensreich)，而其他單純的意向則指向於經驗的對象領域。
4. 宗教行動既不能藉由心理上的因果聯繫來推得，也不能由生命歷程中的任何合目的性來做目的論地把握；人只有認定了行動所指向的對象的實在，他才能把握到其存在。對於宗教行動的這一特徵，謝勒在其說明中還更進一步清楚地指明「亦即它們（按指宗教行動）顯示出人類精神順應、妥備並規整於一種超自然的實在……」。(Sie zeigen also den menschlichen Geist angepaßt, hingerichtet und hingeordnet auf eine übernatürliche Wirkhichkeit, …)

5. 宗教行動服從於一種對它們來說爲自律的法規(Gesetzlichkeit)，這種法規並且不屬於心理學的，而是屬於能思的心官 (noetischer Art)。

6. 最後，宗教行動不但不是心理學的事件，並且也不是其他心官之能的簡單提升或併連，亦即它們不是其他如邏輯的、倫理的、審美的心官之意向性行動的再組合，它更是自爲一本原的獨立領域㊼。

以上謝勒基本上是透過「否定論證」展現出宗教行動的意向所及乃是一自 爲獨立存在的存有領域 (Seinsregion)。至於在這一領域中的獨特宗教行動，它並且可以透過底下三個正面規定來徵定其所以異於官 思之心的其 他意向行動 的特殊所在，此即: (1) 其所意向的乃是世界之超越者 (Welttranszendenz), (2) 其可實現性 (Erfüllbarkeit) 只能透過「神靈」(das "Göttliche") 以及 (3) 行動的可實現性只能經由接受一種自行展現並自交付予人之具有神靈特性的存有物才可能獲得。這也就是說，謝勒把對於絕對超越存在的宗教對象視爲宗教知識的本源以及宗教行動之所意向的目標和所以向之回應的出處，因此謝勒歸結說:「亦即一切宗教認知的基本原理乃是: 一切關於神的知識是經由神的知識」(Alles Wissen über Gott ist Wissen durch Gott) ㊽，並指出在信仰行動中對信者和所信者之間最爲重要的超越關連之，「如如的啟示—— 依最廣義說——僅只是那種與 宗教行 動的本質嚴格關連在一起的一種有關一般神靈之本質的既予實在類」。(Offenbarung als solche—im weitesten Wortsinne—ist nur

㊼　同上，頁242-243。
㊽　同上，頁245。

die dem Wesen des religiösen Aktens streng korrelate Gegebenheitsart eines Realen vom Wesen des Göttlichen überhaupt.)㊾

由於宗教行動與宗教對象中存在有上述這一種嚴格的本質關連，於是有關宗教的哲學考察對謝勒來說，它差不多就是與「宗教現象學」爲同義了，換句話說，謝勒的行動現象學把握，它重又在面對意向著最高的絕對價值領域的行動中出現了，並且這種宗教行動的現象學考察於此更是盡情地從事其嚴格但又極具「實存性」地來掘發宗教的深沉且豐溢的無際淵源。對此他一方外擴地將宗教行動的存在所在從個別人的內在存守推到以各種習俗(Ethos)和儀節(Kulte)爲表現的外在社羣構成，並且還循藉其人格理論的範式將個別的信仰行動（個別人格）及社會的信仰行動（總體人格）共同以一種「純然自爲的可能人類社羣」(eine mögliche Menschengemeinschaft rein für sich)推極至神的國度並以之爲基礎㊿。

最後，宗教行動中的行動主體的「行動」——「信」這一主題上，謝勒即在對行動主體之企向終極圓滿成現的絕對價值行動以及其行動與對象的內在本質關連之現象學分析下，將「對某事物的相信」(Glaube an Etwas, faith)與相信可能有或可能發生某事物(Glauben, daß etwas sei oder geschehe, belief)分別開來，並指出這種「對某事物的相信」實即是一種獨特的行動(ein Akt sui generis)，它既不能歸列入理解的行動(Verstandesakte)，也不能歸屬爲意志的行動(Willensakte)。這種行動，它

㊾ 同上，頁249。
㊿ 參見同上書，頁258-261。

一方面乃是「一種藉由直觀而可能和必須的一種『遮蒙著的觀看』的全般圓現」(ein…der vollen Erfüllung durch Anschauung fähiger und bedürftiger Akt eines "verhüllten Schauens")[51]，另一方面，則是在「我自己與事物等同」(Sich mit einer Sache identifizieren) 中人格性 (Persönlichkeit) 自己感覺到與信仰物 (Glaubengut) 串連在一起，或者說，人格性「致力於」信仰物並與它統一起來。是故謝勒認爲:「信仰行動在本質上是一種自我致力的『無——條件性』(Un-bedingtkeit der Selbst-einsetzung)，這種自我致力乃是爲該種與在存 有及值料的絕對領域中之信仰物的地位和處況有合於本質的關連性而有的[52]。」由是謝勒斷言「每個人必然地有一個『信仰物』並且每個人都成現此信仰行動」[53]。

以上是有關謝勒對於宗教所作的現象學分析的核心。在謝勒這一宗教現象學建構中，我們看到宗教的問題對謝勒來說並不只是一套辨解的智思性遊戲。宗教作爲一種哲學探討——特別是現象學探討——的對象，它不但是連貫著謝勒的價值哲學——在宗教領域中爲絕對價值找出一個定位——，並且更是牽涉到得以將抽象概念世界予以活化的「行動」，當然尤其在最後還要再回溯到這一行動的「表演者」——人格。由此，我們甚至可以說，謝勒的整個哲學——當然也包括我們在此考察的宗教哲學——是一個關連著自我認知及自我行動的人格及其終極實現的絕對關懷，特別他卽就在其「人格」考慮中，逐漸地更加具體地從名言的理

[51] 同上，頁262。
[52] 同上。
[53] 同上，頁263。

解世界推進向一個具體、活生生有關人類的哲學考察中去。這種從各方面來試探的對人的關懷，即就是謝勒的終極關懷，由這一關懷的進一步具體化，他的宗教哲學，在他生命的最後一階段將還有一個更屬人的轉化。

第三節　晚期的發展

關於謝勒對宗教的態度，特別是對天主教教義的態度，在1923-1924年以後有一個在外表上有相當明顯的改變。對於謝勒這一態度改變的解釋及評斷，學者之間的意見相當紛歧。嚴格持守天主教神學的解釋者，有一部人主張謝勒自始至終都是偏離開了天主教的正統，另外一部較緩和的人則接受謝勒在1923年以前的說法。另外有一些學者則主張謝勒自始至終都沒有脫離開天主教精神地從事其思想創作。對於這一個評價問題，我們不擬於此從事，我們在底下更願意以有限的篇幅簡略說明一下謝勒本人在這最後一思想創造階段有關宗教問題的看法，並指出其對了解謝勒整體思想的意義。

〔知識形式與解脫或救贖的知識〕

近代人由於現代科學的發展及技術對自然的巨大宰制成效而曾一度極深地陷入一種對進步的狂熱激情中，特別是以十九世紀的孔德（Auguste Comte）的實證主義爲高峯。孔德主張一種三階段不可逆溯的知識發展階段，即人類文明從宗教的茫昧信仰而經由理性知解的形而上學思辨，最後終將隱沒於自然科學的偉大實證認知中。孔德甚至更由他的這一三階段出發而建造出他的「哲學系統」——一種將一切認知不分皂白地軌納入經驗的實證科學大機器中以製造我們的現代文明和整理排列我們的世界之哲學體系。

對孔德這一知識社會學的認知，謝勒不滿意於其唯實證且截然把進步分屬於不可逆的時間過程的歷史哲學和知識形式觀，因而他試圖藉由另一種知識社會學的知識形式把握來說明人的知識的本質及其間不可相互取代的特性。這亦即就是謝勒提出其著名的三種「知識形式」(Wissensformen) 的背景，在這三種知識形式中，謝勒主張說:

> 是故人們必須承認，宗教的、形而上的及實證的知識，或者我們也可以說：解脫或者稱救贖的知識、陶冶的知識，及成就或者稱宰制自然的知識，它們都是同樣本原地從自然和歷史神話的思考及觀看之前期階段——即「民族的白日夢」(Völkerwachtraum) 分化出來，並因而採取一種自行規制的繼續發展[54]。

事實上謝勒這一三種知識形式說，它在本質上揭發了人及其知識活動中所相對的存有領域的一種本質的存有關連，亦即人的存在一方面是要透過對周遭環境的維生資具的宰制掌握，他並且也試圖自己從這種受物質環境限制的身心性對應中藉由精神性的文化創造而邁向更高的自我實現，最後並抵入於一種永恒絕對的有關「神性」(Gottheit) 或稱「自在之物」(ens a se) 的知識領域中和解脫般地浸潤於其澈澈的終極和諧裏。

---

[54] 全集第 8 册，頁29。

因此，這種知識形式的分別，它一方面是展示出人在社會（或者更好說是共同生活在一起的社羣）的存在及其相關存在領域上的不可相互化約性，另一方面它還展示出了這一切知識形式表現是關連著人格存在及其成現其人格以至於終極的絕對人格價值之與其行動存在的一種本質關聯。這種開放於終極價值的自我實現，它不但是作爲有神論者（或更好說是一位天主教思想家）的謝勒的一個內含地終極關懷，並且即使是他在一九二六年公開宣稱「不能再算是一位（習慣使用之字義上的）『有神論者』(ein Theister)」以後的知識努力上，這一終極所關懷的「解脫或稱救贖的知識」對他來說仍是一個不可化約的自爲本原之存在領域，是一個一體無差地一再在諸不同時空中出現的永恒尋索[55]。

〔向人存在中的神性過渡〕

謝勒晚期在1926年公開與堅持亞里士多德——多瑪斯實在論爲教義中柱的天主教經院教條決裂以後，他的宗教哲學態度基本上並沒有發生一種根本的改變。其所以由一位天主教宗教哲學的辯護人轉變成一種爲天主教思想界所苛責的對象，與其說是一種偏離，倒不如把它看成是一種其思想發展的必然結果。

事實上謝勒這一改變的原因，我們把它看成是一種由把人看作「神的肖像」(Imago dei) 這種將人消融到神聖領域中的宗教教義轉向一種即由人身上而把捉其「神性」的整全人格存在的哲學考慮——也就是一種人在面向絕對存在時對其自己所以與之照面和超拔而對與之交融的神性因素的哲學人類學考慮。

由於生命的存在形式在謝勒的眼光中是一種具有目的性的自

[55] 關於謝勒的知識形式理論及有關救贖知識的詳細說明，我們準備在本書第七章再予以詳述，請讀者參見之。

我實現之過程，雖然生命各有其層次性的限制，而各拘守並完全適應於其 環境中，但是在人身上我們卻發現 到一種獨特的原理——精神的原理，這個精神性的原理，特別是它借由能把所碰到的阻抗轉化爲一「對象」(Gegenstand，亦卽把所遭遇到的相對阻抗內納爲一種本質關連的可把握項）以及其所以能轉化此阻抗的「能說不的能力」(Neinsagenkönnen) 這一原理，使得人不再被鎖閉在一封閉 的交互規制中，人現在是一個「世界開放性」(Weltoffenheit) 的存有。

人的存在除在本質區分上是爲一具世界開放性的存有外，他並且也反映了全部宇宙存在的各個階層限制。這也就是說，人並不只是精神性的人，他也是一由物質構成、表現出各種生機性、心靈感觸的活生生個體，他並不是超越地存在於這個世界之外，他實際上乃是卽就在這個世界中作爲一個連繫閉鎖的有限世界與無限的絕對世界的神的合作 (Mitarbeiter)，對此謝勒自己的說法如下:

> 人也就能在沒有限制尺度中行動的X(56)。

而這亦卽可以了解爲:

> 我們也可以說：由於人是小宇宙 (Mikrokosmos)，也就是說「在小東西中的世界」(die Welt im Kleinen)；由於所有的存有、物理、化學、生機的及精神的存有的本質生發都薈萃和交織在人身上，因此亦可在人身上研探「大

(56) 《人在宇宙中的地位》，全集第9册，頁33。

世界」(große Welt)，即巨觀宇宙 (Makrokosmos) 的最高原理，並因而人的存有是爲一個小神 (Mikrotheos) 和到神的第一個通道[57]。

由以上的概述，我們約略可以把捉到謝勒宗教思想的發展進程，實際乃是一種由較具概念把握的人格存有逐步推向於對實存的人的「神性」，特別是在人面向於絕對存在領域中的自我提昇的可能根據的哲學反省。這種哲學人類學的宗教理解雖在相當程度違忤於一種把有限存有與無限存有做截然對列的教條。但是其中所含蘊的一種返就人存在上的自我把握及對此自我把握的根源性反省，謝勒的這一努力無疑地是一極具指導價值的成就。這也就是今天不管是在天主教界中或是新教界間蓬勃地興起一股歷久不衰從事宗教的哲學人類學或神學的人類學的研究風氣之所本吧?!

---

[57] 〈哲學的世界觀〉，收於全集第 9 册中，見頁83。

第六章　謝勒的哲學人類學

從廣義上說，哲學事實上卽是一種對於瞭解人的努力。這種情況正如康德❶在提出1. 我能知道什麼？2. 我該做什麼？3. 我可以希望什麼？之後，將三個問題總結成4. 人是什麼？一樣，人的問題標誌著人類一切自我瞭解之努力的衝動根源和困難。作爲自我瞭解之努力的衝動根源乃是一切哲學探究最終均是指向於人自己；而其困難則是指在漫長的哲學思索史上，人卻得一再而又再不厭其煩地重複提出這個問題。此外，這個問題不但是學者的問題，一般人也時時向自己或向他人提出這個問題，乃甚或給予「解答」，神話便可以說是這種「答案」的殘餘，此外我們在日常交談中，只要稍加留心，便會發現其「解答」的方式竟是那麼繁複。

不過也很令人驚訝，在漫長的哲學史發展當中，卻一直沒有在哲學研究的分支上正式成立一個從哲學來對它做系統考察的「哲學人類學」，而要到謝勒深深感到「歷史上沒有一個時代比現代把人弄得這麼有問題」❷之下，才把他對於人的整個想法做出一個系統的陳述，而揭開了哲學研究上「哲學人類學」這一塊新

---

❶ 見康德《邏輯學》(*Logik*)〈導論〉，普魯士學院版，全集第9册，頁25。又參見康德1793年5月4日寫給 Carl Friedrich Stäudlin 的信，見同全集版第11册，頁414。

❷ Max Scheler, *Späte Schriften*, 頁11.

園地來。

謝勒對於「人」這一主題的關心，事實上正如他本人所自述:

> 「人是什麼及他在存有中的地位是怎樣？」這些問題，自我的哲學意識開始茁長以來，我便像對其他每一哲學問題一樣詳加研究。長期環著這個問題的所有各面的努力，自一九二二年以來它們已撮要擺入大部分有關處理這一問題的著作中，並且我也很有幸見到這個我所處理過的哲學之問題的大部分愈來愈與這一問題合轍❸。

對於謝勒這一自述，我們是可以確然地加以肯認的。早年在倭伊鏗等人影響下的「人格主義」實即是他對人這一問題所做關懷的具體表現，尤其是他從這一時期開始逐步深涉入的論題，如人與其環境（Umwelt)和世界的關係，情緒的本質的探討，「精神」(Geist)概念的深入窮究等等工作，當我們從一種發展的連結觀點來看它們，便可很清楚地認出它們一一都指向於謝勒這一終極的「人的問題」的關懷，都是在為他的「哲學人類學」做準備。

「哲學人類學」在謝勒、普列斯那(Helmuth Plessner)、蓋倫（Arnold Gehlen)，以及較不那麼受人注意的初期拓荒者如藍得斯貝格（Paul L. Landsberg)、羅塔克（Erich Rothacker)等人的努力，在今日已經形成了哲學研究上的一片肥沃新田，並且也有許多人從各種傳統、各種分派中聚向這一塊新闢的園地，

---

❸ 同上書，頁9。

共同開墾、共同享受辛勞的成果。並且由於哲學人類學本身所具的整合性特質，其所能開拓的土地及在今日強調科際整合的時代，更是能爲我們提供架通哲學與諸科學間之關係的一個模範典型。

謝勒關於哲學人類學的構想，並不是在他的《人在宇宙中的地位》一書中才突現出來。這本書無寧是他的想法的總結的提綱，這個想法從一開始便湧現在他的哲學思索中，只不過它們相應著他所遭遇的學術氛圍而以各種不同的形態變現出來。只有到了他生命的最後階段才有意識地自我催促，以一種更系統的方式表達出來。當然在使用「哲學人類學」(philosophische Anthropologie) 這麼樣嚴飭、鄭重的專詞來指陳謝勒晚期這一系統建構的嘗試，這是相當晚的事，依筆者所知，以謝勒晚年所努力以建立一門對人做全般考察的知識分科來使用「哲學人類學」這一概念的最早記錄可見於他爲其文集《價值的翻轉》1923年第三版所寫的序言中。不過我們從他曾學過醫學以及對生物學的濃厚興趣，當可贊同他思想中形成嚴格意義的「哲學人類學」考慮可能還早些❹。

底下我們就分兩個部分來介紹謝勒的哲學人類學概念，首先是以他1915年發表於《論文集》(*Abhandlungen und Aufsätz*)

---

❹ 謝勒的學生呂策勒在回憶他於 1920 年聽謝勒講「生與死」、「人的基本造型」時，特別強調他驚訝於謝勒之富有生物學知識。見 Heinrich Lützeler; *Persönlichkeit*, Freiburg, 1978. 頁83。事實上謝勒在《人在宇宙中的地位》一書中所處理的論題，在他的《倫理學中的形式主義及實質的價值倫理學》及《同情的本質及形式》等各書中都已有論列了，甚至如與余克斯屈勒 (J. von Uexküll) 的「環境」(Umwellt) 相對諍的「世界」或「世界開放性」(Welt oder Weltoffenheit)，在《形式主義》一書中已提出了他的根本見解（詳見下文）。

❺第一册中的長文〈論人的理念〉("Zur Idee des Menschen")爲核心，討論他早期，特別是從人格主義過渡到後來的哲學人類學的經過及理論根據，然後再進以詳細介紹他在《人在宇宙中的地位》中所表述的哲學人類學構想以及其中的爭論和發展。

第一節　人格與人的理念

如同第二及第四章所顯示，「人格」(Person)這一個概念，幾乎可以說是伴隨著謝勒的發展而發展著，或可以說這個概念即是謝勒思想的中核，他的一切努力都是在開展這一個概念，而他的所有哲學工作同時也就是這一努力開展的結果。

當然「人格」一詞的本義並不是一個齊一的概念，從它由「面具」演變到指完整且有其自爲完全尊嚴價值的「個體」自身❻，我們發現它的意義不能被簡單地限制於人，例如上帝也有祂的「人格」（對此有人建議以「位格」來翻譯這一個術語），或如你願意，動物也有其「人格」——否則今日甚囂塵上，花了哲學雜誌許多（當然報紙、「動物友」會報、通訊之類出刊品更多）篇幅的所謂「動物權」(animal right)討論便是無的放矢了。

不過我們在討論「人格」這個問題上，最重要的還是在於要確立我們人在作爲一個人時，到底是爲了什麼或我們憑什麼而能眞的自認爲是人且能(或更正確講是「且該」)被看成爲一個人。

---

❺ 這一分兩册印行的書，在1919年合印成一本時改題爲*Vom Umsturz der Werte*，今列入全書第3册。〈論人的理念〉一文，見頁173-195。

❻ 見本書第四章論「人格」部分。

於是這樣的問題提法便要追溯到人的本質上去了。但是什麼是本質呢？本質是否隨手便可取得呢？例如，我們是否能在張開眼睛將眼光投到對方上去時便就把握到其本質呢？

很明顯地，問題決不是這麼簡單！傳統哲學指出：作出一個定義必得要有「種」(genus) 和「種差」(differentia) 兩個項。一個「這個」(τόδε τί) 除非預設了共有的「定義」把握，否則這個「這個」便成了一大堆的「可能」的聚合❼。因此，我們瞭解人的理念的通常方式，便是把人與非人對立起來，從而在這兩類中尋找出它們差異來。如此便是我們之所以有人的「人格」，也有上帝的「人格」（位格）或動物（可能有的）「人格」的緣故。不過如同前面第四章所顯示的，我們是在「人間」談與我們最切身的問題——當然這樣的問題是關於我們自己的問題，也就是我們的「人格」的問題，至於與我們「人格」相對照的其他人格，乃至於由我們的「人格」作爲核心項而共集合成的「整體人格」(Gesamtperson)，在我們作爲擁有我們「人格」的人來說，它們都是我們所以確定我們「人格」的參考間架 (reference-framework) 或「平均酌劑」❽點。

---

❼ 我們這裏只是借用亞里士多德的用語，並不是嚴格的按照他使用這個字眼的分析基礎來應用它。不過作者敢自信的是，「這個」一詞決不是一個單一義且不會引發歧義或多指的字眼。關於亞里士多德的分析請參見《形而上學》(*Metaphysica*) 1017 b 25; 1030 a 1-28; 1042 a 25-33.

❽ 「平均酌劑」是張君勱用以翻拉斯基 (H. Laski)《政治典範》(*Grammar of Politics,* 1925) 一書中術語 "Coordination" 的用法。

事實上人的「人格」在謝勒的哲學人類學中一直扮演著非常重要的角色，而其問題的提法即是在人與動物之間問「人與動物的區別究竟何在？」這樣的問題。當然人屬於動物大家族中的一員，這是眾所共認的，因爲我們根本無法否認我們具有所有動物所具有的（當然在天賦上、或能力的特化上，人是輸給了許多動物[9]）。但是似乎由於我們會提出這個問題，因此我們人便不能滿足把自己完全置身於動物世界之間而行「禽獸之道」，於是「人的特殊地位」(die Sonderstellung des Menschen)或「人與動物的區別」(Unterschied zwischen Menschen und Tiere)便是這渴急的表現了。

謝勒對這個問題早在1915年便以〈論人的理念〉這篇文章來勾劃其反省的可能路徑。當然這個時期正是謝勒環著「現象學」、「價值」、「情緒先天性」以論述「人格作爲行動中心」而寫作《倫理學中的形式主義及實質的價值倫理學》及《同情的本質及形式》二巨著的「人格主義新探」(Neuer Versuch der grundlegung eines ethischen Personalismus)[10]時期。在這篇〈論人的理念〉中，謝勒雖然在許多方面未能全面地由「哲學人類學」的視角來提出問題，但其中有許多點仍已隱約地指向其未來的發展。

---

[9] 這裏用「天賦」一詞，作者是用字面意義，也就是老天賦給動物的才能，如爪牙氣力等等，而不是我們現在使用這一詞時所意指的那種「聰明才智」。另外有關動物能力特化的問題請參見下文，特別是在討論謝勒 有關生命形式劃 分一段及與 普列斯那、蓋倫的異同一段。

[10] 德文卽是其《形式主義》一書的副標題，原題應作「一種倫理的人格主義之基礎的新嘗試」，今節省作「人格主義新探」。

在〈論人的理念〉這篇文章中，謝勒將它分成四段，首先是「楔子」(Vormerkung)。在「楔子」中，謝勒首先肯定「人在宇宙中的地位」(Stellung des Menschen im All) 這個問題的意義和重要。但隨著他提出了底下的問題:

> 人是人之下自然界的發迹者嗎? 他是一個「被罷黜的國王嗎? 」……他爬上向他自己呢? 他墮落向他自己? 我們需要上帝的觀念以構成他的統一性以及把他與一切其他存有界分開嗎? 或者這個觀念本身實只是人的一種譬喻和造就出來的東西⓫?

在第二段「人的統一性」(Einheit des Menschen) 中，謝勒主要針對人作理性的動物(Vernunftwesen; homo sapiens) 以及「工具人」(homo faber)，也就是說針對理性主義及實用主義的論點加以批評。首先他指出傳統人爲理性的動物的困難，因爲這一定義很難 讓我們依亞 里士多德所解釋人具 有對世界做純粹直觀的特殊能力來區分 開人與其他具有「理性」的「動物」(anima nationalis, Vernunftwesen)⓬。接著謝勒處理「工具人」(homo faber)，也就是把人看成是會製造及使用工具的動物，對於工具人這個的批判，謝勒主要是針對語言及一般意義的工具。對於語言，他把詞看成是一種「本原現象」(Urphänomen) 作爲本原現象的 詞使得言說 成爲可能，也就是語言 的開始就是

⓫ 見《價值的翻轉》(全集第 3 册)，頁 173。

⓬ 這裏 "anima" 譯成動物，極易引起不必要的誤解，較正確地說應譯爲「生靈」。

詞，但是我們無法追究詞的根源，而只能說是:「詞來自於上帝!」由此謝勒指出語言的起源的問題並不屬於歷史，而是屬於形而上學，並引洪保德(Wilhelm von Humboldt)的話:「由於語言，人只是人；然而爲要發明語言，人必需要已經是爲人。」總結論語言一段⑬。

同樣工具製作及屬於「限制在生命上的精神活動」(vital gebundene Geistestätigkeit)或「文明」(Zivilisation)的一切事物，其最後所能得到的意義和價值只是作爲「到文化之道」(Weg zur Kultur)以及其相對應的精神活動。所以工具不是像實證主義者所認爲那樣是「創造器官的生命的積極延展」(positive Fortbildung des organschaffenden Lebens)，而是一種生命上所欠缺的表現和結果⑭。

至於所以能夠製造工具的「悟性」(Verstand)，它雖是不同於「本能」(Instinkt)，但也不是「精神」(Geist)，它(即悟性)的情況同工具一樣都是不能當作生命發展的冠冕，作爲「悟性的動物」就同作爲「工具的動物」一樣都是「構成上爲病態的動物」(das konstitutiv krank Tier)，也就是在製造上有錯誤因而走進文明死巷的動物⑮。故而要說明人之獨特價值是無法由此獲得解答的。

---

⑬ 見《價值的翻轉》(全集第3册)，頁 177-183; 洪保德的說法轉引自謝勒所引(在頁 183)，原出處作者未能查出。

⑭ 同上，頁 183-184。於此我們可以注意謝勒把工具看成是一種生命上的「欠缺」(Mangel)這一觀念，此點後來在哲學人類學中成了一個非常重要的概念，特別是在蓋倫的理論上。

⑮ 同上，頁 184-185。

對此難題的解決辦法謝勒在〈論人的理念〉這一篇文章中是訴諸一種「超越的能力」，他把人看成是一種「超越一切生命及其自身的東西」(das alles Leben und in ihm sich selbst transzendierende Wesen)，也就是:

> 在這個全新的意義中，「人」是「超越」(Transzendenz)本身的意向和姿勢，就是祈禱和尋找人的那個東西。不是「人祈禱」——他是生命越出其自己的祈禱；「人不尋找神」——他卽是尋找神的活生生的X！⑯

不過要注意的是: 謝勒在這裏所說的「神」，亦卽是作爲我的「人格」的根源人格，這一思想正與他這一時期的著作，特別是《形式主義》一書相呼應⑰。

〈論人的理念〉第三部分則談「自然人」(homo naturalis)這一概念，也就是談作爲生物界一分子的人。但由於「不存在有自然的人類統一性」(Es gibt keine natürliche Einheit des Menschen)，也就是說整全的人的統一性是無法在自然的分析中獲得，而是要回到作爲整全的人的基礎——卽人格上才可能獲得到。最後第四段則反諷似的稍微帶過地對兩性差異(geschlechts-differenz) 發表了意見⑱。

---

⑯ 同上，頁 186。
⑰ 參見本書第四章論「人格」一段。
⑱ 關於「自然人」參見〈論人的理念〉，同前引書，頁190-195；論兩性差異，見同書，頁195。

第二節 《人在宇宙中的地位》及哲學人類學的成立

《人在宇宙中的地位》(*Die Stellung des Menschen im Kosmos*) 這是他在 1927 年應赫爾曼・凱薩林公爵 (Graf Hermann Keyserling) 所主持「智慧學校」(Schule der Weisheit)之邀——作演講講稿改編而成的，當時講題訂爲「人的獨特地位」(Die Sonderstellung des Menschen)，出版於 1928年。

自謝勒出版了這本小書——同年普列斯那也出版了他的《機體的層次和人》——以後，哲學中的分科上便再增添了一個項目——哲學人類學，它與形而上學、知識論等各領域並列而爲哲學研究的大項。今天在經許多學者的努力之後，哲學人類學已經繁盛地綻放出各式各樣璀璨花朵。但是究竟是如何謝勒能憑這樣薄薄一本不到一百頁的小書奠立起這樣一座學術大建築呢？對此問題我們希望在底下不多的篇幅中，能提綱挈領地指出其中幾點關鍵性的思想關門。

如同標題所示，謝勒在這本書中主要關心探問的問題是「人在宇宙中的地位」，也就是問人處在於芸芸眾生當中，他究竟是怎樣的一個東西。要問人是什麼東西，最好的辦法當然是把各種不同的東西拿來一起比觀，看看它們之間的差異究竟是在那裏。對此，謝勒將在宇宙中存在的各種存有依其等級差異分成了許多種不同的形式。首先謝勒提出了「感觸衝動」(Gefühlsdrang)⑲作爲心靈 (das Psychische) 最底層的存在方式，這種感觸衝動

---

⑲ 《人在宇宙中的地位》，全集第 9 册，頁13-18。

是無意識的、且無感覺（empfindungslos）和無想像力（vorstellungslos）的，它只單純是「向於」（Hinzu）和「離自」（Vonweg），我們若再極端地說，那麼中心力點和力場亦可視爲是這種「感觸衝動」的預備。至於「感觸衝動」更具體的表現，我們在植物中所見的「向性」（Tropismen），即是其「營生性」（vegetativ）存在的心靈的具體呈現。當然植物的向性是種很不分化的，也沒有感覺、反射弧，當然更沒有聯想和制約反射，也就是說它根本沒有知覺器官。及至於動物，我們發現到動物除了營生性的特徵外，另外它在「衝動生命」（Triebleben）——這種衝動植物也有，但只表現爲成長及繁殖兩種衝動——中還表現出了更複雜的特徵，因爲動物比之於植物，它的生命表現一種中樞化特徵，特別是神經系統的中樞化，使得動物在適應環境變化的能力上，比起植物增大很多。另外還有一點必須指出來的是，謝勒明白地宣稱，人同植物、動物一樣也具有這種「營生性」的感觸衝動，甚至在大腦這種高度分化的功能中，也有簡單的「營生性」的作用，這點我們證諸大腦生理中有關「營生性」調節（vegetative Regulation）的研究，當可無疑。

心靈的第二層次表現，謝勒稱之爲「本能」（Instinkt）[20]。「本能」不同於「感觸衝動」之爲一種生機性表現，它乃是在「行爲」（Verhalten）中表現其自己。依謝勒的定義，「一個生物的『行爲』總是爲外在觀察和可能描述的對象」，是「我們必須由那裏出發來的描述地『直接的』觀察領域」。對此領域謝勒主張不能片面地單只用生理的角度或心理的角度來把握，而是要將兩方面一起考慮，因爲謝勒把「本能」首先看成是一種「合意

[20] 同上，頁17-19。

義的」(sinnmäßig) 的，也就是能相應於生命承載者 (Lebensträger) 的目的性需要；其次它並且也要依固定、不可變的規律來行動，這也就是說「本能」這一心靈存在的形式保證了在面對的情狀時做出固定而又合需要的反應行爲。「本能」的第三個特徵是爲了「保種」(art-dienlich)，亦即本能並不是單純偶發性的表現，其理由乃是內在於生命的奧秘中[21]。而「本能」最重要的特徵，謝勒認爲是動物的本能自始便是已經「完成了的」(fertig)，也就是動物對於其環境結構的天生本能是受先天的控制和決定的。

心靈的第三層次謝勒稱爲「聯想記憶」(assoziatives Gedächtnis)[22]。我們若把本能看成是一種隨機性的合目的規律表現，那麼還有一種可以經由試錯法 (Versuch und Irrtum) 的累積，也就是藉由聯想、再造、制約反射諸事實的累聚而形成爲一種「合習慣性的」(gewohnheitsmäßig)且「明智的」(intelligente) 行爲。這種心靈能力能經由在「練習」上量的控制而「獲得」在質上置定下來的習慣行爲，這種習慣行爲可能是自我訓練 (Selbstdressur)，或亦可能是外制訓練 (Fremddressur)。但無論如何，這種養成習慣性行爲的「聯想記憶」基本上是種機械性的規制，它的基礎即是巴夫洛夫 (Pawlow)的「制約反射」(bedingte Reflex)。另外人也受這種「聯想記憶」的規制，特別是在衝動 (Triebe)、感受(Gefühle)及感覺 (Affekte) 上。享樂主義(Hedonismus) 試圖將一切歸結到「快樂原理」(Lust-

---

[21] 關於「本能」，特別是攻擊(Aggression)本能的積極意義（特別是在「保種」上的價值），著名的行爲學（Ethologie 或稱 Verhaltenforschung）奠基者之一孔拉德・羅倫茲 (Konrad Lorenz) 在其名著《所謂的惡》(*Das sogenannte Böse*, Wien, 1963; 也有 dtv 平裝本) 中有極深入的分析。

[22] 全集第 9 冊，頁19-32。

prinzip)， 但人對於快樂的認識除了低級的生機性快樂（如性欲、食欲等）之外，更還有精神性的滿足，因此謝勒歸結地說：人總是可能或多或少地爲一動物，但不會是一動物。

第三階層再往上，謝勒提出了「實踐智慧」(praktische Intelligenz) ㉓ 這一心靈存在形式。這一形式不同於聯想記憶之置定於一種機械性的反應機制中，它乃是一種「啊哈」(Aha)，是一種對事物非連續性的領悟。它亦即是藉由「智慧」(Intelligenz) 對兩個似乎沒有關連的對象，予以一個關連性的運用，這種運用基本上是一種「洞見」(Einsicht)，在思考上它不是重造 (reproduktiv)，而是製造 (produktiv)。這種「實踐智慧」，是我們許多文明創造的基礎，特別是在我們將某些對象用作工具而藉以解決其各種不同的難題。但是這種「實踐智慧」，謝勒不認爲是人所獨具的，他根據著名心理學家柯勒(Wolfgang Köhler)的實驗發現，即黑猩猩能够藉連結兩支棍子或堆高箱子等辦法以取得其手臂搆不著的食物這一報告，宣稱智慧不是人所獨具的，各種動物都擁有智慧，其間的差異只是量上的等級不同，而不是本質上的差異，由人多富有智慧一點是無法確定出人的特殊地位的，也就是說由「工具人」(homo faber)——不管是製作手斧、自動機器，乃甚至語言——是無法說明人的獨特地位的。於是謝勒爲我們指出了確立人獨特地位的新原理——精神 (Geist)來。

關於謝勒所指出的「新原理」——精神的說明，我們準備在下文中分作兩個部分來處理：「世界開放性」(Weltoffenheit) 及人作爲「能說不」的動物 (Neinsagenkönner)。

㉓ 同上，頁32-36。

〔世界開放性〕

由於作爲「工具人」的智慧動物，它所能做到的只是藉由機巧將不連續的對象予以連結而成一工具以行動並達致其所欲的目標。但這只是生物對其存在上的「環境」(Umwelt)的機巧適應，我們是沒有辦法將它拿來用作區分人與動物的基本差異。

事實上著名生機主義生物學家余克斯屈勒 (Jakob von Uexküll)[24]早就對生物與其環境的完美適應機制做過詳細說明。余克斯屈勒認為，低等動物對於其環境的適應能力並不是我們想當然爾那般的無能，它們是完全地適應於其環境。對於動物與其環境的適應行為機制，余克斯屈勒提出了一個著名的模型「功能圈」(Funktionskreis, 見附圖)[25]：在這個「功能圈」中，余克斯屈勒將動物相對於其環境中對象的反應行為透過「注意世界」(Merkwelt) 與「作用世界」(Wirkungs-welt) 而把動

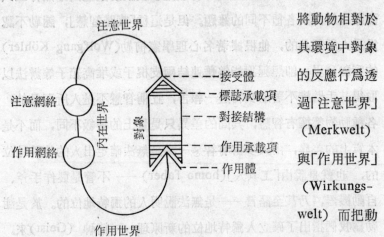

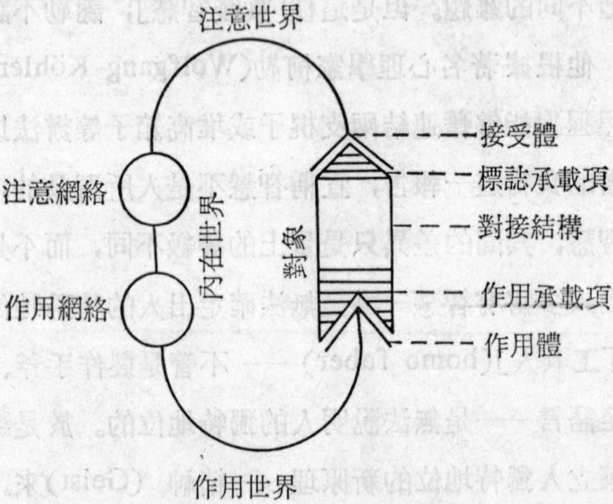

---

[24] 關於余克斯屈勒的「環境適應理論」，他一再地在其各著作中重複申說，最完整的討論可參見他的名著《動物的環境及內在世界》(*Umwelt und Innenwelt der Tiere*, Berlin, 1921, 增訂第二版) 及與克里斯察特(Georg Kriszat) 合著的《動物及人之環境歷覽》(*Streifzüge durch die Umwelten von Tiere und Menschen*, Frankfurt a. M. 1970重印，此書與另一小册《意義理論》〔*Bedeutungslehre*〕一起合印於新版中)。

[25] 見上引《動物的環境及內在世界》一書，頁 44-49。

物的「內在世界」(Innenwelt) 與其「對象」(Objekt) 連結起來，並且動物在其「內在世界」而經由「注意網絡」(Merknetz, 即動物處理外來之資訊的功能網絡) 及「作用網絡」(Wirknetz, 亦即動物所以採取某種反應行爲的資訊處理) 而將「注意世界」所輸入的資訊化爲其反應行爲的輸出以完成，還得要把對象與「注意世界」及「作用世界」連接起來，因此在「對象」一方，它經由其「標誌承載項」(Merkmalträger) 把訊息交付動物的「接受體」(Receptor) 以形成爲「注意世界」而輸入資訊到「注意網絡」中。同樣地，這些輸入的資訊經由動物「內在世界」中的處理機構，即「作用網絡」以構成「作用世界」而藉由「作用體」(Effektor) 作用到對象上去，對象即由「作用承載項」承受，最後這些對象上的作用功能經由對象本身的「對接結構」(Gegengefüge) 而完全銜接成一完整的「功能圈」[26]。余克斯屈勒即以這一功能模型說明一切動物對其環境的完善適應能力。

但是謝勒對余克斯屈勒這一模型並不滿意，認爲它沒有辦法說明人的獨特地位，人若完全按此模型來解釋其存在身份，人將只是同其爲一物，只是動物世界中的一員。但是質之於我們在人與動物之間的差異的把握，人亦有一種不是動物所具有的獨特原理，謝勒稱這一新的以規定人之獨特性的原理爲「精神」(Geist)。但什麼是精神呢?

自希臘時代開始，西洋哲學便一直在找一個表達這種顯示人之獨特性的原理。希臘人所找到用以表現這的一原理概念便是「理性」(Vernunft) 一詞。但理性所強調的只是「觀念思想」

---

[26] 我們必須強調：謝勒對余克斯屈勒的批評正是針對於「其環境」(ihre Umwelt, ihr, 是指各種動物)。詳見下。

(Ideendenken)，它不能涵括也是屬於「本原現象」(Urphänomenen) 或「本質內容」(Wesensgehalten) 的某些直觀 (Anschauung)和意念性及情緒性行動 (volitive und emotionale Akte)，因此謝勒建議以更廣包的「精神」(Geist) 一詞來代替「理性」。由此，「精神」一詞乃是指涵括著理性、直觀、及情緒行動的行動中心 (Aktzentrum) 的高級表現，謝勒說:

> 然而在有限存有階層中所顯的行動中心，我們稱它作「人格」(Person)，它極不同於所有的能起作用的生命中心 (funktionelle Lebenszentren)，從其內部來看，這種生命中心我們也可稱它作「靈魂的」中心 ("seelische" Zentren)㉗。

這也就是說，一個「精神性的」東西 ("geistiges" Wesen)，其存在方式並不同於那種只限制在「生命」存在階層上的東西；更清楚地說，限於「生命」層次的東西，其實就是限制於其「營生性」的「感觸衝動」、其「本能」、其「聯想記憶」，乃至於其「實踐智慧」中，也就是限制其限制著它的生活「環境」中。因此與「精神性的東西」相對的一切存有，都是受著其衝動及環境的束縛，充其量也只是余克斯屈勒所贊嘆的「完全地適應於其環境」；但是謝勒的「精神性的東西」卻不再受其衝動和環境的束縛，是「免於環境」(umweltfrei)，或他喜歡稱的「世界開放的」(weltoffen)，也就是說: 精神性的存有有的是「世界」(Ein solches Wesen hat "Welt".)，若以圖示，則分別如下面兩種情況: ㉘

㉗ 全集第9册，頁32。
㉘ 同上，頁33。

(1)　$T \rightleftarrows U$　　(2)　$M \rightleftarrows W \longrightarrow \longrightarrow$

T＝動物　U＝環境　M＝人　W＝世界

但是我們有一個問題：「精神」何以能使得作為精神性的東西的人「開放」起來呢？關於這一點，下一段要討論的內容即是謝勒所提出並引發當代哲學人類學研究興趣的論證。

〔**能說不者 (Neinsagenkönner)**〕

作為精神性存有的人，依謝勒的說法，他與動物能够區分開的憑據即在於他能够說「不」字。人是「能說不者」[29]。這是一個很美的表達，但是也極容易引起不必要的誤解，把它看成是一種單純的拒絕。單純的拒絕能力在動物身上也可以見到，例如一條狼狗經過訓練以後，即使在極端餓的情況下也不會吃陌生人給的食物。謝勒所意指的「說不」的能力不是指這一種，而是一種「後設」(*meta*) 的能力，是可以在不之後又再不而更不，也就是說，人能够不受其環境或直接的規定因素的限制，而藉由三幕戲的演出而確立起其「世界開放性」(Weltoffenheit)[30]，這三幕戲即：人在其環境中所遭遇的——這種遭遇謝勒稱之為「阻抗」(Wider-stand)——轉化為「對象」(Gegenstand)，並即在這種提升至「對象」的直觀和想像叢結的純粹如是存在(pures

---

[29] 這種說不的能力，事實上孟子在說明義理之心的根源時，早就揭示過了：「魚，我所欲也；熊掌亦我所欲也；二者不可得兼，舍魚而取熊掌者也。生，亦我所欲也；義，亦我所欲也；二者不可得兼，舍生而取義也。……一簞食、一豆羹，得之則生，弗得則死，嘑爾而予之，行道之人弗受，蹴爾而予之，乞人不屑也。」(《孟子》，卷六上，十章）。
不過我們也得指出謝勒的「能說不者」是扣著當代極富廣泛考慮——特別是人類學、形而上學脈絡而成的深刻思想建構。

[30] 全集第9册，頁33。

Sosein）激發其行爲；謝勒同時並指出這種行爲是獨立於人類生機體的心理、生理狀態，即不受其由外在環境所引發的本能性所規制。由此，謝勒肯定地說：動物沒有「對象」，它恍惚地生活在其環境中，它們就像蝸牛一樣要到處都拖著它的「家」那般一直受制於其環境。其沒有辦法將環境轉化爲「對象」原因乃在於它們沒有辦法對其環境採取距離（Fernstellung），亦即沒有辦法將自己與環境拉開一個間距而將之轉變成一種「世界」（特別是「世界的符號」）㉛。所以動物沒有辦法自由起來，而人則經由第一幕的「對象化」作用，而展開其第二幕來㉜，第二幕謝勒即稱之爲「不受驅力衝動限制」（freie…Hemmung eines Triebimpulses），這種免於驅力衝動限制的自由並不只是單純的對其環境的反應，而是出自於其「人格中心」（Personzentrum），也就是說這種「免於驅力衝動」的能力乃是根植於「精神」中，是精神的邏輯呈現㉝。由於得有這種根源性基礎的保證，人與其環境的關係於是不再爲一種閉鎖式（如圖一）的交互規制，而是能由其周遭一直向外走出去，或是如謝勒所用的術語，即是「世界開放性」（Weltoffenheit）㉞，「世界的開放」於是使得作爲精神存有的人躍然出離於動物界之外，他不再是只爲一種動物，他現在是要與神共同完成這個世界的「合作者」（Mitarbeiter），他是一個小宇宙（Mikrokosmos），也是一個「小神」（Mikrotheos）

㉛ 同上，頁34。
㉜ 同㉚。
㉝ 同上書，頁34，謝勒即稱：「對象存有亦即是精神之邏輯面的最形式的範疇。」
㉞ 同上書，頁33。

[35]。由此，謝勒定義說：「人也就是能在沒有限制尺度中行動的X[36]。」或是他更進一步所說的：

> 我們也可以說：由於人是小宇宙，也就是說「在小東西中的世界」(die Welt im Kleinen)；由於所有的存有、物理、化學、生機的及精神的存有的本質生發都薈萃和交織在人身上，因此亦可在人身上研探「大世界」，即巨觀宇宙的最高原理，並因而人的存有是爲一個小神 (Mikrotheos) 和到神的第一個通道[37]。

不過我們在此還要指出的是，人的這種向世界開放的能力，具體上是要透過一種禁欲的昇華。首先，謝勒把與世界對抗的體驗(Erlebnis des Widerstandes der Welt)看成是「本源的實在體驗」(das ursprüngliche Wirklichkeitserlebnis)這種體驗並且是先行於「被——知道者」(Be-wußtsein, 即「意識」)、「前——擺定」(Vor-stellung, 即「想像」) 及「真——取得」(Wahrnehmung, 即「感覺」)[38]。這也就是說，在當人把本質(Wesen, 或 Sosein＝Wassein) 與「存在」(Dasein) 分開，這正是人經

---

[35] 參見〈哲學的世界觀〉(Philosophische Weltanschauung)一文，收入全集第 9 册《晚期文錄》，頁 75-84，特別是頁83。謝勒最終對人的定論，除了確立起哲學人類學的基本人觀的可能向度外，同時還引發對其本人宗教思想的爭論，尤其許多受他啟發的基督教信仰（特別是天主教方面）的宗教哲學家，對他的這一晚期泛神論發展極爲不滿和尷尬，請參見第五章。

[36] 《人在宇宙中的地位》，全集第 9 册，頁33。

[37] 同[35]，頁83。

[38] 《人在宇宙中的地位》，全集第 9 册，頁 43。這裏謝勒就 Bewußtsein, Vorstellung 及Wahrnehmung 三個德文字玩了一個文字遊戲，對此三個以分節號分開的表示法，我們無法在中文字裏就字形發生的關係來翻譯，只要勉強就本文中方式做一暫定的翻譯，並附以原文和通常的字義以供讀者參考。

由「觀念構成」(Ideierung) 行動的精神表現將對世界的阻抗化作「事物之實在特徵的揚棄」(Aufhebung des Wirklichkeitscharakters der Dinge)，也就是把單純的實在界(Wirklichkeit)化作「世界」。謝勒並指出，動物所以在其中生活的就是具體物和實在界，而人卻從這種具體物和實在界中走出來並藉著對「本質之道」(Logos der Wesenheiten)的把握將之變作爲一「對象」㊴。是故謝勒把說「不」的能力與把世界的「實在化去」(die Welt "entwirklichen")或將世界予以「觀念化」(die Welt "ideieren") 等同起來，並指出這乃是一種「禁欲的行動」(asketischer Akt)。「但這種去實在化的行動只有我們稱作『精神』的那個存有才能完成。只有精神作爲純粹『意志』時，它才能藉由一種意志行動——意卽: 防阻行動 (Hemmungsakt) ——去影響那種我們看成是到實在物的實在存在 (zum Wirklichsein des Wirklichen)的通道的感觸衝動中心的不現實化 (Inaktualisierung)㊵。」於是謝勒把前面廣占篇幅有關界分人與動物之本質差別，透過這一「禁欲」的概念總結成下面一句引文:

> 與動物相比，動物經常對實在存在說「是」……人則是能說不者，是「生命的禁欲者」(Asket des Lebens)，是一切單純實在的永恒反對者㊶。

㊴ 同上書，見頁42。

㊵ 同上書，參見頁44。

㊶ 同上，原文作: "Mit dem Tiere verglichen, das immer 'Ja' zum Wirklichsein sagt…, ist der Mensch der 'Neinsagenkönner', der 'Asket des Lebens', der ewige Protestant gegen alle bloße Wirklichkeit."

〔精神與衝動〕

依謝勒的論證，人的獨特地位乃是立腳在人有「精神」(Geist) 上。由於「精神」的能力，使我們能藉由對「實在」（特別是一切單純的實在）的「禁欲行動」，或所謂的「觀念構成」作用，把我們與世界（正確地說是環境）相遇時所體驗的實在或「阻抗」化作爲對象，也就是能把單純的實在對象化入於我們具有不斷予以「後設」批判的把握領域中。但是這種「精神」的新原理並不是獨占的原理，相對於這種使人成其爲人的原理，人的身上同時還具有「感觸衝動」、「本能」、「聯想記憶」及「實踐智慧」的諸種生命存在原理，這種原理謝勒卽稱之爲「衝動」(Drang)。

由於「衝動」是根植於生命的領域中，亦卽是生命維持其自己，保護其自己，及發展其自己上所必須的基本存在根據，例如營生性的「感觸衝動」保證了生機體在維持其個體及保存其種上最簡單的需要的心靈運作能力，「本能」則可以使動物在極簡單環境中有效而迅速作出相當程度「自由」的反應，此外更高級的「聯想記憶」、「實踐智慧」也相應於其分化的複雜程度而「更自由地」解決其複雜的問題。但是由於「衝動」是一種生命存在的基本結構，它雖然因動物的「自由」程度加大，也就是其相對於其環境的解決問題能力加大而提高了其「存在價值」——卽提高了其存在階層秩序——，但是「衝動」的力量，並且是依等級而顯出其愈是低等愈是爲根本。是故謝勒明白地宣示出這樣的命題:

原本地低等的更爲有力，最高的則是無力的[42]。

事實上這一人類學中關於「精神—衝動」的抑揚原理，謝勒在其價值哲學早就已經指出過了。這裏只不過是這一原理在人的哲學解明中予以具體化的宣示出來罷了。謝勒在他的名著《倫理學中的形式主義及實質的價值倫理學》中藉著給予價值公設(Wertaxiome)而定出「價值的等級次序」(Rangordnung der Werte)，並且指出對於較高的價值是要透過「避拒」行動(Akt des "Nachsetzens")來實現，也就是要透過「禁欲」的節制來實現；而對於低等的價值則「偏愛」(Vorziehen)[43]，這也就是說向往較高的價值，我們必須要加以一番懲治淨練的工夫，而這種工夫卻又是屬於自我警惕的辛苦事業，故而必須要能時時提撕，方才不反墮爲「下流」；至於向於低等的價值，因其更是屬於「近利」，例如拿起一麵包（不管屬於我或不屬於我）來吃，它卽刻便可滿足我的食慾、療飢；而克制自己饑餓仍不取別人的食物，則必須忍受饑餓的煎熬，故而向下的價值更能讓人「偏愛」。

不過在我們考察謝勒「精神—衝動」的概念中，還有一點須要提出來討論的，便是：謝勒這種精神與衝動對列的作法，是否卽表現出他不折不扣地爲一位「二元論者」？許多解釋謝勒哲學人類學的學者都輕率地把謝勒這種精神與衝動對列的表示法視爲二元論。但是我們願意說，倘若二元論的說法是指謝勒人觀中不能消

---

[42] 同上書，頁52。原文作："Mächtig ist ursprünglich das Niedrige, ohnmächtig das Höchste."

[43] 《形式主義》，全集第2冊，頁 106-107；又參見頁282以下。

融的兩種規範實在，那麼我們便不能承認這是謝勒的意思；謝勒的本意更無寧是指爲同一實體所表現出的消長兩極，人同時就是精神且是衝動，卽人同時是具有他從最低到最高形式的一切存在原理。他旣要吃飯、穿衣；也會將其世界中所見到的個別對象聯結成一個相互規定的連續性結構，乃至於能從旣有的世界規定個項擬造出一個非連續性的結構。這一切都是人，人不是只爲這一種人或那種人，而是對此而爲這種人，對彼而爲那種人地因著所遭遇的情境而爲其如此的限定。但這些不同表現的「人」都是要回溯向唯一的「理想的」人——也就人的「如是性」(Sosein) 上去。

最後謝勒把「精神」和「衝動」看成是屬於同一存有的兩個屬性，故而:

> 精神和衝動——存有的兩個屬性——，它們首先除了在形成中的相互交滲——作爲目的——外，它們自身也不是已完成的；它們正是在其這一在人類精神史和世界生命演化中的諸種呈現裏自我成長[44]。

這也就是「精神」和「衝動」兩者乃同屬一存在者（當然主要是指人），雖然「精神」成就了人的獨特地位，但是「衝動」仍然是在基底上擔負著維持生機體（卽生命）存在的責任，「精神」是高尚的，是實現人格存在的絕對價值之依據，但它是「無力」的 (ohnmacht)，是要在一種自我限制的「禁欲行動」中勉

[44] 《人在宇宙中的地位》，全集第 9 册，頁71。

強提撕自己的辛苦事業；而生命衝動由於其相對於生機個體及整個生命羣族的保存，因此與具有後設反省的價值認取和透過自我毀滅以實現其價值的精神共爲人存在上的兩極，不過正由於其爲一存有之兩極，因此精神的作用是在於將我們的世界開啟開來，而不是立一個精神的「世界」，然後把此世界圈劃起來並將人閉鎖在這個精神的「環境」中，最後我們願意再引謝勒自己的一個說法，作爲我們對他的「精神—衝動」這一概念的理解的佐證㊺：

> 精神和生命是互相調整的——把它們看成是一種本原的敵對，一種本原的鬪爭狀況，這是一個根本錯誤。

緊接著謝勒引了赫德林（Hölderlin）的一個名句作結

> 思考得最深的人，自然愛最具生命的。(Wer das Tiefste gedacht, Liebt das Lebendigste.)

第三節　關於哲學人類學的發展及爭論

由於謝勒的《人在宇宙中的地位》小册在1928年出版以後，哲學人類學便成了哲學研究中的一個核心論題。並且如同康德在提出人能知道什麼、做什麼和希望什麼之後，進而併結成一個「人是什麼」這樣的問題一樣，許多哲學研究的個別部門現在都整合入「哲學人類學」中。事實上謝勒晚年在談哲學人類學，他並

㊺ 同上，頁67。

不是孤立地劃定出一個所謂「哲學人類學」的領域當作占領地，而是卽就生命的諸種存在形式及其相對層次，尋找一個界定人的本質的原理。但謝勒在探尋人的本質規定原理上，他並不單純地把人的實然存在完全委曲於純粹的抽象規定性中。他無寧是把人就其爲一切存在原理之可能顯現處的意義，把人把握成爲一個「小宇宙」或「小神」。關於謝勒的人類學理解，我們在前文中已經簡略做了敍述，我們底下願意再稍花一些篇幅說明當代哲學對謝勒把人在哲學研究中論題化的反應和批評，乃至於擴展等各種努力。

事實上自謝勒在1928年出版了那本小書以後，便陸陸續續出版了許多題爲「哲學人類學」或處理這種論題的著作。這許多著作都嘗試分別從人的某一行動領域來統攝人的全幅存在，有的人從生物學，有的人從經濟學，有的人從歷史、文化等等，眞是不一而足。在今天，人類學的研究，除了傳統有關體質性及文化、社會活動方面的研究之外，將人類學予以局部強化而又同時升至哲學反省層次的人類學研究分支[46]，我們大致上可以指出有(1)

[46] 我們在這裏所了解的「人類學」一詞用法，不是美國學界所使用的意義，因此在許多名詞上，可能會造成一些誤解。但我們若拋開學科性的「科學主義」心理偏見，那麼在當我們回溯到人自問其自身的地位和處境，那麼這些具有實證傾向的工作領域，自當能容受作爲後設批評的「哲學」考慮，而納入於「哲學人類學」這一整合領域；而且筆者所認爲「哲學人類學」之所以爲一「整合性的」哲學工作，其理由亦正是基於此——卽對所有這些實證的工作及其成果予以哲學的後設批評。在七〇年代中，德國的一批哲學家及人類學者（廣義的人類學者），在Hans-Georg Gadamer 及 Paul Vogler 兩人的組織編輯下，出版了一套七本總題爲《新人類學》(*Neue Anthropologie*) 的叢書 (Stuttgart: Georg Thieme Verlag/München: dtv., 1972)，並分別以《生物學的人類學》(*Biologische Anthropologie*, 2 册)、《社會人類學》(*Sozialanthropologie*)、《文化人類學》(*Kulturanthropologie*)、《心理人類學》(*Psychologische Anthropologie*) 及《哲學人類學》(*Philosophische Anthropologie*) 爲主題。

以「成人」(Menschenwerdung) 歷程的精神性根據爲主的「進化人類學」；（2）以處理心身在「成人」的剖面結構上之決定地位的「醫學人類學」(Medizinische Anthropologie)㊼；（3）有與人類心理結構相對於人的行爲規定和人格的自我肯定之交互關係的「心理人類學」(Psychologische Anthropologie)；（4）有討論羣體行爲與個體行爲之交互作用及其衍生的社會整序及社會價值判斷和社會存在之關係的「社會人類學」；另外還有（5）探討人的創造活動（特別是精神創造）及其定著間架和人之存在的關係，意卽特別是羅塔克 (Erich Rothacker)的「文化人類學」(Kulturanthropologie)㊽；此外更有結合人之存在與永恒性問題而探討人與神之關係的（6）「神學人類學」(Theologische Anthropologie)；此外還有如「教育人類學」(Pädågogische Anthropologie)、「歷史的人類學」(Geschichtliche Anthropologie)等等，眞是不勝枚舉㊾。至於綜合而且是以「人」的一切活動

㊼ 這裏的「醫學人類學」與美國文化人類學中探討醫療行爲及社會秩序的「醫療人類學」(medical anthropology)不同，在德國以海德堡大學 Viktor von Weizsäcker 爲首的「醫學人類學」（在今天則很大力由整合的人類學概念嘗試建立起一種「理論病理學」）〔Theoretische Pathologie〕基本上是「在生病的情況中的本質性人性」(das Eigentlich-Menschlichen in der Situation des Kranken)，參見 W. Doerr; "Anthropologie des Krankhaften"，收於㊻所指出 Gadamer/Vogler合編書 *Biologische Anthropologie*, Bd. 2, 頁 393。

㊽ 羅塔克的「文化人類學」並不是指一種單純的經驗研究學科，而是人類精神創造及其定著之對於人的存在地位的哲學性考慮，請參見其著作《文化人類學之諸問題》(*Probleme der Kulturanthropologie*, Bonn, 1948)、《哲學人類學》(*Philosophische Anthropologie*, Bonn, 1975〔第四版〕)。其要點請見下文。

㊾ 關於哲學人類學及其局部性工作的說明可參見上㊻所舉 Gadamer/Vogler 所編叢書，另外 Michael Landmann; *Philosophische Anthropologie* (Berlin, [5]1982) 是一本極全面的入門書。

表現爲論題的，當然更是屬於「哲學人類學」(Philosophische Anthropologie)。因此「哲學人類學」同時包含著兩種意思，卽它一方面提出有關人本質特徵的問題，並同時在另一方面它還意謂著「人類學」的一個本源性的「後設批評」(Metakritik)。這也就是說，「哲學人類學」藉著對人的各種存在規定的考察以及對諸特定論題化的考察之再考察，從而尋求界定人之獨特地位的原理。而其中最重要的論題，則是人與動物的不同是在那裏？當代哲學人類學的發展並且亦是接著這一問題而開始的，其中最具代表性的我選出謝勒—余克斯屈勒的「環境—世界開放」、普列斯那的「偏離理論」(Exzentrismus)、蓋倫的「匱乏的動物」(Mängelwesen)理論，以及羅塔克的「人的環境」(die menschliche Umwelt)等論題。我們在底下的篇幅中卽針對以上幾點略加說明，並指出其與謝勒的「人類學」建設的努力的關係，最後我們再以謝勒的嫡傳弟子藍德斯貝格 (Paul L. Landsberg) 的《哲學人類學導論》一書說明謝勒的哲學人類學構想，以結束這一章的討論。

〔**環境或世界開放？**〕

關於謝勒的哲學人類學構想，特別是他就人能對其所遭遇的阻抗予以轉化成「對象」（包括「外在世界」和「內在世界」）從而發現在人身上存在有一個可以用來作爲確立人之獨特地位的「新原理」——精神。因此謝勒將余克斯屈勒所發展的「環境適應」命題判爲不足以解釋人存在的獨特性，不過可惜的是余克斯屈勒本人——他活得比謝勒還長——雖然自始至終堅持著他的環境適應理論，並且還應用到各種人的行動範疇（包括傳記描述）㊿，卻一直沒有針對謝勒的命題做回答或批判，這也許是他甘心於

㊿ 例如 Jakob von Uexküll: *Niegeschaute Welten*, Berlin, 1936.

自我限制為一位「動物學」者吧!?老余克斯屈勒雖然沒有針對謝勒的論題予以回答，但他的兒子圖勒・馮・余克斯屈勒(Thure von Uexküll) 卻替他對哲學人類學家的「世界開放性」理論提出了詰難:「但是人的『世界開放性』命題有遮掩掉人如何得到他的世界以及這個世界是否本來就是『世界』這種問題的危險[51]。」對小余克斯屈勒的這個問題，我們的回答是:「世界開放性」基本上是一個人的本質可能性的描述，它是一種否定式的後設批判能力，由於這一能力，人才能越過「環境」裏的局限而抵入於無窮的可能中去。並且由於「世界」的可能乃是藉由於「否定」的可能，因此它可以說是一種「終極的可能」[52]，故而這個「世界」是不能以「這個世界」來限定的，那麼小余克斯屈勒的擔憂倒不如把它改換作人如何確實提撕住其「能說不」的能力和行動。

〔**普列斯那的偏離理論**〕

普列斯那同謝勒一樣在1928年出版了他的哲學人類學奠基之作《有機體的層次及人》(Die Stufen des Organischen und der Mensch)。由於他在當時亦任教於科隆，並且也與謝勒過從甚密，因此日後從事哲學人類學研究或該時期哲學史研究的學者，一般都把他列為受謝勒影響而繼續發展謝勒未竟之業的學生輩。對此普列斯那一直都耿耿於懷，並且屢次寫作作自我開脫或乃攻擊謝

---

[51] 見他為其父所著 *Streifzüge durch die Umwelten von Tieren und Menschen* (與 Georg Kriszat 合著) 及 *Bedeutungslehre* 二書合併重刊所寫的導論。此書由在 Frankfurt a. M. 的S. Fischer 於一九七〇年收入《人間條件》叢書(*Conditio Humana*)中，1983年出版袖珍本，Thure von Uexküll 的說法，見袖珍本頁 XLVII。

[52] 作者願意在這裏提出一個假設，即謝勒把人視為「小神」或「合作者」即是建立在這一可能解釋上的。

勒。不過我們就大體上來看，普列斯那的人類學理論與謝勒的基本命題並沒有大差異[53]，我們甚至可以說，他的哲學人類學是對於謝勒的綱略做系統化的加深和修正。

至於普列斯那的論題是如何呢？他同謝勒一樣，也是要就人在動物（或更廣泛地說「生機體」）中間找出一個所以界分人與動物之差異的基本原理來。

由於普列斯那首先是一位生物學者（他是生物學家兼哲學家杜里舒〔Hans Driesch〕的學生），對於生機體的存在方式有很深刻的認識，所以他在生機體的各種不同存在層次中見到了生命發展的「中心化組織」(zentralistische Organisation)，特別是經由「中樞化」的神經系統來控制的生命表現形態[54]。而各種生機體亦卽藉由此中心化的等級而展現出其各種不同的生命存在 (lebendiges Dasein) 的層次。但是普列斯那同時也看出這種「中心化組織」，不管它是植物的開放的組織形式 (offene Organisationsform) [55]——也就是生機體各發展階段——都與環境相合應，抑或動物閉鎖的組織形式 (geschlossene Organisations-

---

[53] Otto Friedrich Bollnow 在其最近的一篇短文〈哲學人類學〉("Philosophische Anthropologie", 刋於*Universitas*, Jg. 41(1986), 頁846-855) 卽做這樣的論斷。他說: "Das Gemeinsame dieser verschiedenen Ansätze（指Scheler, Plessner, Gehlen三人——引者）, ist deutlich, ……", 見頁847。

[54] H. Plessner: *Die Stufen des Organischen und der Mensch*, Frankfurt a. M., 1981, 頁308.

[55] 同上，頁 284, 普列斯那對「開放」(offen)一詞的定義如下: "Offen ist diejenige Form, welche den Organismus in allen seinen Lebensäußerungen *unmittelbar* seiner Umgebung eingliedert und ihm zum *unselbständigen* Abschnitt des ihm entsprechenden Lebenskreises macht."

form)[56]及其諸種心靈能力[57]，它們都仍然是要限制在其「周場」(Umfeld) 中。這也就是說，一般生物的「中心化組織」正如謝勒所指出：除了精神這一新原理外，其他生命所表現出的心靈能力都是限制在其環境中，因此無法說明人所具有的一種與動物爲階層性差異的特殊能力——即「能說不」的能力。不過普列斯那沒有採取這樣的表述，而別出心裁地以「偏離」(Exzentrizität) 一術語來描繪人的這一獨特能力。

至於什麼是「偏離」呢？依普列斯那的意見，由於「動物在其對準於外來給予之周場 (Umfeld) 的存在中採取了正向立場 (Position der Frontalität)，它自周場中分隔開且又同時與它連關在一起地生活著，它只意識自己是軀殼、是知覺場的統一 (Einheit der Sinnesfelder) 以及是——在中心化的組織之情況中——行動場 (Aktionsfelder)；在自己的軀體中，其自然的處所 (Ort) 即是隱蔽著其存在的中心[58]。」所以動物無法跨出其自己一步，因爲在沒有「自我意識」(Selbstbewußtsein) 的能力下，動物是無法脫離開這個「周場」的限制。而「人作爲有生命的東西，也就是被擺到其存在之中心的東西，他經驗到它（按即存在中心），並因此而逾越過它。他體驗到絕對的此地此時中的聯結 (die Bindung im absoluten Hier-Jetzt)、體驗到周場以及其自己反對其立場之中心的軀殼的總會聚，並因此不再受它們的束

---

[56] 同上，頁 291，其定義如下："Geschlossen ist diejenige Form, welche dem Organismus in allen seinen Lebensäußerungen *mittelbar* seiner Umgebung eingliedert und ihn zum *selbständigen* Abschnitt des ihm entsprechenden Lebenskreises macht."

[57] 普列斯那在上引書的第六章中，即分別論述了「刺激——反應」、「智慧」、「記憶」等心靈能力，見該書頁 303-359。

[58] 同上書，頁363-364。

縛。……」[59]這種人不受其「周場」限制、束縛的情況，亦卽就是普列斯那所稱的「偏離」。由於這種偏離，人能够知道自己，並因而能走出自己所深陷的「周場」，也就是人藉由這一能力而突破了其他動物的存在方式，從而開向一個更高的另一階層的存在方式。如此，普列斯那認爲我們在此一原理下便可根本地區分開動物和人的不同存在階層了。

〔蓋倫的「匱乏的動物」理論〕

蓋倫是繼謝勒、普列斯那之後，共同締造完成「哲學人類學」的人。他在於哲學人類學上的代表作卽是他 1940 年出版的《人：其本性及其在世界中的地位》(*Der Mensch. Seine Natur und Seine Stellung in der Welt*)。蓋倫也與謝勒、普列斯那一樣質問著：什麼是人的「獨特地位」？由於蓋倫也是出自生物學界並且爲杜里舒的學生，他在處理人類學的問題上，亦不願純憑思辨來從事，因此他的哲學人類學具有相當濃厚的自然科學氣息。

蓋倫在哲學人類學上的基本命題是：人是匱乏的動物(Mängelwesen)。不過「人是匱乏的動物」意義是指什麼呢？依蓋倫的說法，它是指：「亦卽在形態學上，人相對於一切高等哺乳類完全是由匱乏來定義的，它（按指匱乏）在精確的生物學意義中經常被表示爲不能適應、沒有特化、原始的，亦卽沒有進化的：也就是在本質上爲消極的[60]。」這也就是說，人天生在各個器官上都未能有如其他動物所擁有那種強而有力的性能，如腿跑不

[59] 同[58]。
[60] Arnold Gehlen; *Der Mensch, Seine Natur und seine Stellnng in der Welt.* Wiesbaden, 1978（第十二版），頁33.

快、手抓不牢、牙咬不動，無爪無甲……。事實上人可說是動物界生存競爭中的「當然」犧牲者。

不過在經幾百萬年生存競爭的考驗下，奇怪地人卻沒有從大自然中因失敗而退出，相反地卻更加子孫繁衍。「匱乏的動物」能贏得生存競爭，其道理何在呢？蓋倫對此問題的回答，我們可以將之歸結爲兩點，卽（1）人的「行動」(Handlung)及（2）經由對人「行動」的「制度化」而使人「釋負」(Entlastung)。

首先我們要談的是蓋倫有關人的「行動」的想法。人的「行動」對於蓋倫來說它有兩個意義：「他實地地克服圍在他身邊的實在，藉以將它改變成有益於生活者，…… 並且從另一方面來看，他因此而從自己取出一種很複雜的成就等級，並且在其自身中確『立』一種可能的結構秩序 (eine Aufbauordnung des Könnens)……」[61]這也就是說人一直地在努力著完成自己，因爲人的「匱乏」的特性，他無法坐享其成，他必須努力去「行動」並將行動所獲得予以固定，他方才能够在生存上有憑據。而正由於人的行動，特別是他在其自身中確立起一種可能的結構次序，因此他得以把它加以制度化。

由於人有了「制度」(Institution) 爲依據，那麼人就可以有確定的秩序可循，因此人便有可能獨立於 生命上的個 別刺激情狀，而解決開放的或實驗性質的活動和直接需求的壓力[62]。對此蓋倫以衝動迫力的可塑性和距離稱之[63]。

由是，我們知道蓋倫在他自己對「人」的把握，有許多觀念

---

[61] 同上，頁37。

[62] 同上，頁29。

[63] 關於衝動迫力的可塑性和距離，以及驅力生活的可防阻等有關衝動束縛的解除的論述，請參見蓋倫前引書，頁55。

採取了與謝勒很不相同的進路，但是在於把人從自然衝動的束縛中解放出來，也就是藉著衝動迫力的可塑性和距離而把束縛在環境限制中的人解放開以向於「開放的世界」一點上，他確實是如羅塔克所說：「蓋倫與謝勒根本上是一個意見64。」

〔人的環境〕

哲學人類學者中，自謝勒以至於蓋倫，都把人能與環境畫出一個距離這一能力視爲是一種與動物在本質上的截然區別，但謝勒的另一位學生羅塔克 (Erich Rothacker) 則反對把「環境」從人身上取消，他說：「然而我強調：人不僅有距離，也有環境，他雖然有能力把事物對象化和免卻衝動，但他是生活在一種環境中65。」

羅塔克這一段話的意思無非是想展示出人所把握的仍是相對於人而被把握的。他並且喜歡以人在森林中所見的差異來作爲例子。他說：樹林對農夫來說是「小樹叢」，對林務員則是「森林」，對獵人則爲「獵區」，對散步的人則是「涼蔭」、對於被追拿的人爲「匿身處」，於詩人則爲「藏光」、「脂香」等等66。所有這些注意上的不同，羅塔克將之解釋爲一種「環境」——即相對於動物的自然環境而爲「人的環境」，並且人卽受這一「人的環境」的束縛，人並且卽在這個環境中行動。

不過羅塔克也不承認人是完全封閉在他的環境當中，相對於

---

64 Erich Rothacker, *Philosophische Anthropologie*, Bonn, 1964, 頁47.

65 同上，頁62。

66 同上，頁73。

動物太緊接 (eng) 於其環境[67]，人雖然是受環境束縛(umwelt-gebunden)，但是他也有能力採取距離 (distanzfähig)，例如經由人的「反思」(Reflexivität) 或「思考」(Denken，例如「觀念化」〔Ideieren〕及「超越化」〔Transzendieren〕[68])。

對於羅塔克這一「人的環境」理論，依我們的瞭解，他似乎是要強調人存在上的閉鎖傾向。事實上我們在謝勒的理論中也可以看到這一種人的限制。「世界開放性」基本上如同我們前面所說明的，它只是一個消極的指點，人的存在仍一直是在從作爲動物的人的束縛環境向著其自我成全的世界來回搖擺，當然羅塔克在此正確地強調了人的相對限制，但我們同時也要指出，他所提的「人的環境」，雖不至於是累贅多餘的，但也不是推翻人之爲「世界開放的」存在的充分證據。

最後我們還要再提一下藍德斯貝格 (Paul Ludwig Landsberg)這個名字。如前文多次提及，他是最得謝勒眞傳的入室弟子，他雖然以四十幾歲英年被納粹害死，但是他在哲學人類學方面亦留下幾本著作。他的著作基本上紹述了他的老師謝勒未竟之業的基本構想，並且也發展了他個人的想法，不過由於內容及篇幅的關係，我們無法在此予以詳加介紹，茲僅開列其有關哲學人類學的著作以供參考。其著作中，特別以《哲學人類學導論》(*Einführung in die philosophische Anthropologie*)；《死亡

[67] 同上，頁122。
[68] 同上，頁134-136。

的經驗》(*Die Erfahrung des Todes*);《人格主義的問題》(*Problèmes du personalisme*)[69]三書與哲學人類學有關。

---

[69] 各書的出版資料如下:
Einführung in die philosophische Anthropologie, Frankfurt a. M. , 1934.
Die Erfahrung des Todes, Luzern, 1937.
Problèmes du personalisme, Paris, 1952.
此外還有論文如:
"Maine de Biran et l'anthropologie philosophique", 刊於*Revista de Psicologia y Pedagogia* 4(1936), 頁342-368.
"Marx et le problème de homme", 刊於 *La vie intellectuelle* 51(1937), 頁72-93.
"Bemerkungen zur Erkenntnistheorie der Innenwelt"
刊於 *Tijdschrift voor Filosofie* 1 (1939), 頁363-376.
討論 Paul Ludwig Landsberg 的哲學人類學的論文可參見:
Karl Albert, "Die philosophische Anthropologie bei P. L. Landsberg" 刊於 *Zeitschrift für philosophische Forschung,* Bd. 27 (1973), Heft 4, 頁582-594.

第七章　謝勒與知識社會學

在現代哲學中，謝勒的創造性並不只限於傳統的論題。如同前文各章所顯示，謝勒幾乎在他所涉足的論題上都開啟了一個新局面，乃甚或是新的領域。我們在這章就要論述一下他在建立「知識社會學」（德：Wissenssoziologie；英：The Sociology of Knowledge）❶的貢獻以及他本人的理論。

首先我們要對「知識社會學」這一概念的意義略加解釋。今天社會學界在謝勒的開先鋒以及卡爾·曼罕（Karl Mannheim）及其追隨者的努力，大致已經接受了知識社會學這一社會學研究部門。不過知識社會學到底是指什麼？其解釋卻是很不一致。我們現在且先引用一下最近一位學者所嘗試做出的定義：

> 知識社會學可暫時地定義爲：研究連結認知歷程及心靈產物與社會歷程及社會結構之交互關係的一個社會學的研究領域❷。

---

❶ 謝勒很少使用 Wissenssoziologie 這樣的組合字，主要他是使用 Soziologie des Wissens，這個用法剛好與英文相當，不過在德文字中，Wissenssoziologie 這樣的寫法已完全被接受了，

❷ 引自 Gunter W. Remmling 爲他所編的 *Towards the Sociology of Knowledge* (London: Routledge & Kegan Paul, 1973)寫的導論，見頁5。

上述這個定義很明顯地是一個折衷的結果，因而顯得相當籠統。我們爲要能澄清知識社會學的基本意旨，於此願意不憚辭費，先稍略介紹一下曼罕及維爾納・史達克 (Werner Stark) 這兩位在謝勒之後發皇知識社會學研究的人的見解，然後再開始介紹謝勒本人的構想。

第一節　知識社會學的意義及內容

「知識社會學」(Soziologie des Wissens 或 Wissenssoziologie) 這一名稱的成立，基本可以以謝勒在 1924 年編輯出版的論文集《一種知識的社會學之試探》(*Versuche zu einer Soziologie des Wissens*)❸ 一書爲里程碑。在這本書中，謝勒在書名上正式揭示了「知識的社會學」這一名銜，並且更爲這一本文集寫了一篇奠基性的論文〈知識社會學的問題〉("Probleme einer Soziologie des Wissens")❹，他在這篇長達146 頁的論文中，詳細地說明了他對於「知識社會學」的基本構想。另外除他本人的論述外，他還邀集一批同道和學生，組織、分派其諸個人就其構想中有關形式和實質構成上的個別問題，分別加以論述舉

❸ München-Leipzig: *Verlag von Duncker und Humblot* 1924. 此論文集除謝勒的長文外，另外收入 Paul Leuchtenberg, Wilhelm Jerusalem, H. L. Stoltenberg, Leopold von Wiese, Justus Hashagen, Paul Honigsheim, Lore Spindler, P. L. Landsberg, Vollrath, Kuno Mittenzwey, Helmuth Plessner, Walter Johannes Stein 十二人共十八篇的文章，

❹ 見❸所引書，頁5-146，此文於 1926 年並增訂收入《知識的形式與社會》(*Die Wissensformen und die Gesellschaft*)，即全集第 8 册中，見頁 17-190。

證，共同建設起這一新的知識研究領域。

不過1924年並不是謝勒關於知識社會學建立的零起點，其構想的形成還要再往前幾年去追溯。關於這個論斷的根據，我們至少可以指出底下這些事實來作爲佐證。例如他的得意門人藍得斯貝格（Paul L. Landsberg）在 1923 年出版了《柏拉圖的學院的本質和意義》（*Wesen und Bedeutung der platonischen Akademie*）❺，這本書副標題作“Eine erkenntnissoziologische Untersuchung”（一個知識社會學的研究）。藍得斯貝格自謝勒在1919年受聘任教科隆大學起即便追隨於他，並深受其薰陶，他的研究方向亦大體循著謝勒晚期的路線繼續前進，特別是結合著知識在歷史上的社會造形以及人類學的反省成一體，可說是極得謝勒眞傳的門人。不過從上述書名中，我們基本上可以無誤地肯定，在這一本書出版之前，謝勒在知識史的社會塑形上已有相當明確的反省，我們甚至可以說，藍得斯貝格的這本書，實際上是謝勒所推動的哲學——社會學兩講座結合在一起的具體嘗試。另外，我們根據謝勒爲藍得斯貝格這本書所寫序文的說法，本書本來是要收入其所主編論《知識的社會學》（*Soziologie des Wissens*）的論文集❻中，因其篇幅太大，所以另行刊行。由此我們可以確定，謝勒在主持科隆大學哲學及社會學兩講座所逐漸明顯化的「知識社會學」觀念，雖然對稱呼這一新研究作法的名字一直搖擺不定，但至少在 1923 年已經正式以“Soziologie des

---

❺ Bonn: *Verlag von Friedrich Cohen* 1923。
❻ 即❸所引書，關於謝勒的說法，見❺〈編者序〉（“Vorwort des Herausgebers”），頁Ⅶ，❶。

Wissens" 這一用法來總括這種有關知識與社會交互影響的研究。不過由藍得斯貝格所用的副標題來看，"Soziologie des Wissens" 這一用法在正式刊行《一種知識的社會學之試探》一書，即1924年以前，仍是不很固定的。我們若再更往前追溯，那麼在謝勒於1921年所發表的文章〈論知識之實證的歷史哲學〉("Über die positivistische Geschichtsphilosophie des Wissens")❼中，我們便已見到了 "Soziologie des Wissens" 這一用法，不過在使用這一表達的同時，謝勒將它與 "und Erkennens" 並列❽，文章裏稍後部分，他更強調的仍是 "Erkenntnissoziologie" ❾、"Erkenntnisformen" ❿。綜合以上史實，我們大致上可以肯定地說，以 "Soziologie des Wissens" 這一表式來表達知識社會學這一研究領域，大致上是確定於1923年，而隨著1924年《一種知識的社會學之試探》的出版，「知識社會學」便正式地成了社會學研究的一個重要分支。尤其它在卡爾·曼罕 (Karl Mannheim) 的努力下，更是越出德語界而延展到英語世界中。

由於曼罕以及後來維爾納·史達克的努力，知識社會學很快就在英語世界中傳播開來，但亦因此社會學界所瞭解的知識社會學，大體上是根據於該二人的版本。再加上謝勒的著作遲遲都沒

❼ 初次發表於 *Kölner Vierteljahreshefte für Sozialwissenschaft* 1 (1921), 22-31；後於1923年輯入其論文集《社會學及世界觀學論文集》(*Schriften zur Soziologie und Weltanschauungslehre*) 第一册：《道德》(*Moralia*) 中。今收入全集第6册，頁 27-35。

❽ 見全集第6册，頁27，原文作 Die Probleme einer Soziologie des Wissens und Erkennens sind...。

❾ 同❽，頁28。

❿ 同上，頁30。這個 "Erkenntnisformen" 到1926年出版《知識形式與社會》(全集第8册) 時，便改稱為 "Wissensformen"。

有譯成英文⓫，因此謝勒對知識社會學的原初構想，一直都沒有得到應有的重視，更沒有得到適切的把握。

現今知識社會學界共認的奠基性經典，除卡爾·曼罕（Karl Mannheim)的《意識型態與烏托邦》(*Ideologie und Utopie*)⓬、史達克的《知識社會學》（*The Sociology of Knowledge*)⓭ 等外，還有謝勒的開山之作〈知識社會學的問題〉及《知識形式與社會》一書中其他二長文⓮ 亦同樣都是不可輕忽的重要根據。另外作者認為，謝勒所編那本《一種知識的社會學之試探》中的組織體例所顯示的研究範疇訴求，亦極值得我們深加注意⓯。不過由於社會學界較熟悉的知識社會學是屬於曼罕和史達克的版本，因此我們在底下先說明一下此二人的基本觀點，然後再拿謝勒的基本立場來與他們對比一下，藉以發現謝勒的構想中是否有些什麼特出的重點可以讓我們做進一步發揮之用。

首先是曼罕的看法。曼罕在他的《意識型態與烏托邦》一書

⓫ 直到 1980年，Manfred S. Frings 才把*Probleme einer Soziologie des Wissens* 譯成英文出版。見 Max Scheler: *Problems of a Sociology of Knowledge* (tr. by Manfred S. Frings, London Routledge & Kegan Paul, 1980).

⓬ Bonn: F. Cohen, 1929 英文本添加入了他為 Alfred Vierkandt 所編 *Handwörterbuch der Soziologie* (Stuttgart: F. Enke 1931) 所寫 "Wissenssoziologie" 一條條文並加上一篇為英語讀者所寫的新導論，見 K. Mannheim; *Ideology and Utopia*, London: Routledge & Kegan Paul 1936。

⓭ London: Routledge & Kegan Paul, 1958 此書原作者並自譯成德文: *Die Wissenssoziologie, Ein Beitrag zum tieferen Verständnis des Geisteslebens*, Stuttgart: F. Enke, 1960.

⓮ 在《知識形式與社會》（全集第 8 册）中，除〈知識社會學的問題〉一文外，還收入〈知識與勞動〉("Erkenntnis und Arbeit") 及〈大學及民眾高等學校〉("Universität und Volkshochschule") 二文。

⓯ 詳見底下的論述。

中自述說：「這本書最主要的任務是爲描述和分析這種（按即一種不能只用邏輯分析的前科學的不精確思想模式）思想類型及其變遷弄出一個合適的方法，以及把與能正確認識其特徵並爲其批判的理解準備道路有關的問題構作出來⑯。」但由於曼罕把一切種類的思想都看成是意識型態，也就是任何羣體由於其生活條件而引發的心靈產物——以曼罕本人的話說，即：「曾經是一個黨派的知識裝備，現在普遍地在社會和知識史中變成了一種研究方法。首先，某一定社會羣體發現了其對手的觀念的『存在限制』(Seinsgebundenheit, 英 situational determination)；結果，這個事實的重認便被推敲弄成一個總括的原理，根據這個原理，每一個羣體的思想被看成是出自於生活的條件限制中⑰。」是故意識型態的分析便成了知識社會學的出發點：「隨著意識型態的全般概念的普遍構作之出現，簡單的意識型態理論變成了知識社會學⑱。」

由於曼罕這麼強烈地主張社會（即生活的條件限制）對知識形成的影響，因此他把整個知識社會學的研究做了這樣的定義：「知識社會學是社會學中最年青的分支之一；作爲理論，它尋求去分析知識與存在之間的關係；作爲歷史——社會學的研究，它尋求去追溯這個關係在人類智識發展中所採取的各種形式⑲。」

---

⑯ Karl Mannheim; *Ideology and Utopia*, London([1]1936), 1968, 頁 2.

⑰ 同上，頁69。

⑱ 同上。

⑲ 同上，頁 237；按英文本此章（即第五章）〈知識社會學〉("The Sociology of Knowledge")，原爲德文 "Wissenssoziologie"，乃曼罕爲 Alfred Vierkandt 所編 *Handwörterbuch der Soziologie* (Stuttgart: F. Enke, 1931) 所撰寫的專文。

他甚至還進一步以更明確的表達主張:「知識社會學乃是關連著它在其實存的以及有意義的性質中所熱望的模式來考慮認知行動;不是把它看成是出自於純粹理論、思辨衝動對『永恒』眞理的洞見,或某種對這些眞理的參與(如謝勒一直所想的);而是看爲在某種生活條件限制下對某一種生活著的存有做處分時與生活情境有關的工具[20]。」由此出發,曼罕的「知識的社會存在限制」(socio-existential determination)不但可以推出來以社會——經濟秩序爲中心的社會生活與一切思想有關係,並且社會的實在(social reality)除了決定知識的實現外,它更還是知識的內容及有效性的依據[21]。這與謝勒所認會社會實在不決定知識的內容及有效性的看法,於是有了根本的差別。

另外有關知識社會學理論根據在社會學史上的溯源方面,曼罕還特別注意到馬克思有關社會決定意識以及涂爾幹(Émile Durkheim)有關原始社會結構、宗教行爲及基本邏輯範疇之起源間的交互關係的描寫。這些歷史根源的回溯,於曼罕和謝勒之間也不是很一致的。

其次我們要稍略提一下史達克。在知識社會學的領域中,他並不是屬於謝勒、曼罕那種開山性質的大師,他也不是屬於默頓(Robert K. Merton)、索羅金(Pitirim Sorokin)等在有關人類知識活動及社會條件開出一片自己的田地的人。他之所以爲人所知,基本上除了一本《知識社會學》外,便是一些有關國民經濟學的研究。不過他是深能瞭解謝勒思想及精神的人。在爲謝勒

[20] 同上,頁268。
[21] 參見 Gunter W. Remmling; "Existence and Thought", 收入於其所編文集 *Towards the Sociology of Knowledge*, London, 1973, 頁24-25。

《同情的本質及形式》英譯本所寫的導論中㉒，他充分表現了他對謝勒思想的深入把握。同樣地，他的知識社會學也是較接近於謝勒，而不是接近於曼罕。根據西德一位社會學家哥特弗烈・愛瑟曼(Gottfried Eisermann)的研究，史達克關於知識社會學的問題的提出，其出發點基本上是得自於西南德新康德主義者李卡特(Heinrich Rickert)及著名社會學家馬克斯・韋伯(Max Weber)的啟發，但體系建設上則是涂爾幹(Émile Durkheim) 及特別是謝勒的影響下構築完成的㉓，故而精神與社會實在的關係，正如他自己所說：「這種哲學必須要在社會實在、在全面的社會關係系統中來看一切思想的底層結構。」㉔正如這一個強調所顯示，史達克乃是順著謝勒所主張精神爲主動而不是被動的基本論點出發，進而來談知識與社會的互動關係。從這樣的立場出發，他並且還注意到在相對於以馬克斯・韋伯爲代表的「社會單一起源理論」(koinonisch-monogenetische Theorie)㉕，另外還有一種「社會全體的理論」(koinonisch-holistische Theorie)㉖。這種「社會全體的理論」主要是以涂爾幹和謝勒爲代表，正如涂爾幹

㉒ Max Scheler; *The Nature of Sympathy*, New Haven: Yale University Press, 1954, "Editor's Introduction".

㉓ 見Gottfried Eisermann 爲 Werner Stark《知識社會學》德文本所寫的導論。Werner Stark: *Wissenssoziologie*, Stuttgart, 1960, 頁Ⅶ。

㉔ 同上書，頁186。

㉕ koinoisch 是來自於希臘字 *κοινωνιά*，意即「社會」。這種「社會單一起源理論」，依史達克的解釋，略如馬克斯・韋伯所研究如手工業、農人等行社社員以其類型化的行爲態度來對所遭遇的環境事物採取反應，進而形成爲一種思想。其更具體的說明我們可以以史達克引用亞當・斯密 (Adam Smith) 在其名著《國富論》(*Wealth of Nations*, Cannan 編, 1904 II, 頁267.) 所寫的一句話爲例：「大多數人的智識必然地由其日常所從事的來塑造。」參見㉔引書，頁 183-184。

強調思想範疇的起源要在羣體結構和羣體關係中去尋找的同時，思想範疇故而是與社會組織一起變遷的一樣，謝勒更深入地在存有論的根本概念結構中—— 不是停留 在社會現象 的經驗描述上——來探索思想與社會實在的關係。這個存有學的最根本領域，依史達克的解釋，卽是「我們」(Wir) 這一個所謂的「 總體人格」(Gesamtperson)。「我們」 先行於「自然」， 也就是說「自然」對我們來說只是「實在的」(real)； 並且「我們」也先行於「我」 (Ich)，故而它旣是爲客觀的（卽在存有論上）並且也是主觀的（在體驗上）。由此，史達克指出：謝勒所談的是一種「先於其他一切存有物(Seienden)的社會結構、先於一切『它』(es) 的『你』(Du) 的優先旣予性法則」㉗。故而他如前文所引用那樣明確地指出謝勒（並包括涂爾幹及他本人）的知識及社會之交互關係乃是要「在社會實在、在全面的社會關係系統中來看一切思想的底層結構」，並肯定地指出謝勒的社會學與涂爾幹的血脈關係㉘。

對於史達克強調謝勒（及與涂爾幹血脈相連）的所謂「社會全體的理論」，我們於此不擬予以詳加檢討。事實上謝勒的思考方式一直是透過一種「具體直觀」的把握，這種具體直觀的把最初表現在他的人格——價值的把握中，在哲學人類學中有關人的形相把握，亦無非是這一方法的再次應用——我們卽由此而肯定謝勒的「精神—衝動」 (Geist-Drang) 理論， 並不是割裂的

㉖ 同上史達克著作，頁 185-186。

㉗ Max Scheler: *Die Wissensformen und die Gesellschaft*, 全集第 8 册，頁 118；史達克對此的評述見前註所引書，頁 186。

㉘ 同㉔，謝勒對於涂爾幹的評述，參見全集第 8 册，頁423。

二元對立，而是一個整體的兩極。至於謝勒本人對於知識社會學的理論架構的構築，我們首先就其所編《一種知識的社會學之試探》一書中所規劃的間架稍微做些說明，似乎可以略為我們提供一些其本人理論展開上的背景知識。

知識社會學對於謝勒來說，它是文化社會學（Kultursoziologie)的一個部分㉙，而文化社會學又隸屬於更高層次的「社會學」中。依謝勒的看法，關於社會學區分的依據可以透過底下的觀點來達成：(1) 對事實的本質探討及偶然事實的研究，這也就是純粹—先天的社會學概念和經驗—歸納社會學的分野；(2) 人與社團之關係的同時性和繼發性連結，對此謝勒順孔德(August Comte) 的叫法稱為社會學的靜力學和社會學的動力學(soziologische Statik und Dynamik)；此外還有 (3) 亦即對受精神制約及指向精神——亦即「理想」目標之存有和行為，或明確地講即人之評價和態度的研究；與此相反則是對主要經由衝動(繁殖衝動、覓食衝動及權力衝動)並在同時帶有意向地指向於有關實在的「事實」變遷在其社會決定下所造成的行為、評價和態度之研究㉚。由這三個區分標準出發，謝勒把社會學劃分為兩大部分，一部分是「文化社會學」(Kultursoziologie)，另一部分則是「事實社會學」(Realsoziologie)㉛。他並且還指出：「並由此對文化社會學來說一種人的精神理論，以及對於事實社會學來說一種人類的衝動理論都是必要的預設㉜。」

㉙ 謝勒全集第 8 冊，頁17。
㉚ 同上，頁18。
㉛ 同㉚。
㉜ 同上，頁19。

謝勒這種「文化社會學」和「事實社會學」，其實就是他「精神——衝動」理論的再一次應用；同時這種區分法並且還關連著整個人類生命存在及其行動中所指涉的「上層建築」和「底層建築」(Über- und Unterbau)㉝。

對於這種人類行動的社會性，特別是在對「文化社會學」的瞭解中，謝勒在其〈知識社會學的問題〉一文開宗明義便指出其社會性 (soziale Natur)，以及揭出與知識社會學交涉相關的領域:「由此知識社會學必然要觸及知識的起源理論和合法性理論（知識論及邏輯）、觸及從動物到人、從幼兒到成人、從原始人到文明人、從文化成熟中的一階段到另一階段，也就是要觸及發展心理學、各種知識的實證歷史、知識的形而上學、文化社會學的其他各個部分（宗教社會學、藝術社會學、法律社會學等）以及觸及事實社學會（血族社會學、權力羣體社會學、經濟羣體社會學以及其各種「組織」）而與之發生關係㉞。」

由於謝勒這樣地來理解知識社會學的角色，因此，他在他綱領性的編輯工作中，把《一種知識的社會學之試探》做了這樣的區分: 他首先在第一部分發表出他宣言式的長文〈知識社會學的問題〉，詳細勾畫了他所概想的知識社會學間架。接著他把他所構想的知識社會學的工作領域分爲兩大部分: (1)形式的知識社會學及知識論(Formale Wissensoziologie und Erkenntnistheorie)及 (2) 實質的知識社會學 (materiale Wissenssoziologie)。在〈形式的知識社會學及知識論〉這一部分中，他又細分爲兩個次部分: (1)〈知識形成的一般形式和條件〉(“Allgemeine Formen

---

㉝ 同㉜。
㉞ 參見❸。

und Bedingungen der Wissensbildung”)，在這一普遍的部分中，他分別收進了魯赫屯貝格 (Luchtenberg)、耶路撒冷 (Jerusalem)、史竇屯貝格 (Stoltenberg)、馮・維色 (von Wiese)論知識傳移、知識的社會限制、通知和受訊以及作爲知識增加之條件的孤獨和社交關係等文章。其次 (2) 特殊部分則標題爲〈在歷史、法律及經濟領域中的知識條件〉(“Wissensbedingungen im Bereiche von Geschichte, Recht und Wirtschaft”)，並收入哈斯哈根 (Hashagen)論歷史學、侯尼希斯罕 (Honigsheim) 論經濟和法理學的文章。

在第三部分〈實質的知識社會學〉中，他並附加以副標題〈科學合作的歷史類型〉(Geschichtliche Typen Wissenschaftlicher Kooperation)。借助於這個副標題，我們乃稍得能明白謝勒在此部分稱作「實質的知識社會學」的意思，亦卽他把在時間之軸上所前後發生的具體的知識個例擺列開來，從而把握住其在歷史上所表現出的諸種類型。所以他在這一部分收入的論文有如史賓德勒 (Spindler) 論「印度的生活圈」，藍德斯貝格論亞里士多德學園，侯尼希斯罕論士林哲學、實在論及唯名論、神秘主義，佛拉特 (Vollrath)論現代生活圈，米屯慈外 (Mittenzwey) 論心理分析，史坦因 (Stein) 論人智論者所組成的史坦那圈 (Steinerkreise)，普列斯那 (Plessner) 論德國大學之研究工作及組織和侯尼希斯罕另外兩篇談靑年運動及當代文化機構在其社會限制下的危機等十一篇文章(同㉞)。

我們在此不厭其煩地臚列謝勒所編這本書的章節分法，主要乃是因爲這一篇章分法中透露著謝勒對知識社會學的原本構想。由上述的表列所顯示，他不似曼罕那樣著重於對意識型態的分析和批判，而是更積極地要探索「人類精神的發展法則」，並從而爲「一切合理的文化政策提供基礎」㉟。由於這一積極態度，因此自謝勒開始意識到知識的社會學考察的必要起，他前後爲它擬過兩次綱領，底下我們卽根據研究謝勒知識社會學的專家沃伏哈特・亨克曼（Wolfhart Henckmann）所整理出的大綱抄附如下㊱：

壹: 1921年綱領㊲

1. 知識動機及推動力:（a）神的愛、拯救的要求；（b）驚奇、訝異；（c）對統治的慾求。
2. 知識行動:（a）信仰、希望、害怕、愛；（b）本質直觀；（c）歸納、演繹、實驗、觀察。
3. 知識目的:（a）人格及羣體的救贖；（b）人格的陶冶；（c）在數學符號及自然宰制中的世界觀。
4. 人格性類型或領袖類型:（a）宗教人（Homo religiosus）;（b）智者；（c）研究者及技術家。
5. 社會羣體:（a）教會、宗派、團契；（b）智慧學校、陶冶社團；（c）國際的科學共和國（die internationale wissenschaftliche Republik）、大學、學術院、學術社團等研究機構。

㉟ Max Scheler 編: *Versuche zu einer Soziologie des Wissens*, 序言，頁Ⅶ.

㊱ Wolfhart Henckmann; "Die Begründung der Wissenssoziologie bei Max Scheler", Philosophisches Jahrbuch Bd. 85 (1978), 頁292–294。又按 Henckmann 此文中把第二次（卽〈知識社會學的問題〉一文中）的綱領誤作1926年（依《知識形式及社會》一書出版時間），實際上應依首次發表（卽1924年）才是正確的時間，茲據改。

㊲ 同本章❼所引文，請參見。又此表列乃 Henckmann 根據謝勒的行文所整理出來的，非謝勒原作。

6. 歷史的運動形式:（a）「返回本源」、傳統;（b）經由合作而成長;（c）累積、無止境的進步。

7. 技術:（a）禮儀技術（Kulttechnik）;（b）精神態度的熟習、靈魂技術（Seelentechnik）;（c）分工的合理研究技術、控制自然的技術。

8. 地理的局限:（a）超國界、全世界性、超越文化圈;（b）限於本國內及文化圈性;（c）超國界。

在這個表綱中，我們可以很清楚地看到，謝勒一直使用著宗教、形而上學、實證科學三種知識形式來區分知識的三個焦點。關於這三種知識形式的詳細內容，我們準備在下一節中做說明，於此就不再多說了。

貳: 1924年的綱領㊳

首先認出三種知識的這三種不同根源者也能夠清楚地看到

1. 在這三種知識 領域中不同理想 類型的領袖特性（宗教人、智者、研究者及技術家）;

2. 其知識取得上不同的根源和方法（具有神秘感召力的領袖〔charismatischer Führer〕與神的接觸——觀念思考——歸納及演繹推論）;

3. 其發展上的各種不同運動形式;

4. 描繪知識得以取得及保存的各種不同的社會基本形式;

5. 其在人類社會中的各種不同功能;

6. 階級、職業、地位所由以出現的不同社會根源。

我們比較這兩分綱領可以發現到，謝勒在第二次的綱領中省略了知識目的（壹 3）、技術（壹 7）、及地理上的局限（壹 8）三項，相對於此，他則非常地強調知識的推動力（貳 1）。在第二分綱領中，謝勒並新提出（貳5）：知識在人類社會中的各種不同功能以及（貳6）：社會的原本類別——即社會差異的根源㊴。

總結地講，我們在謝勒這兩份知識社會學的建設綱領中，隱約地可以看到謝勒逐漸地強調人格形成與社會的交互關係，也就是他進一步把人擺到社會活動的間架（包括共時性的形式考察以及歷時性的實質考察）中來說明人類精神活動的社會性塑造、限制及成就，從而指出人格完成上的「後設人類學」（metanthropologie）或簡單地說「形而上學」的根據㊵。故而我們可以這樣地來瞭解謝勒的知識社會學概念：

> 由於像所謂世界觀的主觀尺度總是一直無法擺脫地要受政治及教育對實踐問題所採取的態度影響一樣，故而一切世界觀的代表者也都必然要注意到確切確定的人類知識發展的基本方向和法則，他們不想頂撞比所有世界觀在意見上分黨派更強大的相對力量；也就是促進和阻礙人類精神和

㊳ 謝勒，全集第8冊，頁68；參見 1924 年首次發表在 *Versuche zu einer Soziologie des Wissens*, 頁 55。其中第4項「社會基本形式」（soziale Grundformen)在 1924 年的初版中作「社會團體形式」（soziale Gruppenformen)。

㊴ 參見上引 Wolfhart Henckmann 文，頁 294。

㊵ 關於這一點的論證，作者希望另有機會再予以詳細申論。我們於此要指出的是：謝勒在其最後一本親自編輯而在死後才出版的小文集《哲學的世界觀》(*Philosophische Weltanschauung*, Bonn, 1929)，其中的幾篇文章卽是扣著他晚年所迴縈苦思的哲學人類學、知識社會學、形而上學及歷史哲學問題共交織而成的一些嘗試性探討，特別是其中〈哲學的世界觀〉（"Philosophische Weltanschauung"）〈知識形式及陶冶〉（"Die Formen des Wissens und die Bildung"）及〈人與歷史〉（"Mensch und Geschichle"）三文，見全集第9冊，頁 73-144。

知識本身展開的力量㊶。

第二節　謝勒的知識社會學中的幾個主題

關於謝勒本人對知識社會學的基本構想，我們在前文中已稍略地從其形式設計上做了介紹。底下我們願意進一步針對其系統中的幾個主題再做些介紹。

〔作爲一種文化社會學的知識社會學〕

謝勒在〈知識社會學的問題〉長文開宗明義地宣稱他的研究是要把「知識社會學的全體當作爲文化社會學的一個部分」㊷，又說：「並由此對文化社會學來說一種人的精神理論，以及對於事實社會學來說一種人類的衝動理論都是必要的預設㊸。」

謝勒這兩段話爲我們指出了他的社會學並不是一種孤立的研究學科，而是緊密地與其人類學、形而上學反省相連在一起的哲學工作。謝勒明確地指出，社會學基本上含有兩個特徵：卽它並不與個別的事實個案有關，而是與規則、類型（卽平均的理想類型及邏輯類型）乃甚至於定律（Gesetz）有關；其次它分析的是人類主客觀上豐富的生活內容，也就是在事實上決定著人的因素，而不是抽象的、「規範的」理想應然因素，由此謝勒對馬克斯・韋伯把社會學限制在「可理解的主觀和客觀『意義內容』(verstehbare subjektive und objektive "Sinngehalte")」表示不

㊶ Max Scheler (hrsg.): *Versuche zu einer Soziologie des Wissens*, Vorrede, 頁Ⅶ.

㊷ 同本書㉙。

㊸ 同㉜。

滿和批評㊹。

謝勒即由這樣對社會學的瞭解出發，並強調社會學中的「理想因素」(Idealfaktoren) 和「事實因素」 (Realfaktoren) 的分別以及其間的交涉關係。「理想因素」亦即是與普遍規則有關的精神性存有，亦即構成「文化社會學」的基本成素，或更清楚地講，亦即是人的「精神」 (Geist); 相對於人的精神，則為人得以具體在塵世上生存的衝動原理——即人表現為繁殖、覓食、及保障獲取和持有的權力等生命衝動，這種具體的生存因素表現在社會學的把握中，即就是謝勒所稱的「事實因素」。

不管是「理想因素」或「事實因素」，它們在謝勒的想法中都是接著一種社會學研究分項的知識，也就是說，一切知識都是具有「社會性」 (soziale Natur)㊺的。由於知識具有其「社會性」，而這些不同的社會性又分別相應於人的精神或衝動，故而社會學對謝勒來說，它是直接與人類學關連在一起的。人的「精神—衝動」的緊張關係，亦即就是社會學中分成「理想因素」及「事實因素」，或「文化社會學」及「事實社會學」的緣由，因此我們願意在此強調地指出，謝勒知識社會學與哲學人類學乃至於晚期所努力開發的形而上學、歷史哲學等工作，彼此都是環環相扣，不能孤立的對其做考察。

事實上謝勒本人在 1925 年就已很清楚他在這一邁向未來的思想發展的錯綜複雜關係。在《知識的形式及社會》一書的第一版序言中，他明確地指出其「知識社會學」處理了「歷史的因果因素之本質及秩序」這種關連著歷史哲學反省的主題，並藉以克

㊹ 謝勒全集第 8 册，頁17。
㊺ 同上。

服馬克思的自然主義之歷史理論及經濟決定論的錯誤、黑格爾的意識型態史觀及孔德的科學主義史觀；此外，他並預告說，他在「知識社會學」中所發展有關歷史一社會的「精神性一觀念性的」及「衝動一事實的」決定因素和作用因素在不同文化時期中相互協調而發展出的基本法則，將隨著他的「人類學」的完成而深奠基礎㊻。

此外，他還宣稱《知識形式及社會》這本書是其形而上學的「導論」，並且在文中以顯明的強調指出「人們只有讀了這本書（按即《知識形式及社會》一書），他才會瞭解作者的形而上學㊼。」

不過究竟什麼才是謝勒所意想的形而上學呢？以及這種形而上學如何會與謝勒的「知識社會學」，乃至於「哲學人類學」連繫在一起呢？對此的解答，我們在《哲學的世界觀》中，特別是〈知識形式及陶冶〉一文中發現到，他在該文中同意於尼可拉·哈特曼（Nicolai Hartmann）的說法，認爲「知識是一種存有關係，而且是預設著全體及部分之存有形式的存有關係㊽。」這也就是說認識是知道擁有「爲其某物」的某物（ein wissendes Haben von etwas "als etwas"）。同時相對於知道擁有「爲其某物」的某物的知識，它在形式上所表現出的差別直接連繫著人格完成上的不同，於是謝勒便在此把知識的社會條件、形而上學及人類學連屬在一起，至於貫串這一連屬關係的知識形式，我們底下接著就要討論它。

㊻ 同上，頁11。
㊼ 同上。
㊽ 謝勒全集第9册，頁111-112。

〔三種知識形式〕

解脫或救贖的知識(Heils- resp. Erlösungswissen)、陶冶的知識（Bildungswissen）以及成就或宰制自然的知識（Leistungs- resp. Naturbeherrschungswissen），這是在謝勒的知識社會學中以及在他晚期寫作中經常作爲主題出現的三種知識形式。

對於這三種知識形式的概念形成，我們早在謝勒1921年所發表的文章〈論知識的實證歷史哲學（三級法則）〉（"Über die positivistische Geschichtsphilosophie des Wissens.〔Dreistadiengesetze〕")[49]中便可發現這是他對孔德文化發展三級說的改造[50]。孔德把人類的知識看成是由神學的非理性信仰發展向思辨的理性形而上學時期,最後他且樂觀的相信,由於經驗科學的急遽發展，一切人類的非理性及思辨性思想將都要在實證科學的尺度下接受評判，並消融在其中。孔德的這種科學主義知識觀在本世紀初，極能順應當時的科學主義心理要求，盛極一時。但是對於具有敏銳洞察力的謝勒來說，孔德這種知識進化未免太過於樸素淺薄了。因此他在1921年這篇文章針對孔德這一三分的命題提出另一套解釋。謝勒對這一知識三級分法的考察主要是依據於與其相應的知識訴求及條件，也就是「在宗教、形而上學和實證科學中存在有三種完全不同的動機、三種完全不同的認知精神之行動羣、三種不同的目的、三種不同的人格類型、三種不同的社會羣體[51]。」簡單地說，亦即謝勒否認孔德等所謂進步觀論者所相信

---

[49] 同[7]。

[50] 關於孔德的文化三階段說，可參見 August Comte: *Cours de philosophie positive*, Paris, 1884.

[51] 謝勒全集第 6 册，頁31。並參見本文前面所表列的1921年知識社會學綱領。

存在於不同知識形式間的發生關係，因此在諸知識形式中，我們必須把它們還諸其各自的知識存有關係中分別檢別其特質及相互關係。

謝勒的三種知識形式分法亦即是在此目的下提出的。底下我們先徵引他在1924年所發表〈知識社會學的問題〉一文中對此問題的概括說明:

> 是故人們例如必須承認，宗教的、形而上的及實證的知識，或者我們也可以說：解脫或者稱救贖的知識、陶冶的知識，及成就或者稱宰制自然的知識，它們都是同樣本原地從自然的和歷史神話的思考及觀看之前期階段——卽「民族的白日夢」(Völkerwachtraum)——分化出來，並因而採取一種自行規制的繼續發展[52]。

謝勒在這段話中明白顯示出他不同於孔德等進步的實證主義者的觀點，即在於他把各種知識看成是同樣本原的，它們不是在時間序列中所出現的發生階段，因此我們無法像孔德等人樂觀的期待著經由科學的實證發展而把一切人類的知識納入到一個單一形式中。相反的，這些眾多的知識形式正表明著它們的不可化約性，並且還直接地關連於人格完成上的不同側面以及各人格性的不可相互化約性。由是我們準備在底下簡略地分別介紹這三種知識形式的內容及其間的相互關係。

1. 成就知識或稱宰制自然的知識：這種知識亦即是實證的

---

[52] 謝勒全集第 8 册，頁29。

科學，它的目的亦即是要提供人在生存層面上能够宰制其（外在及內在）環境的能力。我們人類乃至於一切生命物首先在其生存空間所面臨的難題乃是如何保存個體、發展個體和種的繁衍，也就是如何去確保食物的取得，敵害的避免或克服，以及子代的生養等問題。由於生命要依其所擁有的生命形式之能力去適應其生存空間，因此它必須將其相對於外在生存空間的內在世界（即環境適應上於生命內在中所擁有的有機性能力）加以特化，當然這種適應環境上的能力特化是依於生命形式上的構成秩序來決定的，所以其中各種生命形式所表現出的特化亦各有所不同，但它們總是如余克斯屈勒 (Jakob von Uexküll)所說「完美地適應於其環境」[53]。由於人在「智慧」上的發展特為發達，更能發揮其間接經由「工具」——從手斧、語言到龐大的資訊系統——以宰制世界的「智慧」能力。謝勒雖然因為「智慧」之服務於生機性存在以及因為它乃是各種生命形式中在中樞化過程上的一種量上的等級差別，因而不許將它當作區分人與動物之本質差異的依據；但是這種強大的「智慧」能力，仍是塑造人類這一生物羣族以及創造其生存空間（改造其自然環境成其環境）的最有效工具。故而作為這些智慧表現的定著間架的諸種服務於人類以解決形形色色生存問題的實證科學——不管是自然科學、工程技術、乃甚至許多從事所謂「社會工程」的精神科學——便在人所擁有的知識形式劃分上占據一個重要的地位。不過這種知識在謝勒的價值階層劃分上，它是相應於「快適」(das Angenehme) 和

[53] 參見本書第六章論余克斯屈勒一節。
[54] 關於「宰制的知識」這一概念的說明可參見謝勒全集第 8 册，頁60及以下，205，207 及以下，和全集第 9 册，頁77以下，114以下。

「有用」(das Nützliche) 兩價值層次上的[54]。

2. 陶冶的知識: 陶冶的知識亦卽就是哲學的知識，是人自我解明、自我理解的知識，也就是人格的精神力量的自由自我釋放。由於人格經由其精神力而得以從其直接所涉及的世界束縛——亦卽其生存限制——中解脫出來，也就是說，陶冶的知識不是爲了滿足人在生命存在上對其自然環境的宰制、利用而存在，或者說它不是爲要滿足人快適的直接利益而被發展的知識形式，它無寧是爲了要滿足對所面對的對象的「如是性」(Sosein)或者說「本質」(Wesen) 的瞭解而做的知識努力。這種知識與亞里士多德所追求的「第一哲學」——卽「形而上學」或者說卽有關存有之爲存有的本質知識——差略相同[55]。

由於這種「陶冶的知識」不是局限在於對「物」的取適利用上，而是要讓人格的精神力量超脫開生命衝動的限制，而去認取本質。要對本質加以把握，我們便不可以再直接駐足於現實的對象世界中；相反地，我們必須要讓我們的精神力量能够先行於塊然的實在世界。這種「精神力量」先行於塊然的實在世界，其實就是人格的創造，或者更積極地說卽是「人格的完成」。陶冶的知識卽是一種指向於「人格完成」的知識，它的目的是要讓「精神的人格」(Geist-Person) 透過其創造的制度置定 (卽文化) 及自我完成而完全地認取其作爲「小宇宙」(Mikrokosmos)的意義和價值。相對於「陶冶的知識」所指向的價值領域則爲謝勒所構作價值階層中的「文化價值」(Kulturwerte) 及「精神價值」

---

[55] 參見 Alfred Schutz: "Max Scheler's Epistemology and Ethics" 收入於其 *Collected Papers* III. The Hague, 1970, 頁 153及以下所做的解釋。

(geistiger Wert)[56]。

3. 解脫的知識或稱救贖的知識: 在關注於事物的「宰制的知識」和關注於人格完成的「陶冶的知識」之外，另外還有一種更高級的知識形式，亦即關注終極、絕對的「解脫的知識」或者稱「救贖的知識」。這是宗教的知識。但也令人困惑的，謝勒也把這種知識稱作爲「形而上學」[57]，這乃是因爲相對於陶冶的知識之想「改變和完全發展人格」(dem Werden und Vollentfaltung der Person) 及相對於宰制的知識之想「爲我們人類的目標及目的而對世界做實際的控制和改造」這種企圖之外，另外還有一種關心於「世界的改變以及其(按指世界)最高的如是性和斯是性基礎本身(Soseins- und Daseinsgrund selbst)的非時間中變化」的知識，而這種知識實亦即是種想認取「神性」(Gottheit)，或稱「自在之在」(Ens a se)的知識[58]。事實上我們還可從西方的形而上學史的起源及發展來瞭解，西方自柏拉圖、亞里士多德有系統地建構其個自的完整體系哲學以來，最後總是要涉及到世界或一切存有的終極根據，特別是在基督宗教的神學採取一種辨解性的教義學 (Dogmatik) 以來，形而上學便與救贖的知識成了不可分的一體，因爲兩者都是要經由辨解去面對最後的原理[59]。

此外我們還要再作說明的一點是: 在謝勒進行有關知識社會

---

[56] 關於「陶冶的知識」的詳細說明，可參見謝勒全集第 8 册，頁60及以下，205 及以下; 全集第 9 册，頁78及以下，116 以下。

[57] 謝勒全集第 9 册，頁77。他在文中把「形而上學的」與「救贖的知識」並列而與其他兩組知識形式概念對列，他寫道: 「人能够擁有一種包含三個層次的知識: 宰制的或成就的知識，本質的或陶冶的知識，形而上的或救贖的知識。」

[58] 同上，頁114。

[59] 謝勒全集第 8 册，頁70以下。

學理論構作的時期，他已相當程度脫離了基督教信仰，特別是他在1926年公開宣稱「不能再算是一位（習用字義上的）『有神論者』(ein Theister)(60)」以後，他仍然在晚期的著作中爲「救贖的知識」保留了最高的地位。這到底是基於何種理由呢? 對於這一點我們可以藉助他有關人的理念來瞭解，由於謝勒把人的地位提升到一種含括有一切存有領域（物理的、化學的、生命的、精神的）的「小宇宙」(Mikrokosmos)，故而我們能就人而見到「大宇宙」(Makrokosmos)——卽宇宙的終極根源、終極實在和面目，或者說卽是「神」，因此人亦可說是爲一個「小神」(Mikrotheos)，是與神在「世界的歷程及與其本身一起變化的思想性變化系列中的『共同塑造者』(Mitbilder)、『共同創始者』(Mitstifter) 和『共同完成者』(Mitvollzieher)(61)。」

由如上述的理由，故而我們可以這麼理解謝勒，卽人不但是「世界開放」(weltoffen)，並且也是開放向於終極的根源——開放向於終極的「神聖價值」(Werte des Heiligen) 這一最高的絕對領域。

〔**對實用主義的評述**〕

謝勒關於知識社會學的探討，除了〈知識社會學的問題〉一文中的系統表述之外，他還緊扣著「實用主義」(Pragmatismus)做了一次有關其理論應用的研究高潮。對此，他在其《知識形式及社會》中配合著〈知識社會學的問題〉及〈大學及民眾高等學校〉二文，一起發表了〈知識與勞動〉("Erkenntnis und Arbeit")

---

(60) 見《倫理學中的形式主義與實質的價值倫理學》（全集第2册）第三版序，見頁17。

(61) 謝勒全集第9册，頁83。

這篇著名長文[62]。

依據研究謝勒的著名學者兼現任全集主編者弗林斯（Manfred S. Frings)的說明，謝勒之注意和研究實用主義是始自於1909年，而在其鉅著《形式主義中的倫理學及實質的價值倫理學》中並做了相當份量的評述[63]。此外值得我們注意的是，謝勒的老師倭伊鏗在1912年亦曾寫過一本書《認識與生活》(*Erkennen und Leben*) 檢討和批評實用主義[64]。

其實「實用主義」作爲一種知識考察的動機，它並不始自於學派上的「實用主義」——即美國皮耳斯(Charles S. Peirce)、詹姆斯 (William James)、杜威 (John Dewey)——，相反地，它有更古遠的傳統，甚至可以說是與純粹的思辨知識的發生一起產生的，簡單地說，它是並同著理論知識與其之實踐上的緊張對立一起而存在和延續下來的。謝勒在其著作中所做的表述，它們亦即是有關於純理論的(rein theoretisch)思考和直觀運作及其形式以及有關「宰制自然之意志」(Wille zu einer Herrschaft über die Natur) 的一種緊張關係。

在開始檢討作爲學派的「實用主義」之前，謝勒首先就知識的理解和知識理解中的「實用主義命題」(die pragmatische These) 做了前提性的說明。

首先是「實用主義命題」。依謝勒的說法，實用主義命題的「原理」(Satz) 乃是：「一切知識在發生上只是一種內在行動

---

[62] 全集第 8 册，〈知識與勞動〉一文，見頁 191-382；另有單行本：Max Scheler, *Erkenntnis und Arbeit*, Frankfurt a. M.: Klostermann, 1977 （收入*Klostermann Texte Philosophie*）。

[63] 見[62]所引〈知識與勞動〉單行本編輯者導論。頁Ⅶ。

[64] Rudolf Eucken: *Erkennen und Leben*, Leipzig, 1912.

的成果和改變世界上的一個預備；因而它在一切種類的理論行動，也就是在直觀、知覺、記憶及同樣地在思考上也要帶有目的地或價值理論地服務於行動[65]。」相對於此，謝勒所瞭解的知識卻是如前述所介紹，分成「宰制」、「陶冶」、「救贖」三種形式的知識概念。三種知識都是同樣本原，都是與人格存在的各個行動側面相連屬且不可相互化約的[66]。

從這兩個前提出發，謝勒開始了他對實用主義的分析和批評。他首先針對皮耳斯的著名文章〈如何把我們的觀念弄清楚〉("How to Make our Ideas Clear?")[67] 所提出的問題:「什麼是思想的意義和意指？」(Was ist der Sinn und die Bedeutung eines Gedankens?) 以及詹姆斯所轉述的回答:「要弄清楚一個思想的意義，我們只須斷定這思想會引起什麼行動。對我們說來，那行動是這思想的唯一意義[68]。」開始他有關實用主義的兩個主要原理的討論。這兩個主要原理亦即是(1)以行爲 (conduct, Handlung)爲決定思想之意義的根據[69]，以及(2)皮耳斯有關眞理的新定義[70]。

[65] 全集第 8 册，頁200。
[66] 同上，頁204-209。
[67] 發表於 *Popular Science Monthly*, 卷 12 (1878), 頁 286-302.
[68] 這個問題的提出及答覆本來都是屬於詹姆斯轉述皮耳斯的見解，由於謝勒可能只讀到詹姆斯的《實用主義》(Pragmatism) 一書（依謝勒的註，他可能只讀德譯本），及在行文上不很留意地寫上 "er antwortet" (他——即指詹姆斯——答道)，因此被 Karl-Otto Apel 這位皮耳斯在德國的代言人大抱不滿，指稱謝勒誤解這一思想(即答語)是出自於詹姆斯，見 Karl-Otto Apel: *Der Denkweg von Charles S. Peirce,* Fraukfurt a. M., 1975。
又我們的引文是根據陳羽綸、孫瑞禾兩人共譯的詹姆斯《實用主義》(北京: 商務印書館, 1981)，見頁26。
[69] 謝勒全集第 8 册，頁 212-219。
[70] 同上，頁 219-221。關於皮耳斯對眞理的定義，參見其上擧〈如何把我們的觀念弄清楚？〉一文（參見[67]）。

由於實用主義把「行爲」視爲決定思想之意義的根據，並且把眞理視爲是行爲合乎目的（zweckmäßig），或如詹姆斯所説：「眞觀念是我們所能類化、能使之生效，能確定，能核實的；而假的觀念就不能[71]。」但謝勒從他的知識觀出發來看實用主義這兩個主要原理並指出：「這種哲學在核心上是錯誤的，並且在其爲眞的部分也是非常地片面[72]。」爲此他更進一步以兩段相當大的篇幅分別詳細探討了實用主義的「錯誤」和「相對的正確性」(relatives Recht)。

首先談實用主義的錯誤。對於實用主義的錯誤，謝勒舉出了四點：（1）知識觀念的歪曲；（2）知識及行爲之基礎系列關係(Grund-Folge-Verhältnis)的錯誤續接；（3）對本質知識及歸納知識間之差別的忽視；（4）實用主義「邏輯」的錯誤基本原理。對於第1點，謝勒同意實用主義之否認知識爲一種模本，但是謝勒認爲實用主義的知識觀念是錯誤的，因爲「知識本身既不眞也不假；『錯誤的知識』並不存在；知識是爲顯明或不顯明（evident oder nichtevident），進一步則在關係著對象本質成全（Soseins-fülle des Gegenstandes）時是爲合適或不合適（adäquat oder inadäquat）。唯只有命題才有眞或假……[73]。」其次第2個指責中，謝勒強調，我們雖可以贊同感官知覺（Sinnwahrnehmung）總是伴隨著某一確定的「實踐性運動姿態」（praktisch-motorische Haltung），但不能卽因此就把這種姿態視爲感官知覺的

---

[71] 同[68]所引中譯本，頁 103，原文見 William James, "Pragmatism/The Meaning of Truth", Cambridge, Mass. Harvard University Press, 1978，頁97.

[72] 全集第 8 册，頁211。

[73] 同上，頁228。

必然結果，因為感官知覺或感受（Empfindungen）只是一種可能性（Möglichkeit），而不是「實在性」（Wirklichkeit）。故而謝勒批評實用主義誤解了知識與行為基礎系列發生關係[74]。第3點中謝勒指出實用主義所把握的知識乃是「偶然事實的知識」（Zufällige-Tatsachen-Wissen），因為實用主義實際上可以說是培根——彌爾（Bacon-Mill）之經驗主義和感覺實證主義的新版本而已；此外謝勒還指出，實用主義忽視在事物之實際可能的可改變性和其存在相對性之階層（die Stufe ihrer Daseinsrelativität）中的嚴格合法性（Gesetzmäßigkeit）。這也就是說實用主義根本沒有認識到基於「先天知識之獲得」（Erwerbung von Aprioriwissen）或基於「對對象的和存有學的本質知識之功能化」而存在的所謂「先天思想形式」，故而把本質知識和歸納知識混淆不清了[75]。最後第4個錯誤則是有關實用主義所認取之源自於布耳（Boole）的兩個邏輯定理：(1)在當兩個命題導致同一類行動（zu denselben Handlungen）時為同一；(2)一個命題在當它肯定一個擁有有益的或生命所需要的結果的行為時，它是為眞。謝勒對此點寫了極長的論述，不過為了指出謝勒的立場，我們只須指出謝勒底下的說明便足夠了：「一個命題或一個問題的意義（Sinn）從不曾一次地與其邏輯結論或者說其『邏輯的豐沃』尺度（Maß seiner "logischen Fruchtbarkeit"）『等同』（identisch）『等價』（gleichwertig）；而完全正確地是不要把它與在世界中造成實際改變的實際應用可能性等同起來[76]。」謝勒即是由

[74] 同上，頁230。
[75] 同上，頁231-233。
[76] 同上，頁233。

此基本態度出發指責實用主義在其「邏輯」上所犯的錯誤[77]。

雖然指出實用主義的錯誤，但謝勒並沒有完全否認實用主義所見到的某些正確看法。首先是有關人與世界的關係是建立在一種「實踐的」（praktisch）態度上，而不是理論的；其次實證的自然科學的知識目標也是受到「實踐的」限制。當然我們可以很清楚地看出，謝勒在此承認實用主義的「相對正確性」(relaitves Recht)乃是從其「宰制的知識」的觀點來做考慮的，至於如何將限制在成效的獲得以滿足直接與事物世界聯結在一起的「生機性要求」的實踐智慧或知識，從而開放向更高，乃至於無限、絕對的根源領域中去，我們仍是要再回頭面對謝勒的三種知識形式的考慮中去。

最後我們要附筆一談的是：謝勒的知識社會學理論除了當作一種理論探討之外，它是否能在我們研究我們自己的文化、科學及哲學等精神人格創造上，爲我們提供一個視域更廣，深度更大的可能分析進格——倘若社會形態與知識發生及構成發展上眞得有這麼密切的關係的話——呢？

對於這一個問題，作者不敢卽就肯定地堅持其爲必然。但在淺涉過謝勒這一新開發但卻仍未廣泛墾植的新園地之後，回顧我們文化中曾結出那麼多豐碩甜美果實的苗木，不禁地躍然欲思地試想栽植一圃，因爲新墾闢的田地無論如何總是更爲肥沃、更能使苗木茁長，當然沙磧荒寒之地又是另當別論了。

---

[77] 同上，頁233-239。

年　表

1874　8月22日生於慕尼黑(München)，全名稱爲 Max Ferdinand Scheler。父名 Gottlieb Scheler (1831-1900)，出身於德國弗朗肯 (Franken) 地區今靠東德邊界處的庫堡 (Coburg)，宗教上屬新教家庭，職任領侯的領地管理員。母名 Sophie (1844-1915)，娘家原姓爲 Fürther，系屬富有的猶太家庭。他還有一位妹妹 Hermine (死於1903年)。

1887　就讀於 Luitpoldgymnasium (至1891年)。

1888　自十四歲起開始接觸天主教信仰，天主教信仰對日後謝勒思想的發展及人際遭遇上扮演著很重要的角色。

1892　轉學 Institut Dr. Römer (1892. 3. 2-1893. 10. 1.)。

1894　再次轉學到 Ludwigsgymnasium，並通過高中畢業會考 (Abitur)。秋天入慕尼黑大學就讀，主修哲學 (及心理學)。與首任妻子 Amélie von Dewitz-Krebs 結識。

1895　夏季學期在慕尼黑改唸醫學，多季學期轉學柏林，仍主修醫學，並聽 W. Dilthey 及 G. Simmel 的哲學和社會學課程。

1896　開始對社會問題感到興趣。1896 年秋轉學至耶那大學

(Universität Jena)，仍主修哲學。謝勒在耶那與 Julius Goldstein 共同成立哲學會組織。

1897 12月通過博士學位，指導教授爲魯道夫·倭伊鏗 (Rudolf Eucken)，論文題目 *Beiträge zur Feststellung der Beziehungen zwischen den logischen und ethischen Prinzipien* (Jena, 1899)。口考部分主試者爲倭伊鏗（哲學）、皮爾斯多夫（Pierstoff，國民經濟學）及瑞戈爾（Regel，地理學）。

1898 在海德堡（Heidelberg）進修。

1899 發表論文〈勞動與倫理〉(“Arbeit und Ethik”)，夏季重回耶那，在倭伊鏗指導下完成任教資格論文(Habilitations-schrift) 並獲通過，取得任教資格。該論文題目爲《先驗的與心理學的方法》(*Die transzendentale und die psychologische Methode,* Leipzig, 1900; 第二版 Leipzig 1922)。皈依天主教會（1889年 9 月 20 日在慕尼黑聖安東 (St. Anton) 教堂受洗），10 月 2 日在柏林（Berlin）與 Amalie Ottilie（即Amélie，娘家姓Wollmann 冠前夫姓 von Dewitz-Krebs，1867年10月24日生於布拉格〔Prag〕）結婚，領養 Amélie 七歲女兒爲繼女。

1900 開始以「私人講師」（Privatdozent）身份在耶那講授哲學。父亡故。

1901 在哈勒（Halle）因參加懷欣格（Hans Vaihinger）家舉辦的哲學會與胡賽爾（Edmund Husserl）結識。

1903 妹妹 Hermine 病故。（此事對他打擊很大）。

1905 2 月23日，子 Wolfgang Heinrich 出生。（三十年代末

期在歐拉尼安堡〔Oranienburg〕集中營被 納粹以有猶太血統兼精神耗弱和犯罪傾向而遭殺害。）

1905-06 因思想上的改變將排印中的《邏輯學》（*Logik*）一書書稿抽回，不予出版。（此書殘留校樣於1975年由荷蘭阿姆斯特丹（Amsterdam）市書店 Rodopi 影印出版。）

1906 中止在耶那的講課，積極尋求在慕尼黑重新取得任教資格，因得胡賽爾推薦，自12月起任慕尼黑大學「私人講師」，講授哲學。（離開耶那的原因，依各種報導顯示，除他想返回慕尼黑外，其妻子鬧事是主要原因。）

1907 年初開始在慕尼黑大學授課，積極與「慕尼黑現象學圈」(Münchener Phänomenologie) 成員如蓋格 (Moritz Geiger)、道伯特(Johannes Daubert)、芬德 (Alexander Pfänder) 等；夏天與希爾德布朗 (Dietrich von Hildebrand) 結交。2月中提出離婚訴訟，後因故抽回。

1908 與其妻分居，婚姻關係仍在。1908/09 冬季學期，謝勒未來的二任妻子美莉特·弗特勉格勒 (Märit Furtwängler) 旁聽他的講課而相互結識。

1908-09 謝勒與安娜·波勒 (Anna Bohl) 的緋聞事件，因其妻的作祟及報紙的渲染，鬧得滿城風雨。

1909 另一方面，依美莉特的自述，在1909年夏天，她與謝勒已共同覺到相愛已深，並思共締良緣。舅父 Hermann Fürther 亡故，因遺產繼承權問題，引發謝勒的表兄弟向慕尼黑法庭提出申請，以精神耗弱理由禁止謝勒母親動用遺產。

1910 謝勒因緋聞事件經人渲染擴大而失去慕尼黑大學教職。

1910-11 前往哥丁根 (Göttingen), 參與「哥丁根現象學圈」所組成「哥丁根哲學會」(Philosophische Gesellschaft Göttingen)的學術活動，並爲其成員做私人講課。締結日後極富盛名的現象學家有除由慕尼黑轉往哥丁根參與活動者如賴那赫 (Adolf Reinach)、孔拉德 (Theodor Conrad)、蓋格 (Moritz Geiger) 外，還有如: 英加頓 (Roman Ingarden)、郭亦列(Alexandre Koyré)、讓・黑林(Jean Héring)、漢斯・李普斯 (Hans Lipps)、耶蒂特・史坦(Edith Stein)、赫第薇・孔拉德 — 馬丟斯 (Hedwig Conrad-Martius) 等人。謝勒同時尋求到國外任教的可能性。

1911 開始發表根據於現象學立場的著作〈論自欺〉("Über Selbsttäuschungen"), 刊於 Zeitschrift für Pathopsychologie, I/1, 後收入其文集 *Vom Umsturz der Werte* (參見《全集》第三册)。

1912 年初宣告與首任妻子離婚。12月24日到29日在慕尼黑，與美莉特完婚。美莉特・弗特勉格勒 (Märit Furtwängler, 1891. 8. 22. 生於柏林; 1971. 6. 17死於海德堡)爲著名考古學家阿道夫・弗特勉格勒 (Adolf Furtwängler)之女，名指揮家威廉・弗特勉格勒 (Wilhelm Furtwängler)之妹。

1913 與美莉特遷往柏林，依撰稿及講演維生。同時參與由胡賽爾主持的《哲學及現象學研究年報》(*Jahrbuch für Philosophie und Phänomenologische Forschung*) 的編輯工作， 同時列名爲編輯的還有芬德 (Pfänder)、蓋格 (Geiger)、賴那赫 (Reinach)。他的現象學研究專著《論同情感及關於愛和恨的現象學及理論》(*Zur Phänomenologie und Theorie der Sympathiegefühle und von Liebe und Haß*) 在哈勒 (Halle) 出版。此書第二版時改名《同情的本質及形式》(*Wesen und Formen der Sympathie*, Bonn, 1923)。

1913-16 鉅著《倫理學中的形式主義及實質的價值倫理學》(*Der Formalismus in der Ethik und die materiale Wertethik*) 分兩部分分別在《哲學及現象學研究年報》第一卷 (1913) 及第二卷(1916)發表,1916年同時出版單行本(Halle)。

1914 第一次世界大戰正式爆發,登記爲科隆飛船後備隊(Luftschiff-Ersatzbataillon Köln) 志願兵, 1915 年6月因眼睛散光症狀遭拒絕,改服野戰炮兵。

1915 母亡故。出版他的所謂「戰爭書」(Kriegsbuch)《戰爭之精靈及德意志戰爭》(*Der Genius des Krieges und der deutsche Krieg*, Leipzig, 1915)。

1916 復活節時在波易隆 (Beuron); 重返天主教會,積極參與著名天主教雜誌《高地》(*Hochland*, 卡爾·穆特〔Carl Muth〕爲其創辦人兼主編)的編務並發展「基督教社會主義作爲反資本主義」(Christlicher Sozialismus als Antikapitalismus) 想法。出版《戰爭與建設》(*Krieg und Aufbau*, Leipzig, 1916) 一書。8 月徵召入伍赴許威靈(Schwerin),以眼疾之故免役。

1917 出版《德意志人之恨的原因》(*Die Ursachen des Devtschenhasses*, Leipzig, 1917)。夏季時德國外交部派送謝

勒到瑞士伯恩 (Bern) 從事宣傳工作。

1918 繼續爲德國外交部在荷蘭海牙 (Den Haag) 從事文宣工作。夏季時受徵聘爲科隆社會科學研究所 (Institut für Sozialwissenschaften in Köln) 所長職位，接著由科隆大學聘爲哲學及社會學教授。

1919 自1月起就任科隆職位。初識未來的第三任太太瑪麗亞・舒 (Maria Scheu) 於科隆富有的猶太女士路易絲・寇培 (Luise Koppel) 家。此後感情日增。

1921 《論人的永恒性》(*Vom Ewigen im Menschen*, Leipzig, 1921) 出版。

1922 發表〈當代德國哲學〉("Deutsche Philosophie der Gegenwart")，刊於 *Deutsches Leben der Gegenwart*, Berlin(1922) 一書中。

1923-24 陸續出版四册總題爲《社會學及世界觀學文集》(*Schriften zur Soziologie und Weltanschauungslehre*, Leipzig, 1923/24)的著作，其各分册標題爲 1. *Moralia*; 2. *Nation*, 3a. *Christentum und Gesellschaft*: *Konfessionen*; 3b. *Christentum und Gesellschaft*: *Arbeits- und Bevölkerungsprobleme*.

1924 美莉特爲成全謝勒，委曲自己同意離婚。由此謝勒得以在4月16日與瑪麗亞・舒 (1892. 4. 6-1969. 12. 9.)，婚後謝勒與瑪麗亞前往羅馬渡新婚。〈知識社會學的諸問題〉("*Probleme einer Soziologie des Wissens*")長文刊登於謝勒本人主編的文集《知識社會學探討》(*Versuche zu einer Soziologie des Wissens*, München, 1924)一書中，此書（特別是謝勒的文章）標示著「知識社會學」（Wissenssoziologie, The Sociology of Knowledge）正式成立。

1925 出版著作有《知識形式及教育》（*Die Formen des Wissens und die Bildung*, Bonn, 1925)。

1926 《知識形式及社會》（*Die Wissensformen und die Gesellschaft*, Leipzig, 1925)出版，並發表〈人與歷史〉（"Mensch und Geschichle"）一文於 *Neue Rundschau*, Jahrgang 37（1926）11月號。

1927 應赫爾曼・凱薩林公爵（Graf Hermann Keyserling）之邀在但姆斯達（Darmstadt）做「人的獨特地位」（Die Sonderstellung des Menschen）系列演講，他在講稿中將其有關「哲學人類學」（Philosophische Anthropologie）的想法做了概括的陳述，此稿在次年（1928）印成小册出版，此書的出版意謂著「哲學人類學」這一哲學研究分枝的正式誕生，同年另一本哲學人類學的里程著作，即普列斯那（Helmuth Plessner)的《機體的層次及人》（*Die Stufen der Organischen und der Mensch*, Berlin, 1928）一書亦出版。

1927-28 在《哲學報》(*Philosophischer Anzeiger* II, 頁 255-324)，刊出論文〈唯心論——實在論〉("Idealismus-Realismus")，該文謝勒未能續作完而病逝。

1928 法蘭克福大學（Universität Frankfurt）徵聘謝勒，謝勒應聘前往，於新衝刺即將開始之際，卻不幸於當年 5 月19日因心臟病發作去世。遺體葬於科隆南區公墓（Südfriedhof)。遺腹子 Max G. Scheler 於12月28日出世。

1929 遺孀瑪麗亞於3月間開始整理謝勒遺稿，小文集《哲學的世界觀》(*Philosophische Weltanschauung*, Bonn, 1929) 出版，此小書中所收文章皆代表著謝勒晚期思想變化的重要宣示。

1931 遺稿《和平的理念與和平主義》(*Die Idee des Friedens und der Pazifismus*, Berlin: Neue Geist Verlag, 1931) 出版。

1933 《遺集》第一册(*Schriften aus dem Nachlaβ, Bd. I. Zur Ethik und Erkenntnistheorie*, Berlin: Neue Geist-Verlag, 1933) 由其遺孀整理出版。此書所收爲謝勒有關現象學等重要觀點的遺稿。同年因納粹壓制謝勒的思想，遺稿整編出版工作停頓。

1954 重新開始謝勒遺稿整編工作，並開始正式由瑞士伯恩市 (Bern) 書店 Francke Verlag 出版謝勒全集。全集第2册及第5册出版 (*Der Formalismus in der Ethik und die materiale Wertethik*及*Vom Ewigen im Menschen.*)

1955 全集第3册 *Vom Umsturz der Werte* 出版。

1957 全集第10册 *Schriften aus dem Nachlaβ I. Zur Ethik und Erkenntnislehre*出版。

1960 全集第8册 *Die Wissensformen und die Gesellschaft* 出版。

1963 全集第6册 *Schriften zur Soziologie und Weltanschauungslehre* 出版。

1969 12月9日瑪麗亞・謝勒在慕尼黑去逝。遺稿交由巴伐利亞

國立圖書館 (Bayerische Staatsbibliothek in München) 庋藏，全集編輯工作交美國芝加哥市 De Paul 大學哲學教授 Manfred S. Frings 負責，同年全集第一册 *Frühe Schriften* 出版。

1973 全集第 7 册 *Wesen und Formen der Sympathie*出版。

1974 謝勒百年冥誕，多份哲學雜誌或專集或專文以紀念。

1975 荷蘭 Amsterdam 書店 Rodopi 重印 *Logik*殘稿。

1976 全集第 9 册 *Späte Schriften* 出版。

1979 全集第11册 *Schriften aus dem Nachlaß II. Erkenntnislehre und Metaphysik* 出版。

1982 全集第 4 册 *Politisch-pädagogische Schriften* 出版。

1987 全集第12册 *Schriften aus dem Nachlaß III: Philosophische Anthropologie*出版。全集的整理編輯工作仍繼續由 Manfred S. Frings 負責進行中，並且出版工作現改交給 Bonn 市的 Bouvier 公司印行。現在預告中的遺集包括第13册 *Schriften aus dem Nachlaß IV.: Philosophie der Geschichte* 及第 14 册 *Inedita und Varia*。

參 考 書 目

本參考書目只舉列謝勒所著著作及論述謝勒各書及文章中較容易獲得者，其他涉及本書行文及論述主題者，已具見註釋各條，爲不占太多篇幅，故不列入本參考書目中。

其次有關謝勒著作因已有完善編訂校閱的全集本，故本書只列謝勒全集各册細目，其他各書原版本不另別列，惟原初版時間則附記於各細目後括弧中。

第三，由於論述謝勒的著作極夥，且有多份目錄刊布，故本書目所收各項乃作者讀過，覺得可供學者做進一步參考之用者，故挂漏之處頗多，惟望讀者能依下各項書目查索是幸!

1. 謝勒著作及論述謝勒著作目錄

Frings, M. S.: Bibliography (1963-1974) of primary and secondary literature. 刋於 *Max Scheler-Centennial Essays.* Den Haag, 1974. S. 165-173.

Hartmann, W.: *Max Scheler. Bibliographie.* Stuttgart-Bad Cannstatt, 1963.

又新刋有關謝勒之著作及論文可查閱下列兩份期刋

Répertoire Bibliographique de la philosophie, Louvain-la-neuve, 1949——

Tijdschrift voor Filosofie. Bibliographisch Repertorium van de Wijsbegeerte, 1939——

2. 謝勒的著作

甲、全集 (*Gesammelte Werke*), Bern-München: Francke Verlag; 1986 年起轉由 Bonn: Bouvier 印行。

第 1 册 (*Band 1*): *Frühe Schriften.* Maria Scheler 及 Manfred S. Frings. 編, 1971

內容:

Beiträge zur Feststellung der Beziehungen zwischen den logischen und ethischen Prinzipien (Dissertation-1899)

Arbeit und Ethik (1899)

Die transzendentale und die psychologische Methode (Habilitation-1900)

R. Euckens Religionsbegriff. Besprechung R. Eucken: Der Wahrheitsgehalt der Religion (1903)

I. Kant und die moderne Kultur (1904)

Ethik. Ein Forschungsbericht (1914)

第 2 册 (*Band 2*): *Der Formalismus in der Ethik und die materiale Wertethik.* Maria Scheler 編, 1954; 新版, 1966

內容:

Der Formalismus in der Ethik und die materiale Wertethik (1913/1916)

第 3 册 (*Band 3*): *Vom Umsturz der Werte.* Maria Scheler編, 1955; 新版, 1972

內容:

Zur Rehabilitierung der Tugend (1913)

Das Ressentiment im Aufbau der Moralen (1915)

Zum Phänomen des Tragischen (1914)

Zur Idee des Menschen (1915)

Zum Sinn der Frauenbewegung (1913)

Die Idole der Selbsterkenntnis (1911)

Die Psychologie der sogenannten Rentenhysterie und der rechte Kampf gegen das Übel (1913)

Versuche einer Philosophie des Lebens (1913)

Der Bourgeois; Der Bourgeois und die religiösen Mächte; Die Zukunft des Kapitalismus (1914)

第4册 (*Band 4*): *Politisch-pädagogische Schriften.* Manfred S. Frings編, 1982

內容:

Der Genius des Krieges und der deutsche Krieg (1915)

Europa und der Krieg (1915)

Der Krieg als Gesamterlebnis (1916)

Vorrede zu Krieg und Aufbau (1916)

Die Ursachen des Deutschenhasses (1917)

Soziologische Neuorientierung und die Aufgabe der deutschen Katholiken nach dem Krieg (1915/16)

Deutschlands Sendung und der katholische Gedanke (1918)

Politik und Kultur auf dem Boden der neuen Ordnung (1919)

Deutsches Volk und Leidensbegegnung (1918)

Besprechungen zu: W. Rathenau *Von kommenden Dingen* (1917), G. v. Hertling *Recht, Staat und Gesellschaft* (1917); J. Plenge *1789 und 1914*(1916); K. Techet *Völker, Vaterländer und Fürsten* (1914)

第5册 (*Band 5*): *Vom Ewigen im Menschen.* Maria Scheler 編, 1954; 二版, 1968

內容:

Reue und Wiedergeburt (1917)

Vom Wesen der Philosophie und der moralischen Bedingung des philosophischen Erkennens (1917)

Probleme der Religion (1918-1921)

Die christliche Liebesidee und die gegenwärtige Welt (1917)

Vom kulturellen Wiederaufbau Europas (1918)

第6册 (*Band 6*): *Schriften zur Soziologie und Weltanschauungslehre.* Maria Scheler 編, 1963

內容:

Moralia (1921-1923)

Nation und Weltanschauung (1915-1919)

Christentum und Gesellschaft (1920-1921)

Zusätze aus dem unveröffentlichten Nachlaß: Zu W. Jerusalems *Bemerkungen*; Zu einer philosophischen Lehre von Schmerz und Leiden; Der allgemeine Begriff von *Nation* und die konkreten Nationalideen; Die Frage nach dem *Ursprung* der nationalen Gruppenform; Schlußabschnitte von: Das Nationale in der Philosophie Frankreichs; Zur Psychologie der Nationen; Die deutsche Wissenschaft; Walther Rathenau; Ernst Troeltsch als Soziologe; Jugendbewegung.

第7册 (*Band 7*): *Wesen und Formen der Sympathie.* Manfred S. Frings編, 1973

內容:

Wesen und Formen der Sympathie (1913/1923)

Die deutsche Philosophie der Gegenwart (1922)

第8冊 (*Band 8*): *Die Wissensformen und die Gesellschaft.* Maria Scheler編, 1960

內容:

Probleme einer Soziologie des Wissens (1924)

Erkenntnis und Arbeit (1926)

Universität und Volkshochschule (1921)

Zusätze aus den nachgelassenen Manuskripten: Soziologie des Wissens und Erkenntnistheorie; Recht und Unrecht des Soziologismus; Zur soziologistischen und materialistischen Auffassung des Erlösungswissens; Max Webers Ausschaltung der Philosophie (zur Psychologie und Soziologie der nominalistischen Denkart); Anmerkungen über den soziologischen Ursprung der Hochkulturen und den Ursprung der Wissenschaft; Aus Notizen zur Soziologie der positiven Wissenschaft (Wissenschaft und Technik, Wirtschaft, Staatsverfassung)

Der *Geist* des Pragmatismus und der philosophische Wesensbegriff des Menschen; Pragmatismus und neuere Naturwissenschaft: Gleichzeitige Begründung der Theorie der Wahrnehmung und der Theorie der formalmechanischen Naturwissenschaft; Pragmatist, Idealist und der Weise; Gefahren der deutschen Wissenschaft; Deutsche Bildungsmängel

第9冊 (*Band 9*): *Späte Schriften.* Manfred S. Frings 編,

1976

內容:

Die Stellung des Menschen im Kosmos (1927)

Philosophische Weltanschauung (1928)

Idealismus-Realismus (1927/28)

Zusätze aus den nachgelassenen Manuskripten: Lehre von Wesen und Wesenserkenntnis; Folgerungen für die phänomenologische Reduktion und die Ideenlehre; Das emotionale Realitätsproblem; Aus kleinen Manuskripten zu *Sein und Zeit* Rand und Textbemerkungen in *Sein und Zeit*.

第10册 (*Band 10*): *Schriften aus dem Nachlaß I. Zur Ethik und Erkenntnislehre.* Maria Scheler 編, 1933 (初版), 1957 (全集第一版)

內容:

Tod und Fortleben (1914-1916)

Über Scham und Schamgefühle (1913)

Zur Phänomenologie und Metaphysik der Freiheit (1912-1914)

Absolutsphäre und Realsetzung der Gottesidee (1915-1916)

Vorbilder und Führer (1912-1914)

Ordo amoris (1916)

Phänomenologie und Erkenntnistheorie (1913-1914)

Lehre von den drei Tatsachen (1911-1912)

第11册 (*Band 11*) *Schriften aus dem Nachlaß II. Erkenntnislehre und Metaphysik.* Manfred S. Frings 編, 1979

內容:

Manuskripte zur Wesenslehre und Typologie der metaphysischen Systeme und Weltanschauungen

Manuskripte zur Erkenntnis- und Methodenlehre der Metaphysik als positive Erkenntnis (Auseinandersetzung mit Gegnern)

Manuskripte zur Metaphysik der Erkenntnis

Manuskripte zu den Metaszienzien

Manuskripte zur Lehre vom Grunde aller Dinge

Zusätze

第12册 (*Band 12*): *Schriften aus dem Nachlaß III. Philosophische Anthropologie.* Manfred S. Frings 編, 1987

內容:

Philosophische Anthropologie

乙、外集:

Logik (ca. 1906). Rodopi-Verlag. Amsterdam, 1975 (影印出版並附有 Jörg Willer 所撰後序)

3. 重要詮解專著

Alpheus, Karl. *Kant und Scheler: Phänomenologische Untersuchungen zur Ethik zwecks Entscheidung des Streites zwischen der formalen Ethik Kants und der materialen Wertethik Schelers.* St. Georgen im Schwarzwald: Buchdruckerei J. Huss, 1936. 新版 Bonn: Bouvier, 1982.

Altmann, Alexander. *Die Grundlagen der Wertethik: Wesen, Wert, Person. Max Schelers Erkenntnis- und Seinslehre in kritischer Analyse.* Berlin: Reuther & Reichard, 1931.

Blessing, Eugen. *Das Ewige im Menschen: Die Grundkonzeption der Religionsphilosophie Max Schelers.* Stuttgart: Schwabenverlag, 1954.

Brenk, B.: *Metaphysik des einen und absoluten Seins.* Meisenheim, 1975

Closs, Lothar. *Sittlicher Relativismus und Schelers Wertethik,* St. Ottilien: Eos Verlag, 1955.

Commentator, George, E. "The Phenomenology of Love in Max Scheler." Unpublished Ph. D. dissertation, Boston College, 1970.

Dahm, Helmut. *Vladimir Solov'ev und Max Scheler.* München: Anton Pustet, 1971. 英譯: ——, Vladimir Solovyev and Max Scheler: *Attempt at a comparative interpretation,* Dordrecht: Reidel, 1975.

Deeken, Alfons. "*Process and Permanence in Ethics: Max Scheler's Moral Philosophy.*" New York: Paulist Press, 1974.

Deininger, Dieter. *Die Theorie der Werterfahrung und der Begriff der Teilhabe in der Philosophie Schelers.* Frankfurt: Goethe-Universität, 1966.

Denninger, Erhard. *Rechtsperson und Solidarität: Ein Beitrag zur Phänomenologie des Rechtsstaates unter besonderer Berücksichtigung der Sozialtheorie Max Schelers.* Frankfurt: Alfred Metzner Verlag, 1967.

Dupuy, Maurice. *La Philosophie de Max Scheler. Son évolution et son unité.* 2 vols. Paris: Presses Universitaires, 1959.

____. *La Philosophie de la Religion chez Max Scheler.* Paris: Presses Universitaires, 1959.

Eklund, Harald. *Evangelisches und Katholisches in Max Schelers*

Ethik. Uppsala: Lundequitska Bokhandeln, 1932.

Emad, Parvis. "*Die philosophische Anthropologie Max Schelers.*" Unpublished Ph. D. dissertation, University of Vienna, 1966.

Frick, Paul. *Der weltanschauliche Hintergrund der materialen Wertethik Max Schelers.* Stuttgart: Adler-Druckerei, 1933.

Fries, Heinrich. *Die katholische Religionsphilosophie der Gegenwart. Der Einfluss Max Schelers auf ihre Formen und Gestalten.* Heidelberg: Kerle Verlag, 1949.

Frings, Manfred S. *Max Scheler. A Concise Introduction into the World of a Great Thinker.* Pittsburgh: Duquesne University Press, 1965.

____. *Person und Dasein: Zur Frage der Ontologie des Wertseins.* Den Haag: Martinus Nijhoff, 1969.

____. *Zur Phänomenologie der Lebensgemeinschaft: Ein Versuch mit Max Scheler.* Meisenheim: Verlag Anton Hain, 1971.

Frings, Manfred S. (ed.), *Max Scheler. Centennial Essays.* The Hague: Martinus Nijhoff, 1974.

Funk, Roger. "*Ethics and Emotion: A Study in the Philosophy of Max Scheler.*" Unpublshed Ph. D. dissertation, Northwestern University, 1968.

Good, Paul (hrsg.), *Max Scheler im Gegenwartsgeschehen der Philosophie.* Bern-München: Francke, 1975.

Hammer, Felix. *Theonome Anthropologie? Max Schelers Menschenbild und seine Grenzen.* Den Haag: Martinus Nijhoff, 1972.

Hartmann, Wilfried. *Die Philosophie Max Schelers in ihren*

Beziehungen zu Eduard von Hartmann. Düsseldorf: Triltsch, 1956.

Haskamp, Reinhold J. *Spekulativer und Phänomenologischer Personalismus. Einflüsse Fichtes und Euckens auf Schelers Philosophie der Person.* Freiburg: Karl Alber, 1966.

Heber, Johannes. *Das Problem der Gotteserkenntnis in der Religionsphilosophie Max Schelers.* Naumburg: Lippert & Co., 1931.

Heidemann, Ingeborg. *Untersuchungen zur Kantkritik Max Schelers.* Köln 1951. (Kölner Phil. Diss.)

Herrman, Joachim. *Die Prinzipien der formalen Gesetzesethik Kants und der materialen Wertethik Schelers: Beitrag zum Problem des Verhältnisses zwischen Psychologie und Ethik.* Breslau: Schelesny, 1928.

Herzfeld, Hans. *Begriff und Theorie vom Geist bei Max Scheler.* Leipzig: Druckerei der Werkgemeinschaft, 1930.

Hessen, Johannes. *Max Scheler. Eine kritische Einführung in seine Philosophie.* Essen: H. V. Chamier, 1946.

Hölzen, Edmund. *Max Scheler: Les grands courants de la pensée mondiale contemporaine.* Paris: Librairie Fischbacher, 1964.

Hufnagel, Erwin. *Zum Problem des Wollens---Unter besonderer Berücksichtigung von Kant und Scheler.* Bonn, 1972. (Bonner Phil. Diss.)

Hügelmann, Hildegard. *Max Schelers Persönlichkeitsidee unter Berücksichtigung der Gemeinschaftsprobleme.* Leipzig: Helen & Torton, 1927.

Kanthack, Katharina. *Max Scheler: Zur Krisis der Ehrfurcht.* Berlin: Minerva Verlag, 1948.

Koehle, Eckhard. *Personality. A Study according to the Philosophies of Value and Spirit of Max Scheler and Nicolai Hartmann.* Newton, N. J.: Privately Printed, 1941.

Kränzlin, Gerhard. *Max Schelers phänomenologische Systematik.* Leipzig: Hirzel, 1934.

Kreppel, Friedrich. *Die Religionsphilosophie Max Schelers.* München: Kaiser Verlag, 1926.

Kühler, Otto. *Wert, Person, Gott. Zur Ethik Max Schelers, N. Hartmanns und der Philosophie des Ungegebenen.* Berlin: Juncker & Dünnhaupt, 1932.

Kürth, Herbert. *Das Verhältnis von Ethik und Ästhetik bei Max Scheler.* Leipzig: Werkgemeinschaft, 1929.

Lenk, Kurt. *Von der Ohnmacht des Geistes. Kritische Darstellung der Spätphilosophie Max Schelers..* Tübingen: Hopfer, 1959.

Lennerz, Heinrich. *Schelers Konformitätssystem und die Lehre der katholischen Kirche.* Münster: Aschendorff, 1924.

Leonardy, H.: *Liebe und Person. Max Schelers Versuch eines phänomenologischen Personalismus.* Den Haag 1976.

Lorscheid, Bernhard. *Max Schelers Phänomenologie des Psychischen.* Bonn: H. Bouvier, 1957.

Lorscheid, Bernhard. Das Leibphänomen. *Eine sysmatische Darbietung der Schelerschen Wesensschau des Leiblichen in Gegenüberstellung zu leibontologischen Auffassungen der Gegenwartsphilosophie.* Bonn: Bouvier, 1962.

Luther, Arthur. *Persons in Love: A Study of Max Scheler's Wesen und Formen der Sympathie.* The Hague: Martinus Nijhoff, 1972.

Lützeler, Heinrich. *Der Philosoph Max Scheler.* Bonn: H. Bouvier, 1947.

Mader, Wilhelm. *Max Scheler in Selbstzeugnissen und Bilddokumenten,* Reinbek bei Hamburg: Rowohlt Taschenbuch Verlag 1980. (Rowohlts Monographien)

Maliandi, Ricardo-Guillermo. *Wertobjektivität und Realitätserfahrung.* Bonn: H. Bouvier, 1966.

Martin-Izquierdo, Honorio. *Das religiöse Apriori bei Max Scheler.* Bonn: Weyler, 1964.

Métreaux, A.: *Max Scheler ou la phénoménologie des valeurs.* Paris 1973.

Muller, Philippe. *De la Psychologie a L'Anthropologie: A Travers L'Oeuvre de Max Scheler.* Neuchâtel: Imprimerie Centrale, 1946.

Nota, John, S. J. *Max Scheler. Een Worstelen om het Wezen van den Mens.* Utrecht: Het Spectrum, 1947.

Passweg, Salcia, *Phänomenologie und Ontologie: Husserl-Scheler-Heidegger.* Zürich: Hertz, 1939.

Plack, Arno. *Die Stellung der Liebe in der materialen Wertethik.* Landshut: Isar-Post Verlag, 1962.

Pöll, Wilhelm. *Wesen und Wesenserkenntnis. Untersuchungen mit besonderer Berücksichtigung der Phänomenologie Husserls und Schelers.* München: Reinhardt, 1936.

Przywara, Erich, S. J. *Religionsbegründung. Max Scheler-J.*

H. Newman. Freiburg: Herder, 1923.

Ranly, Ernest. *Scheler's Phenomenology of Community.* The Hague: Martinus Nijhoff, 1966.

Rothacker, Erich. *Schelers Durchbruch in die Wirklichkeit.* Bonn: H. Bouvier, 1949.

Rutishauser, Bruno. *Max Schelers Phänomenologie des Fühlens. Eine kritische Untersuchung seiner Analyse von Scham und Schamgefühl.* Bern: Francke Verlag, 1969.

Schneider, Marius. *Max Scheler's Phenomenological Philosophy of Values.* Washington: Catholic University of America Press, 1951.

Schorer, Edgar. *Die Zweckethik des Hl. Thomas von Aquin als Ausgleich der formalistischen Ethik Kants und der materialen Wertethik Schelers.* Vechta: Albertus-Magnus Verlag, 1937.

Shimomisse, E.: *Die Phänomenologie und das Problem der Grundlegung der Ethik.* Den Haag, 1971.

Staude, John Raphael. *Max Scheler: An Intellectual Portrait.* New York: The Free Press, 1967.

Sweeney, Robert Daniel. "*A Study of Max Scheler's Philosophy of Value.*" Unpublished Ph. D. dissertation, Fordham University, 1962.

Temuralp, Takiyettin. *Über die Grenzen der Erkennbarkeit bei Husserl und Scheler.* Berlin: Max Schmersow, 1937.

Uchiyama, Minoru. *Das Wertwidrige in der Ethik Max Schelers.* Bonn: H. Bouvier, 1966.

Weymann-Weyhe, Walter. *Das Problem der Personeinheit in der ersten Periode der Philosophie Max Schelers.* Emsdetten:

Heinrich & Lechte, 1940.

Wilhelm, Sigrid. *Das Bild des Menschen in der Philosophie Max Schelers.* Dresden: Bufra Verlag, 1937.

Wittmann, Michael. *Max Scheler als Ethiker.* Düsseldorf: Schwann, 1923.

Wojtyla, K. (Papst Johannes Paul II.): Primat des Geistes. Philosophische Schriften. Stuttgart, 1980.

4. 重要詮解論文

Adolph, Heinrich, "Die Anthropologie Max Schelers". *Imago Dei.* Beiträge zur theologischen Anthropologie. Gustav zum 70. Geburtstag, Gießen 1932, 199-213.

Bahr, Herman. "Max Scheler." *Hochland*, XIV (April, 1917), 35-44.

Bassenge, Friedrich, "Drang und Geist: Eine Auseinandersetzung mit Schelers Anthropologie." *Zeitschrift für philosophische Forschung*, XVII (Summer, 1963), 385-418.

Becker, Howard, and Dahlke, Otto. "Max Scheler's Sociology of Knowledge." *Philosophy and Phenomenological Research,* II (March, 1942), 310-322.

Biefield, Rebecca S., Max Scheler, an essay commemorating the one-hundredth anniversary of his birth, *Journal of the British Society for Phenomenology,* Vol. 5 (1974), No. 3, 212-218.

Buber, Martin. "The Philosophical Anthropology of Max Scheler." *Philosophy and Phenomenological Research,* VI (December, 1964), 307-321. Reprinted in Martin Buber. *Between Man and Man.* New York: The Macmillan Company, 1968.

Bühl, Walter L., Max Scheler. *Klassiker des Soziologischen Denkens.* Zweiter Band. Von Weber bis Mannheim. hrsg. von Dirk Käsler, München, 1978, 178-225.

Cantius, P. "Max Scheler's ethiek als personalisme." *Bijdragen,* VII (January, 1946), 36-59.

Cassirer, Ernst, "Geist" und "Leben" in der Philosophie der Gegenwart. *Die Neue Rundschau.* Bd. XLI (1930), Nr. 1. 244-264. 英譯" 'Spirit' and 'Life' in Contemporary Philosophy." *The Philosophy of Ernst Cassirer.* Edited by Paul Arthur Schilpp. Evanston: The Library of Living Philosophers, 1949.

Chang, Matthieu. "Valeur, personne et amour chez Max Scheler." *Revue Philosophique de Louvain,* LXIX (February, 1971). 44-72 (May, 1971), 216-249.

Clarke, Mary Evelyn. "A Phenomenological System of Ethics." *Philosophy,* VII (October 1932), 414-430; VIII (January, 1933), 52-65.

Collins, James. "Catholic Estimates of Scheler's Catholic Period." *Thought,* XIX (December, 1944), 671-704.

____. "Scheler's Transition from Catholicism to Pantheism." *Philosophical Studies in Honor of the Very Reverend Ignatius Smith.* Edited by John K. Ryan. Westminster: Newman, 1952. Reprinted under the title "Roots of Scheler's Evolutionary Pantheism," in James Collins, *Crossroads in Philosophy.* Chicago: Regnery, 1969.

____. "Scheler, Max, The Moral Philosophy of." *Encyclopedia of Morals.* Edited by Vergilius Ferm. New York: Philosophical Library, 1956.

Emad, P. "The Great Themes of Scheler." *Philosophy Today*, XII (Spring, 1968), 4-12.

____ "Max Scheler's Notion of the Process of Phenomenology." *The Southern Journal of Philosophy*, X (Spring, 1972), 7-16.

____ "Max Scheler's Phenomenology of Shame." *Philosophy and Phenomenological Research*, XXXII (March, 1972), 361-370.

Eschweiler, Karl. "Religion und Metaphysik. Zu Max Schelers 'Vom Ewigen im Menschen.'" *Hochland*, XIX (December, 1921), 303-313 (January, 1922), 470-489.

Farber, Marvin. "Max Scheler on the Place of Man in the Cosmos." *Philosophy and Phenomenological Research*, XIV (March, 1954), 393-399.

Farre, Luis. "El Sistema de Valores de Max Scheler comparado con Aristoteles." *Kantstudien*, XLVIII (Summer, 1956), 399-403.

Feretti, Giovanni. "Rassegna di studi scheleriani in Lingua tedesca." *Rivista di Filosofia Neo-Scolastica*, LVII (July, 1965), 483-498 (November, 1965), 808-847.

____ "Sviluppe e Struttura della Filosofia della Religione in Max Scheler." *Rivista di Filosofia Neo-Scolastica*, LXII (July, 1970), 398-432 (September, 1970), 668-707.

Filippone, Vincenzo. *Società e Cultura a nel Pensiero di Max Scheler*. Milan: Dott. A. Giuffré, 1964.

Franke, Erich. "Max Schelers Gesellschafts- und Geschichtsphilosophie." *Welt und Wort.* XIV (July, 1959), 207-212.

Frings, M. S. "Non-Formal Ethics of our Time." *Philosophy Today,* IX (Summer, 1965), 85-93.

____. "Max Scheler's Theory of Social Economy with Special Attention to its Ethical Implications." *Review of Social Economy,* XXIII (September, 1965), 127-142.

____. "Der Ordo Amoris bei Max Scheler. Seine Beziehungen zur materialen Wertethik und zum Ressentimentbegriff." *Zeitschrift für philosophische Forschung,* XX (January, 1966), 57-76.

____. "Max Scheler: On the Ground of Christian Thought." *Franciscan Studies,* XXVII (Spring, 1967), 177-189.

____. "Heidegger and Scheler." *Philosophy Today,* XII (Spring, 1968), 21-30.

____. "Max Scheler: Rarely Seen Complexities of Phenomenology." *Phenomenology in Perspective.* Edited by F. J. Smith. Den Haag: Martinus Nijhoff, 1969.

____. "Insight-Logos-Love (Lonergan-Heidgger-Scheler)." *Philosophy Today,* XIV (Summer, 1970), 106-115.

____. "Bericht über die Sachlage am philosophischen Nachlass Max Schelers." *Zeitschrift für philosophische Forschung,* XXV (Summer, 1971), 315-320.

____. Max Scheler-Rarely Seen Complexities of Phenomenology In: *Phenomenology in Perspektives.* F. J. Smith (Hg.) Den Haag, 1970.

____. Toward the Constitution of the Person. In: *Linguistic Analysis and Phenomenology.* W. Mays und S. C. Brown

(Hg.) London, 1972.

____. Max Scheler-Drang und Geist. In: *Grundprobleme der großen Philosophen.* J. Speck (Hg.) Göttingen, 1973.

____. Vom Wesen des Dinges in wissenssoziologischer Sicht. In: *Proceedings of the* XV *World Congress of Philosophy.* Sofia, 1975.

____. Husserl and Scheler—A Study in Transcendental Intersubjectivity. In: *The Journal of the British Society of Phenomenology.* October, 1979.

____. Nothingness and Being. A Schelerian Comment on Heidegger. In: *Research in Phenomenology* 1979.

Furstner, H. "Schelers Philosophie der Liebe." *Studia Philosophica,* XVII (Spring, 1957), 23-48.

Gabriel, Hugo, Das Problem der Existenz objektiver Werte bei Max Scheler. *Philosophische Hefte.* Jg. 1 (1928) Heft 2, 104-112.

Geiger, M.: Zu Max Schelers Tode. In: *Vossische Zeitung vom* 1. Juni 1928, Nr. 126.

Getzeny, Heinrich. "Um die Religionsphilosophie Max Schelers." *Hochland,* XXI (March, 1924), 583-594.

Godet, P., Max Scheler et l'anthropologie philosophique. *Revue de Théologie et de Philosophie* N. S. 24 (1936), 73-86.

Goldschmidt, Victor, La loi de Scheler. *Questions platoniciennes.* S. 243-250 (repr. Actes XIIe Congr. intern. Philos. Venise, 1958)

Grooten, Johan. "L'augustinisme de Max Scheler." *Augustinus Magister. Congrès International Augustinien Paris, September,* 1954. 3 vols. Paris: Etudes Augustiniennes, 1954. II,

1111-1120.

Gurvitsch, Georges, *Les tendances actuelles de la philosophie allemande*, Paris, 1930. pp. 67-152: L'intuitionisme émotionnel de Max Scheler.

Guthrie, Hunter. "Max Scheler's Epistemology of the Emotions." *The Modern Schoolman*, XVI (March, 1939), 51-54.

Haecker, Th., "Geist und Leben. Zum Problem Max Scheler." *Hochland*, XXIII (May, 1926), 129-155. Reprinted in Theodor Haecker, *Christentum und Kultur*, München: Kösel Verlag, 1946.

Hafkesbrink, Hanna. "The Meaning of Objectivism and Realism in Max Scheler's Philosophy of Religion: A Contribution to the Understanding of Max Scheler's Catholic Period." *Philosophy and Phenomenological Research*, II (March, 1942), 292-308.

Hartmann, N.: Max Scheler†" *Kantstudien*, XXXIII (Spring, 1928), 9-16.

Reprinted in Nicolai Hartmann, *Kleinere Schriften*. Vol. III. Berlin: Walter de Gruyter, 1958.

Hartmann, W.: "Max Scheler's Theory of Person." *Philosophy Today*, XII (Winter, 1968), 246-261.

____. "Max Scheler and the English-speaking World." *Philosophy Today*, XII (Spring, 1968), 31-41.

Héring, Jean. "De Max Scheler à Hans Reiner. Remarques sur la Théorie des Valeurs Morales dans la Mouvement Phénomenologique." *Revue D'Histoire et de Philosophie Relig ieuse*, XL (Summer, 1960), 152-164.

Hildebrand, D. v.: Max Schelers Stellung zur katholischen

Gedankenwelt. In: *Der Katholische Gedanke* 1 (1928), S. 445-459.

____. Max Scheler als Persönlichkeit. In: *Hochland* Bd. 1 (1928/29), S. 70-80.

____. *Die Menschheit am Scheideweg. Gesammelte Abhandlungen und Vorträge.* Edited by Karla Mertens. Regensburg: Habbel, 1954.

Holl, Adolf. "Max Scheler's Sociology of Knowledge and his position in relation to Theology." *Social Compass,* XVII (Summer, 1970), 231-241.

Hollenbach, J. M. "Urleidenschaft und natürliche Gotteserkenntnis. Zu Max Schelers Fundierung des religiösen Bewusstseins." *Der beständige Aufbruch.* Edited by Siegfrid Behn. Nürnberg: Glock und Lutz, 1959.

Hufnagel, Erwin, Aspekte der Schelerschen Personlehre, *Kant-Studien* Bd. 65 (1974), 436-450.

Hund, William B. "The Distinction between Ought-to-be and Ought-to-do." *The New Scholasticism,* XLI (Summer, 1967), 345-355.

Hürlimann, Kaspar. "Person und Werte. Eine Untersuchung über den Sinn von Max Schelers Doppeldevise: 'Materiale Wertethik' und 'Ethischer Personalismus'." *Divus Thomas,* XXX (September, 1952), 273-298 (December, 1952), 385-416.

____. "Axiologische Fundierung des sittichen Sollens." *Studia Philosophica,* XVII (Spring, 1957), 87-100.

Keen, Ernest. "Scheler's View of Repentance and Rebirth and

its Relevance to Psychotherapy." *Review of Existential Psychology and Psychiatry,* VI (Winter, 1966), 84-87.

Koestenbaum, Peter. "Scheler, Max." *The Encyclopedia of Philosophy.* 1967. Vol. VII.

Koyré, A.: Max Scheler. In: *Revue d'Allemagne* 10 (1928), S. 97-108.

Kraft, Jnlius. *Von Husserl zu Heidegger: Kritik der phänomenologischen Philosophie* Leipzig: Hans Buske, 1932 (Hamburg, 1977 第三版). 53-82: Philosophie als Metaphysik Scheler.

Kuhn, Helmut. "Max Scheler im Rückblick." *Hochland,* LI (April, 1959), 324-338.

____. "Scheler, Max." *Staatslexikon.* 6th ed. Vol. VI.

Lagler, Ernst, Max Schelers Personalismus, *Blätter für deutsche Philosophie* Bd. 2 (1928-29), 337-349.

Landsberg, Paul L., L'acte philosophique de Max Scheler, in: Paul L. Landsberg, *Problemes du personalisme,* Paris, 1952, 169-186.

Lauer, Q, "The Phenomenological Ethics of Max Scheler." *International Philosophical Quarterly,* I (May, 1961), 273-300.

Leiss, William. "Max Scheler's Concept of Herrschaftswissen." *The Philosophical Forum,* II (Spirng, 1971), 316-331.

Lenk, K., "Die Mikrokosmosvorstellung in der philosophischen Anthropologie Max Schelers." *Zeitschrift für philosophische Forschung,* XII (Fall, 1958), 408-415.

Lenz, Joseph. "Das personale Menschenbild in der Sicht christlicher Lebensphilosophie." *Ekklesia. Festschrift für Dr.*

Matthias Wehr. Edited by Theologische Fakultät Trier. Trier: Paulinus-Verlag, 1962.

Lenz-Medoc, Paulus. "Max Scheler und die französische Philosophie." *Philosophisches Jahrbuch*, LXI (Fall, 1951), 297-303.

Leonardy, Heinz, La dernière métaphysique de Max Scheler, *Revue philosophique de Louvain*, Tome 78(1980), 553-561.

Leonardy, Heinz, La dernière philosophie de Max Scheler, *Revue Philosophque de Louvain*, Tome 79 (1981), 367-390.

Lieber, H. J.: Zur Problematik einer Wissenssoziologie bei Max Scheler. In: *Philosophische Studien* 1(1949), S. 62-90

Linfert, Carl. "Philosophie des Ewigen und des Flüchtigen in unserer Zeit-Das Lebenswerk Max Schelers." *Universitas*, XIX (March, 1964), 285-291.

Löwith, Karl. "Max Scheler und das Problem einer philosophischen Anthropologie." *Theologische Rundschau*, VII (Winter, 1935), 349-372.

Luther, A., "Scheler's Interpretation of Being as Loving." *Philosophy Today*, XIV (Fall, 1970), 217-228.

____. "Hocking and Scheler on Feeling." *Philosophy Today*, XII (Summer, 1968), 93-99.

Luther, A. R., Scheler's Order of Evidence and Metaphysical Experiencing, *Philosophy Today* Vol. 23 (1979), 249-259.

Lützeler, H.: Ein Genie-Max Scheler. In: Lützeler, *Persönlichkeiten*. Freiburg i. B. 1978

Malik, Josef. "Wesen und Bedeutung der Liebe im Personalismus Max Schelers." *Philosophisches Jahrbuch*, LXXI (Spring, 1963), 102-131.

______. "Das personale und soziale Sein des Menschen in der Philosophie Max Schelers. "*Theologie und Glaube,* LIV (November, 1964), 401-436.

McGill, V. J. "Scheler's Theory of Sympathy and Love." *Philosophy and Phenomenological Research,* II (March, 1942), 273-291.

Mengüsoglu, Takiyettin. "Der Begriff des Menschen bei Kant und Scheler." *Proceedings of the XIth International Congress of Philosophy.* Brussels, 1953. 14 vols. Amsterdam: Nauwelaerts, 1953. VII, 28-37.

Metzger Arnold. *Phänomenologie und Metaphysik.* Pfullingen: Neske, 1966. S. 339-370: Die Philosophie Max Schelers.

Meurers, Joseph. "Wssenschaft und Ehrfurcht. Zum 30. Todestage Max Schelers." *Philosophia Naturalis,* V (Winter, 1959), 377-412.

Muth, Carl. "Begegnungen. Max Scheler." *Hochland,* XLVI (October, 1953), 10-19.

Nota, J.: "Max Scheler's Philosophy of History." *Proceedings of the XIVth International Congress of Philosophy, Vienna,* September, 1968. 4 vols. Vienna: Herder, 1969, IV, 572-580.

Oesterreicher, J. M.: Max Scheler, Critic of Modern Man. In: Oesterreicher, *Walls Are Crumbling-Seven Jewish Philosophers Discover Christ.* New York, 1952. S. 135-198

Ortega y Gasset, José. "Max Scheler. Un Embriagado de Esencias." *Obras Completas,* Vol. IV. Madrid: Revista de Occidente, 1957.

Owens, Thomas J. "Scheler's Emotive Ethics." *Philosophy*

Today, XII (Spring, 1968), 13-20. Reprinted from *Cross Currents,* XVI (Spring, 1966), 143-152.

Pape, Ingetrud. "Das Indivduum in der Geschichte: Untersuchung zur Geschichtsphilosophie von Nicolai Hartmann und Max Scheler." *Nicolai Hartmann. Der Denker und sein Werk.* Edited by Heinz Heimsoeth and Robert Heiss. Göttingen: Vandenhoeck & Ruprecht, 1952.

Plessner, H. "Scheler, Max." *Handwörterbuch der Sozialwissenschaften.* Vol. IX.

Recaséns-Siches, Luis. "Der Sinn der Objektivität der Werte. Ihre Lebens- und Situationsbedingtheit." *Sinn und Sein.* Edited by Richard Wisser. Tübingen: Max Niemeyer Verlag, 1960.

Reding, Marcel. "Scheler, Max." *Lexikon der Pädagogik.* 1954. Vol. III.

Rohner, Anton. "Thomas von Aquin oder Max Scheler." *Der Mensch als Bild Gottes.* Edited by Leo Scheffczyk. Darmstadt: Wissenschaftliche Buchgemeinschaft, 1969.

Scheler, Maria. "Bericht über die Arbeit am philosophischen Nachlass Max Schelers." *Zeitschrift für philosophische Forschung,* II (Winter, 1948), 597-602.

Schilpp, Paul Arthur. "Max Scheler 1874-1928." *The Philosophical Review,* XXXVIII (November, 1929), 574-588.

Schubart, W. "Russische Züge in der Philosophie Max Schelers." *Kyrios,* II (Fall, 1937), 175-187.

Schutz, Alfred. "Scheler's Theory of Intersubjectivity and the General Thesis of the Alter-Ego." *Philosophy and Phenomenological Research,* II (March, 1942), 323-347. Reprinted in

Alfred Schutz, *Collected Papers.* Vol. I: *The Problem of Social Reality.* Edited by Maurice Natanson. The Hague: Martinus Nijhoff, 1962.

____. "Max Schelers Philosophy." *Collected Papers.* Vol. III: *Studies in Phenomenological Philosophy.* Edited by Ilse Schutz. The Hague: Martinns Nijhoff, 1966.

____. "Max Scheler's Epistemology and Ethics." *Review of Metaphysics,* XI (December, 1957), 304-314, and XI (March, 1958), 486-501. Reprinted in Alfred Schutz, *Collected Papers.* Vol. III: *Studies in Phenomenological Philosophy.* Edited by Ilse Schutz. The Hague: Martinus Nijhoff, 1966.

Spiegelberg, Herbert. *The Phenomenological Movement.* 2 vols. The Hague: Martinus Nijhoff, 1965 (1982 第3版), 268-305.

Stegmüller, W.: Angewandte Phänomenologie: Max Scheler. In: *Hauptströmungen der Gegenwartsphilosophie.* Stuttgart 1965.

Ströker, Elisabeth. "Der Tod im Denken Max Schelers." *Man and World,* I(May, 1968), 191-207.

Strolz, Walter. "Max Schelers tragische Wendung." *Wort und Wahrheit,* X (November, 1955), 768-771.

Vacek, Edward, Max Scheler's Anthropology, *Philosophy Today,* Vol. 23 (1979), 238-248.

Vacek, Edward, Scheler's Phenomenology of Love. *The Journal of Religion,* Vol. 62 (1982), 158-177.

Willer, Jörg, Der Bezug auf Husserl im Frühwerk Schelers, *Kant-Studien* Bd. 72 (1981), 175-185.

Williams, Richard Hays. "Scheler's Contributions to the Sociology of Affective Action with special Attention to the Problem of

Shame." *Philosophy and Phenomenological Research,* II (March, 1942), 348-358.

Wust, Peter. "Max Scheler. Zum Tode des Philosophen." *Gesammelte Werke von Peter Wust.* Vol. VII. Münster: Regensburg, 1966.

____. "Max Schelers Lehre vom Menschen." *Gesammelte Werke von Peter Wust.* Vorl. VII. Münster: Regensburg, 1966.

人　名　索　引

（本索引只列歐美人名，國人及日本人名依筆劃共列於術語索引中，又中譯部分只列音譯姓氏。）

術 語 索 引

（本索引首依術語第一字分類，然後再依漢語拼音依英文字母表次序排列次序，某些較人工化或罕見術語並於該漢語譯詞後附加以外文，又本索引並收入有固定寫法的中文人名。）

二 劃

三　　劃

四　　劃

六　劃

七　劃

八　劃

九　　劃

十 劃

十 一 劃

十 二 劃

十 三 劃

十 四 劃

十 五 劃

十 六 劃

十 七 劃

十八劃以上

世界哲學家叢書(四)

書名	作者	出版狀況
馬克斯·謝勒	江日新	排印中
馬克思	許國賢	撰稿中
雅斯培	黃藿	撰稿中
聖奧古斯丁	黃維潤	撰稿中
聖多瑪斯	黃美貞	撰稿中
梅露·彭廸	岑溢成	撰稿中
黑格爾	徐文瑞	撰稿中
盧卡契	錢永祥	撰稿中
亞里斯多德	曾仰如	已出版
笛卡兒	孫振青	排印中
盧梭	江金太	撰稿中
馬庫色	陳昭瑛	撰稿中
馬利丹	楊世雄	撰稿中
柯靈烏	陳明福	撰稿中
維根斯坦	范光棣	撰稿中
魯一士	黃秀璣	撰稿中
高達美	張思明	撰稿中
希克	劉若韶	撰稿中
萊布尼茲	錢志純	撰稿中
祁克果	陳俊輝	已出版
德希達	張正平	撰稿中

世界哲學家叢書(三)

書名	作者	出版狀況
荻生徂徠	劉梅琴	撰稿中
休靜	金煐泰	撰稿中
知訥	韓基斗	撰稿中
元曉	李箕永	撰稿中
狄爾泰	張旺山	已出版
哈伯馬斯	李英明	已出版
巴克萊	蔡信安	撰稿中
呂格爾	沈清松	撰稿中
柏拉圖	傅佩榮	撰稿中
休謨	李瑞全	撰稿中
胡塞爾	蔡美麗	已出版
康德	關子尹	撰稿中
海德格	項退結	已出版
洛爾斯	石元康	已出版
史陶生	謝仲明	撰稿中
卡納普	林正弘	撰稿中
奥斯汀	劉福增	撰稿中
洛克	謝啟武	撰稿中
馬塞爾	陸達誠	撰稿中
約翰彌爾	張明貴	已出版
卡爾巴柏	莊文瑞	撰稿中
赫爾	馮耀明	撰稿中
漢娜鄂蘭	蔡英文	撰稿中
韋伯	陳忠信	撰稿中
奎英	成中英	撰稿中

世界哲學家叢書(二)

書名	作者	出版狀況
揚雄	陳福濱	撰稿中
劉勰	劉綱紀	已出版
淮南子	李增	撰稿中
袾宏	于君方	撰稿中
永明延壽	冉雲華	撰稿中
宗密	冉雲華	已出版
方以智	劉君燦	已出版
吉藏	楊惠南	已出版
惠能	楊惠南	撰稿中
玄奘	馬少雄	撰稿中
龍樹	萬金川	撰稿中
智顗	霍韜晦	撰稿中
竺道生	陳沛然	已出版
慧遠	區結成	已出版
僧肇	李潤生	已出版
知禮	釋慧嶽	撰稿中
道元	傅偉勳	撰稿中
大慧宗杲	林義正	撰稿中
西田幾多郎	廖仁義	撰稿中
伊藤仁齋	田原剛	撰稿中
貝原益軒	岡田武彥	已出版
山崎闇齋	岡田武彥	已出版
楠本端山	岡田武彥	撰稿中
山鹿素行	劉梅琴	已出版
吉田松陰	山口宗之	撰稿中

世界哲學家叢書(一)

書名	作者	出版狀況
董仲舒	韋政通	已出版
程顥、程頤	李日章	已出版
王陽明	秦家懿	已出版
王弼	林麗真	已出版
陸象山	曾春海	已出版
陳白沙	姜允明	撰稿中
劉蕺山	張永儁	撰稿中
黃宗羲	盧建榮	撰稿中
周敦頤	陳郁夫	排印中
王充	林麗雪	撰稿中
莊子	吳光明	已出版
老子	范光棣	撰稿中
張載	黃秀璣	已出版
王船山	戴景賢	撰稿中
眞德秀	朱榮貴	撰稿中
顏元	楊慧傑	撰稿中
墨子	王讚源	撰稿中
邵雍	趙玲玲	撰稿中
李退溪	尹絲淳	撰稿中
賈誼	沈秋雄	撰稿中
李栗谷	宋錫球	撰稿中
孔子	秦家懿	撰稿中
孟子	黃俊傑	撰稿中
朱熹	陳榮捷	已出版
王安石	王明蓀	撰稿中